शून्य से गगन

PAN PARAG®
"LEGACY SINCE 1973"

YES
Packaged Drinking Water

Smart BUDGET
DISH WASH BAR

KOTHARI
GROUP

K
KOTHARI
PRODUCTS PVT. LTD.

SMK
Charitable Trust

EDUCATION

Kothari International School — PUNE

Indrayu Academy of Performing Arts

Our Passion · Their Future — KOTHARI STARZ — MUMBAI

Our Passion · Their Future — KOTHARI STARZ — PUNE

Our Passion · Their Future — KOTHARI STARZ — NOIDA

Mansukhbhai Kothari National School — PUNE

Kothari International School — NOIDA

OTHERS
Hospitality
Agriculture
We-कल्प
A SENIOR CITIZEN FORUM
Import Export
Real Estate

पूजनीय बा (शारदा बेन) को समर्पित।

बा और 'बाबूजी'

सतीश महाना
अध्यक्ष
उ0 प्र0 विधान सभा

पत्र संख्या :– [illegible] अ0वि0स0 2023 दिनांक : 07/06/23
विधान भवन, लखनऊ
फोन नं. : 0522–2238161 (कार्या0)

:: शुभकामना ::

मुझे यह जानकर अति प्रसन्नता हुई कि कोठारी समूह अपना "स्वर्ण जयन्ती" वर्ष मनाने के साथ ही बाबू जी 'मनसुखलाल महादेवभाई कोठारी' की जीवन यात्रा पर आधारित एक पुस्तक का विमोचन करने जा रहा है।

बाबू जी मनसुखलाल महादेवभाई कोठारी सच्चे कर्मयोगी थे। उनका व्यक्तित्व ऐसा था जिसमें मानवता के संस्कार और व्यापार के गुण समान मात्रा में थे। किसी व्यापारिक लक्ष्य के लिए उन्होंने अपने मूल्यों से कभी समझौता नहीं किया, उनकी जीवनी न मात्र वर्तमान पीढ़ी के उद्यमियों, अपितु आने वाली पीढ़ियों को भी प्रेरणा देती रहेगी।

'शून्य से गगन' पुस्तक के लेखक ने बाबू जी मनसुखलाल महादेवभाई कोठारी की जीवन यात्रा को सराहनीय रूप से लिपिबद्ध किया है जिसके लिए वे साधुवाद के पात्र हैं। यह पुस्तक निश्चित रूप से प्रेरणादायक व पठनीय है।

मैं उक्त 'पुस्तक' के सफल प्रकाशन हेतु अपनी हार्दिक शुभकामनाएं प्रेषित करता हूँ।

(सतीश महाना)

श्री दीपक कोठारी
चेयरमैन,
कोठारी समूह, 24/19 द मॉल,
कानपुर–208001

मनसुख भाई के सुपुत्र दीपक कोठारी।

शून्य से गगन

संघर्ष की एक बेमिसाल गाथा

मनसुख भाई कोठारी

दीपक कोठारी

MANJUL
मंजुल पब्लिशिंग हाउस

MANJUL

मंजुल पब्लिशिंग हाउस

कॉरपोरेट एवं संपादकीय कार्यालय

• द्वितीय तल, उषा प्रीत कॉम्प्लेक्स, 42 मालवीय नगर, भोपाल-462 003

विक्रय एवं विपणन कार्यालय

• सी-16, सेक्टर 3, नोएडा, उत्तर प्रदेश, 201301

वेबसाइट : www.manjulindia.com

वितरण केन्द्र

अहमदाबाद, बेंगलुरू, भोपाल, कोलकाता, चेन्नई,
हैदराबाद, मुम्बई, नई दिल्ली, पुणे

शून्य से गगन : संघर्ष की एक बेमिसाल गाथा

यह संस्करण 2023 में मंजुल पब्लिशिंग हाउस प्राइवेट लिमिटेड
द्वारा प्रकाशित

ISBN 978-93-5543-420-3

मुद्रण व जिल्दसाज़ी : थॉमसन प्रेस (इंडिया) लिमिटेड

अनुक्रमणिका

प्रस्तावना 5

एक साकार परिकल्पना 9

अनुशासन और वात्सल्य का अनूठा संगम थे 'बाबूजी' 14

एक सच्चे कर्मयोगी का आख़िरी सफ़र 25

1. बेजोड़ बिज़नेसमैन, कमाल की शख़्सियत 35
2. बाल्यकाल में मिले बिज़नेस और मानवता के संस्कार 39
3. कानपुर की ओर प्रस्थान 55
4. संघर्ष यात्रा : भाग 1 (कानपुर में संघर्ष की शुरुआत) 63
5. संघर्ष यात्रा : भाग 2 (अवाड़ी, कर्नाटक) 69
6. संघर्ष यात्रा : भाग 3 (कलकत्ता – लखनऊ – कानपुर) 75
7. बा बनीं जीवनसंगिनी 85
8. ज़िंदगी दोराहे पर, फिर कड़ी मेहनत 95
9. अनूठे ब्रांड 'पान पराग' का आविष्कार 109
10. 'पान पराग' का नया अवतार – पाउच पैकेजिंग क्रांति 133
11. कामयाबी की चमक, दूसरों को भी खुश देखने की चाह 147
12. उत्कृष्ट शिक्षा के ध्वजवाहक, नारी सशक्तिकरण के अग्रदूत 153
13. दोस्तों की जान, हर महफ़िल की शान 161

14. असंभव को संभव बनाने की अद्‌भुत क्षमता 167

15. एमएमके यानी मनी, मार्केटिंग और नॉलेज 171

16. फ़ितरत में नहीं था क़दम पीछे खींचना 177

17. ''हंगामा मेरा मक़सद नहीं... ये सूरत बदलनी चाहिए...'' 181

18. सुनो सबकी, करो मन की... 187

19. अभावों के अंधेरे में तलाश ली जीने की रोशनी 193

20. पान मसालों के पितामह 197

21. आख़िरी दम तक दिमाग़ में चलता रहा, बिज़नेस, बिज़नेस और बिज़नेस... 203

परिशिष्ट – 'बाबूजी' के अनमोल कथनों में झलकता उनका संपूर्ण जीवन दर्शन 211

प्रस्तावना

जब किसी की ज़िंदगी के विषय में कुछ लिखना हो, तो मेरा मानना है कि ज़िंदगी से जुड़ी भावनाओं को यदि वह व्यक्ति स्वयं साझा करे, तो ज़्यादा यथार्थ और सटीक रूप से उन्हें अभिव्यक्त कर सकता है, लेकिन अगर किसी व्यक्ति के संघर्ष और उसकी उपलब्धियों के बारे में कुछ कहना हो, तो शायद वे सबसे बेहतर बता सकते हैं, जो उसकी इस यात्रा के सह–भागी रहे हों या उसकी संघर्ष–गाथा के साक्षी रहे हों।

जहाँ तक भावनाओं का संबंध है, तो कोई भी व्यक्ति सही रूप में परिवार और शुभचिंतकों के समक्ष इन्हें साझा कर सकता है। वह व्यक्ति अपने सच्चाई भरे मार्ग, अपने चरित्र और अपनी विवशताओं को गिना सकता है। इस आधार पर न केवल परिवार के सदस्य और शुभचिंतक उसके व्यक्तित्व का आँकलन कर सकते हैं, बल्कि वह स्वयं इस प्रक्रिया में अपने कार्यों और निर्णयों को न्यायोचित ठहरा सकता है, लेकिन यह संपूर्ण क़वायद उसके व्यक्तित्व और अंदरूनी संघर्ष का चित्रण होती है। उसकी उपलब्धियों का पहलू इसमें कहीं छूट जाता है। नतीजा यह होता है कि इसका असर कुछ ही लोगों तक सीमित रहता है। उस व्यक्ति की बातें चंद लोगों के लिए प्रेरणादायी हो सकती हैं। आम लोगों का उससे कोई सरोकार नहीं होता।

लेकिन बात जब ऐसी प्रभावशाली शख़्सियतों की हो, जिनकी कामयाबी की असाधारण कहानी अपने आप में अचरज–भरी, अविश्वसनीय और अनूठी मिसाल हो, तो उसे जनमानस के समक्ष लाना हमारा सामाजिक कर्तव्य ही नहीं होता, बल्कि हमारी नैतिक ज़िम्मेदारी भी बन जाता है, क्योंकि उनकी आसमान को स्पर्श करती कामयाबी और उसके पीछे का अदम्य जोश से भरा संघर्ष न केवल प्रेरणादायक होता है, बल्कि बहुत से

लोगों में कुछ कर गुज़रने का साहस भी पैदा करने में मददगार होता है। इससे समाज को नई दिशा मिलती है, जिससे नई क्रांति का आग़ाज़ भी हो सकता है।

बिज़नेस की दुनिया की ऐसी ही बेहद प्रभावशाली, हालात बदलने की हिम्मत रखने वाली और तेजस्वी शख़्सियत थे **'पान पराग' के संस्थापक मनसुख भाई महादेव भाई कोठारी।** उन्होंने एक अत्यंत साधारण से कुटीर उद्योग को घर से शुरू करके उसे अपने जीवट के दम पर आसमान की ऊँचाइयों तक पहुँचा दिया। उन्होंने असंख्य लोगों को किसी न किसी रूप में आत्मनिर्भर बनाने के साथ ही समाज को नई दिशा भी दी। 'पान पराग' का बेमिसाल सफ़र एक ऐसे सपने को सच करने की ज़िद थी, जिसे अगर आज भी कोई उसी पृष्ठभूमि में सोचे, तो असंभव सा लगेगा, लेकिन मनसुख भाई की लगन, न हारने के जज़्बे और बिज़नेस के शिखर पर अपना परचम फहराने के उनके सपने के समक्ष सारी चुनौतियाँ और बाधाएँ धरी रह गईं। बिज़नेस के तूफ़ानों के बीच वे अपने मक़ाम की तरफ़ आगे बढ़ते चले गए और 'पान पराग' को पान मसाले का पर्यायवाची बना दिया।

दुनिया की परवाह न करते हुए ज़िद और जुनून के साथ निरंतर आगे बढ़ने पर ही कामयाबी की इबारत लिखी जा सकती है। मनसुख भाई को सपनों में नहीं, बल्कि दिल में पूरा विश्वास था कि एक दिन लोग उनकी कामयाबी के क़ायल होंगे। उन्होंने एक के बाद दूसरा, फिर तीसरा बिज़नेस खड़ा किया, लेकिन आगे बढ़ने का न तो जज़्बा छोड़ा, न ही हौसला।

बिज़नेस जगत में *'बाबूजी'* के नाम से मशहूर मनसुख भाई का जन्म एक बहुत ही साधारण परिवार में हुआ था। मनसुख भाई के पिता महादेव भाई कोठारी और माता मणिबेन कोठारी ने उन्हें जीवन का हर एक मंत्र और संस्कार दिया। बिज़नेस के सूत्रों के साथ मानवता और दया के गुण भी दिए और हमेशा आगे बढ़ने की प्रेरणा दी। यही प्रेरणा जीवनपर्यंत उनकी पथ-प्रदर्शक रही।

यह किताब किसी उत्पाद या बिज़नेस की ग्रोथ की कहानी नहीं है, बल्कि एक इंसान के जज़्बे, आत्मविश्वास और संघर्ष की दास्तान है, जो

हमें सिखाती है कि किसी आदमी का क़द दरअसल बार–बार गिर कर फिर खड़े होने की ऊर्जावान शक्ति का प्रतिरूप होता है। मनसुख भाई अपनी यादों, जीवन यात्रा और संघर्ष गाथा को अपनों के साथ बड़े शौक़ से साझा करते थे। उन्हीं संस्मरणों से उनकी यादों को यहाँ फिर जीवंत किया गया है।

किसी कामयाब इंसान की कामयाबी का राज़ जानना हो, तो उसकी शुरुआती पारिवारिक परिस्थितियों को जानना बहुत ज़रूरी है। हर उस शख़्स की कहानी रोमांचक जुनून और संघर्ष से भरी होती है, जिसने सपने देखे हों, उन पर अटूट विश्वास किया हो और उनको सच में बदल कर दिखाया हो। ऐसे लोग मानते हैं कि नाकामयाब होना सिर्फ़ एक भ्रम है और डर है। कामयाब होने के पक्के विश्वास के साथ निरंतर प्रयास ही उनकी कहानी का मूल मंत्र होता है।

हर रुकावट और हर बंद रास्ता उनके लिए चुनौती की तरह होते हैं। उनके सपने और उनके लक्ष्य इन सबसे बहुत बड़े होते हैं। यही सकारात्मकता उनकी जीत का रास्ता प्रशस्त करती है। मनसुख भाई के जीवन पर आधारित यह कृति दरअसल उनकी प्रेरणादायी संघर्ष गाथा, ग़ज़ब के आत्मविश्वास से भरे उनके व्यक्तित्व, उनके आदर्शों, मूल्यों और मानवता के उनके संस्कारों को शब्दों में उकेरने का एक छोटा सा प्रयास मात्र है।

जीवनी में शामिल संवादों की परिकल्पना 'बाबूजी' से जुड़े संस्मरणों के आधार पर की गई है। तथ्यों की जीवंत प्रस्तुति के लिए 'बाबूजी' के छोटे पुत्र श्री दीपक कोठारी ने स्मृतियों के ख़ज़ाने और अपने अनुभवों को मेरे साथ विस्तार से साझा किया। संवादों की परिकल्पना श्री दीपक कोठारी के जज़्बात के अनुरूप की गई है। मेरे लिए यह गर्व का विषय है कि मैं श्री दीपक कोठारी के शब्दों को अपनी लेखनी के माध्यम से अभिव्यक्ति दे सका। पाठक निश्चित रूप से इसे पसंद करेंगे।

लेखक की क़लम से

एक साकार परिकल्पना

आज से क़रीब आठ दशक पहले का सामाजिक, राजनीतिक और आर्थिक परिवेश ... गुजरात का एक छोटा सा गाँव ... कच्चे घर ...अँग्रेज़ी हुकूमत के ज़ुल्म ... विषम आर्थिक हालात ... लोगों के लिए परिवार चलाना भी मुश्किल ... ऐसे में मात्र अठारह साल का एक नौजवान बेहतर ज़िंदगी का सपना दिल में सँजोए वहाँ से निकल कर सैकड़ों किलोमीटर दूर कानपुर को अपनी कर्मस्थली बनाता है और सिर्फ़ तीन दशक में एक बिज़नेस साम्राज्य स्थापित कर देता है।

ये अंश किसी काल्पनिक पटकथा के नहीं, बल्कि 'पान पराग' के संस्थापक ***श्री मनसुख भाई कोठारी*** यानी हमारे 'बाबूजी' के वास्तविक जीवन संघर्ष की अकल्पनीय गाथा के हैं। सुख–सुविधाओं में पली–बढ़ी आधुनिक पीढ़ी इस बात पर यक़ीन भी नहीं करेगी कि महज़ अस्सी पैसे प्रति माह के वेतन पर नौकरी करने वाला कोई युवक अपने असाधारण जीवट के दम पर देश की शीर्ष बिज़नेस हस्तियों में शामिल हो सकता है, क्योंकि यह कहानी किसी फ़िल्मी नायक की प्रतीत होती है। 'बाबूजी' भले ही ज़्यादा पढ़े–लिखे नहीं थे, लेकिन उनके फ़ॉर्मूले बिज़नेस स्कूलों के सिद्धांतों को भी कड़ी टक्कर देते थे। यही नहीं, 'बाबूजी' बिज़नेस में समाज की भावनाओं और मूल्यों का भी बेहद ध्यान रखते थे। यही वजह है कि न केवल 'पान पराग', बल्कि इसके विज्ञापन भी लोगों के दिल और ज़ुबाँ पर छाए रहते हैं। 'बाबूजी' का जीवन संघर्ष कामयाबी की एक अनसुलझी पहेली बन चुका था। प्रतिष्छित अख़बारों और पत्रिकाओं में उनकी चमत्कारिक कामयाबी को लेकर लेख प्रकाशित होते रहते थे। उनके जीवन काल में अनेक लोग 'बाबूजी' की जीवनी लिखना चाहते थे।

उन्होंने अपनी तरफ़ से 'बाबूजी' को विश्वास दिलाने का प्रयास भी किया, लेकिन वे हमेशा मुस्करा कर विषय को टाल देते थे। कामयाबी के शीर्ष मक़ाम को स्पर्श करने के बावजूद अहंकार का कोई अंश उनमें नहीं था। वे कहते थे–

''मुझे महान मत बनाओ। मेरी कामयाबी में मेरे माता–पिता के संस्कारों और मेरी जीवनसंगिनी की कड़ी मेहनत का भी बराबर का योगदान है।''

'बाबूजी' को हमसे हमेशा के लिए बिछड़े आज क़रीब आठ साल हो चुके हैं, लेकिन उनके आदर्श और मूल्य हमें हर दिन प्रेरित कर रहे हैं। इसी दौरान उन जैसे बहुआयामी व्यक्तित्व की असाधारण जीवन गाथा को लोगों के समक्ष लाने का विचार मेरे दिमाग़ में आया। इस परिकल्पना को मूर्त रूप देने लिए मेरी अर्द्धांगिनी ***आरती कोठारी*** और मेरे घनिष्ठ मित्र ***श्री प्रदीप श्रीवास्तव*** ने न केवल मुझे प्रेरित किया, बल्कि अपना अमूल्य सहयोग भी प्रदान किया। उन्होंने जीवनी की संपूर्ण लेखन प्रक्रिया में गहन रुचि ली, ताकि 'बाबूजी' के जीवन के हर ज़रूरी पहलू को इसमें शामिल किया जा सके। मैं हृदय की गहराइयों से उनके प्रति कृतज्ञता प्रकट करता हूँ। इसके अलावा, मैं मेरे पारिवारिक मित्र और छोटे भाई ***श्री विकास चतुर्वेदी (चुन्ना भैया)*** और हमारे बिज़नेस सहयोगी स्वर्गीय ***श्री लक्ष्मी नारायण मेहरोत्रा (लल्ला भैया)*** का भी शुक्रगुज़ार हूँ, जिन्होंने कठिन समय में हर क़दम पर मेरा मार्गदर्शन किया। इसके लिए मैं इन दोनों का सदैव ऋणी रहूँगा। कृतज्ञता व्यक्त करने की मेरी ये पंक्तियाँ ***डॉ.अविनाश गुप्ता*** के नाम का उल्लेख किए बिना कभी पूर्ण नहीं हो सकतीं। वे न केवल मेरे बचपन के मित्र हैं, बल्कि 'बाबूजी' भी उन्हें अपना बेटा मानते थे। इसी स्नेह की वजह से वे 'बाबूजी'के दत्तक पुत्र के तौर पर जाने जाते हैं। हमारे बिज़नेस सलाहकार के रूप में उन्होंने स्कूल खोलने के 'बाबूजी' के सपने को साकार करने में अपना प्रशंसनीय योगदान दिया है।

'बाबूजी' जैसी विराट शख़्सियत की ज़िंदगी और उनके बेमिसाल संघर्ष की कड़ियों को सिलसिलेवार ढंग से कुछ इस तरह जोड़ना किसी

चुनौती से कम नहीं था कि पाठक को हर कड़ी जीवंत लगे, मानो मनसुख भाई के जीवन का पहिया उनके सामने घूम रहा हो। मनसुख भाई के असाधारण संघर्ष की कड़ियाँ भी वक़्त के पटल पर कई दशकों में फैली हुईं थीं। इन स्वर्णिम कड़ियों को सलीक़े से जोड़कर एक शानदार जीवनी के रूप में प्रस्तुत करने की परिकल्पना को शब्दों में साकार करने और हर तरह अपना ऊर्जावान सहयोग देने के लिए मैं इस किताब के लेखक ***डॉ. ओम शंकर गुप्ता*** और मेरे प्रमुख सचिव ***डॉ. अमित सिंह*** का तहेदिल से आभार व्यक्त करना चाहता हूँ, जिन्होंने मेरे जज़्बात और अलफ़ाज़ को बेहतरीन ढंग से तराशा। उनका लेखन सहयोग क़ाबिल-ए-तारीफ़ है।

मनसुख भाई की दीप्तिमान जीवन गाथा को युवा पीढ़ी के समक्ष लाना मैं अपनी नैतिक ज़िम्मेदारी भी समझता था। पहले विचार किया गया कि किसी नामचीन पेशेवर लेखक की सेवाएँ लेकर जीवनी लिखवाई जाए, लेकिन मैं 'बाबूजी' की अविश्वसनीय संघर्ष गाथा के लेखन में यथार्थ से कोई समझौता नहीं करना चाहता था। मेरा मानना है कि किसी शख़्सियत की ज़िंदगी के बारे में उनके पुत्र से ज़्यादा सटीक ढंग से कोई अन्य कभी नहीं बता सकता। पेशेवर लेखकों की रचनात्मकता का बेहद सम्मान करने के बावजूद मेरे मन के किसी कोने में यह विचार ज़रूर था कि पेशेवर लेखकों की सेवाएँ लेने से जीवनी कहीं सिर्फ़शब्दों का संकलन न बन जाए और मेरे जज़्बात कहीं खो न जाएँ।

'बाबूजी' की ज़िंदगी के संघर्ष भरे सफ़र का मैं न केवल साक्षी था, बल्कि उसमें मेरी सहभागिता भी थी। मैंने अपने पिता से जो कुछ सुना था और होश सँभालने पर जो कुछ देखा था, उसका एक-एक शब्द मेरे जज़्बात को बयाँ करता है। 'बाबूजी' ने अपने-माता पिता को जो पत्र और तार भेजे थे, उन स्मृतियों का अनमोल ख़ज़ाना भी मेरे पास सुरक्षित था। परिवार के सदस्यों के बीच विभिन्न अवसरों पर हुए संवाद भी मेरे दिमाग़ में ताज़ा थे। कुछ के बारे में मैंने 'बाबूजी' से सुना था, तो कुछ अन्य में मैं भी सहभागी था। कृति की ख़ुशबू को क़ायम रखने के लिए इन संवादों को जीवंत रूप से किताब में समाविष्ट किया गया है। इन संवादों से जो तस्वीर उभरी, वह इतनी सजीव थी कि कड़ियाँ तेज़ी से जुड़ती चली गईं। मनसुख भाई के व्यक्तित्व के इंद्रधनुषी रंगों से सजी कृति आपके हाथों में है।

कभी–कभी कोई घटना विशेष घिसे–पिटे सिद्धांतों की परिधि से परे होती है। ऐसी घटनाओं को सही ढंग से बयाँ करने के लिए 'चमत्कार', 'असाधारण', 'लाजवाब', 'बेमिसाल', 'अद्भुत' और 'अप्रतिम' जैसे शब्द भी कम पड़ने लगते हैं। मनसुख भाई की आसमान छूती कामयाबी और उनके बहुआयामी व्यक्तित्व को सिर्फ़ इसी श्रेणी में रखा जा सकता है। बिज़नेस में वे ज़बरदस्त दूरदृष्टा थे। उनके दिमाग़ में बिज़नेस के नित नए विचार आते रहते थे। वे बाज़ार की नब्ज़ को बारीकी से समझते थे, इसलिए कामयाबी भी उनके क़दम चूमती थी। वे विज्ञापन गुरु भी नहीं थे, लेकिन उन्होंने 'पान पराग' के विज्ञापनों के लिए 'बारातियों का स्वागत पान पराग से कीजिए' और 'धूम मचा दे, रंग जमा दे' जैसी पंक्तियों की न केवल रचना कराई, बल्कि उस वक़्त के चमकते फ़िल्मी सितारों को उनमें अभिनय के लिए राज़ी भी कर लिया। कंपनी में कर्मचारियों से उनका जुड़ाव मानव संसाधन के सर्वश्रेष्ठ प्रबंधन की मिसाल था। अपने कुटीर उद्योग को उन्होंने कामयाबी के पायदान में शीर्ष पर पहुँचा दिया। इस अर्थ में वे स्टार्टअप के सच्चे अग्रदूत भी थे। कॉर्पोरेट सोशल रिस्पांसिबिलिटी (CSR) की अवधारणा आने से काफ़ी पहले ही वे इस पर काम कर चुके थे।

मनसुख भाई की ख़ूबियों की सूची बहुत लंबी है... यदि हम कहें कि यह सूची अंतहीन है, तो अतिशयोक्ति नहीं होगी। आज की युवा पीढ़ी आत्मविश्वास विकसित करने, बिज़नेस, मार्केटिंग और प्रबंधन के गुर सीखने के लिए एक्सपर्ट्र्स की मदद लेती है। यद्यपि विशेषज्ञों के सिद्धांतों की महत्ता से कदापि इंकार नहीं किया जा सकता, लेकिन कामयाबी की असली इबारत मंज़िल मिलने तक पसीने की बूँदों से शरीर को निरंतर स्नान करा कर ही लिखी जा सकती है। जो इंसान मज़िल पर पहुँचने के बाद भी थकता नहीं है, उसकी जीत का परचम सदैव लहराता रहता है। मनसुख भाई भी ऐसी ही माटी के बने थे। आलस्य उनसे दूर भागता था। मेरे लिए यह सिर्फ़ एक कृति नहीं, बल्कि एक सच्चे कर्मयोगी की संघर्ष गाथा का प्रामाणिक दस्तावेज़ है।

‘बाबूजी’ का मानना था कि दुनिया में सभी अपने वक़्त पर आते और जाते हैं, लेकिन याद वही किए जाते हैं, जो लीक से हटकर कुछ अलग काम करके जाते हैं या अलग कुछ ऐसा लिख जाते हैं, जिसे लोग भविष्य में पढ़ कर प्रेरणा ले सकें।

दीपक कोठारी

कोठारी ग्रुप के चेयरमैन/प्रबंध निदेशक

अनुशासन और वात्सल्य का अनूठा संगम थे 'बाबूजी'

'बाबूजी' के विराट व्यक्तित्व की ख़ूबियों को चंद शब्दों में व्यक्त करना बिलकुल आसान नहीं है, क्योंकि वे बिज़नेस जगत के कोहिनूर ही नहीं बल्कि एक चलती-फ़िरती संस्था थे। उनकी असाधारण संघर्ष-गाथा सैकड़ों प्रेरक कथाओं से ज़्यादा दमदार प्रतीत होती है, क्योंकि वे कर्मपथ के सच्चे योद्धा थे। यही नहीं, रिश्तों की गरिमा में भी उनका अटूट विश्वास था। वे पारिवारिक दायित्वों का निर्वाह करने और बिज़नेस की व्यस्तताओं के बीच ग़ज़ब का संतुलन रखते थे।

मेरे लिए यह अत्यंत सौभाग्य की बात है कि 'बाबूजी' के जीवन पर आधारित कृति में मेरी भावनाओं को व्यक्त करने का अवसर मुझे प्राप्त हुआ है। मेरी स्मृति के गलियारे में 'बाबूजी' से जुड़ा हर संस्मरण अविस्मरणीय है। विवाह के बाद 27 मई, 1975 को जब मैं पहली बार अपने ससुराल आई, तब 'बाबूजी' के रौबदार व्यक्तित्व और उनकी बुलंद आवाज़ सुनकर प्रारंभ में मुझे महसूस हुआ कि वे काफ़ी सख़्त स्वभाव के हैं, परंतु समय के साथ धीरे-धीरे मुझे आभास होने लगा कि 'बाबूजी' तो अनुशासन और वात्सल्य का अनूठा संगम हैं। यह गुण बहुत ही कम लोगों में देखने को मिलता है। उन्होंने हमेशा मुझे बहू नहीं बल्कि अपनी बेटी समझा और वास्तव में मैं कब इस घर की बहू से बेटी बन गई, पता ही नहीं चला। उन्होंने मुझे इतना स्नेह और अपनत्व दिया कि उसको शब्दों में व्यक्त करना संभव नहीं है।

मुझे गर्व है कि दशकों पहले की पुरुष–प्रधान सामाजिक व्यवस्था से जुड़े होने के बावजूद 'बाबूजी' नारी–सशक्तिकरण के अग्रदूत थे। पहले उन्होंने बा को अपने बिज़नेस में सहभागी बनाया, फिर उसी परंपरा को आगे बढ़ाते हुए उन्होंने मुझे रसोई से निकलकर फ़ैक्टरी जाने और बिज़नेस की बारीकियों को सीखने के लिए प्रेरित किया। उनके मार्गदर्शन में ही मैंने उत्पादन और पैकेजिंग की प्रक्रिया को बारीकी से समझा और बहुत कुछ सीखा। उन्हीं की प्रेरणा व आशीर्वाद से मैं आज कोठारी ग्रुप के सभी स्कूलों का सफलतापूर्वक प्रबंधन व संचालन करने में अपने आपको समर्थ पा रही हूँ, जिसके लिए मैं अपने आपको धन्य समझती हूँ।

'बाबूज़ी' के आदर्श, मूल्य और प्रबंधन के उनके अनूठे मंत्र हर क़दम पर मेरे पूरे परिवार का मार्ग आलोकित कर रहे हैं और हमें आगे बढ़ने का रास्ता दिखा रहे हैं। आप जहाँ कहीं भी हैं, हम पर सदैव इसी तरह अपना आशीर्वाद बनाए रखें।

'बाबूजी' को मेरा शत–शत नमन।

आरती दीपक कोठारी

My ideal, my Dada…

People associate him with a larger than life picture. In my eyes my dada was a humble human who has faced life at its worst but still always been a happy and positive mind-set person. Even in our worst situations he has always viewed life in beautiful way.

He loved interesting and knowledgeable company, his will for learning new things…always impressed me. The biggest learning I can say I have got from him is being in the present.

He had a knack…which has directly skipped for me… we always view difficulty as a chance to jump to bigger achievements… I learned from him to take things from people (except advice) which we both have patience for. We both had an equal silent take for life… the best quality in dada was his humility…which I have experienced through so many of our holidays and work trips.

There is a famous proverb…*"An empire lasts for only two generations…"* I can hope and contradict that our's is an empire not 3rd but 4th generation (Indrayu you better keep it up) of humility and attaining the highest goal in a silent mode.

Mitesh Kothari
(Grandson)

Dada... An epitome of strength and perseverance.

When I first met him, found it very interesting that he kept asking me way too many questions and seen curve on my feet as he believed that it reflects the Goddess Laxmi for the house. He was definitely very superstitious, he used to call me for any silly reason before he left home in the morning for office. Initially I used to keep a bindi on my palm (Baa had told me to)and put it when he left. He used to never step out without eating a spoon of masala and a sip of water...

If I look back now...one instance I can never forget about him -a strong person like him (going through Parkinson's)... he refused to get on the wheel chair...then one morning, I told dada Indrayu is in his pram... you can be in wheel chair and you both can do a walk together in mornings...he tried and finally it all came through. Baa was so relieved.

Many such incidents very small for others but a battle for a strong man...people only identify super humans like him as industrious, successful strong characters...to me what I see of him as strength was his ability to change and adapt with time and generations ...his ability stay strong with his failing health...his will for a life without negativity...being absolutely grounded...yet living life and every waking day to the fullest.

Dada was all what he was because he had a wife like Baa ...that is unquestionably true in their case.

Urvi Kothari
(Daughter-in-law)

I have very fond memories of my Bade Dada...

He was very affectionate person and always taught me the importance of discipline and time management.

During the days when he was in wheel chair, I used to take him out and that time he used to tell me lots of things, how to spend family time and how to concentrate when you're on work.

I have learnt lot of good things from him. One common feature, we both have that he was fond of parties and get together with his friends and dear ones and I too love it.

Salute to my bade dada, I miss you...

Indrayu
Great Grandson
(Son of Mitesh and Urvi Kothari)

"Grandfather is someone with silver in his hair and gold in his heart"

This is how my grandfather was. I have tons of memories with him - happy, sad, loving, argumentative but still he was the one who was the leader and knew how to raise his family.

I haven't yet come across a similar personality like him. His vision was far superior than others. I guess our grandparents were more like friends than parents as we used to play cards, talk about various stuff, go on holidays etc... I can't forget them ever in my life and still feel their presence and blessings with us. Now I really feel that *"Grandfathers are antique little boys"*

Hemani Gowani
(Grand-Daughter)

Every generation revolts against its fathers and makes friends with its grandfathers.

Thanks to Hemani, I got the opportunity to share holidays and my time in Delhi with an inspiring and loving grandfather-in-law, who has always been a legend of new ideas and hardworking.

Vinod Gowani
(Grand Son-in-law)

Dada is an icon in my mind. He was and always will be the force that kept the entire family together. He was admirable, someone who built himself with each experience he had.

Dada passed away a few years ago and I still think about him every single day - the impact Dada & Baa had in my life is profound, one that I haven't been able to extract from any other member in my life. The energy he brought into every conversation & the way he patiently heard us out.

The last time we met was when we visited Ahmedabad for his birthday & I'm so glad we were able to celebrate with him & the people who loved most.

Dada & Baa you will always be the greatest inspiration for all of us & we are deeply grateful to be able to carry your name and legacy forward.

Kavya
Great Granddaughter
(Daughter of Hemani and Vinod Gowani)

My great-grand-pa passed away when I was only 9 years old. That was 8 years ago but I feel like the day I met as far as I can remember was yesterday. We were in Ahmedabad celebrating his 90th birthday and I cannot forget the joy which he had on his face. He was full of life even 4 months before his eventual passing away. My 'Bade Nanu' was always really joyous and that's what I will take away from his life.

Krishraj
Great Grandson
(Son of Hemani and Vinod Gowani)

विशेष आभार

स्वर्गीय श्री ओमकार नाथ चतुर्वेदी का मैं सदैव ऋणी रहूँगा, जिन्होंने विषम हालात में हर क़दम पर हमारे साथ खड़े रहकर हमारे परिवार को भावनात्मक संबल प्रदान किया। 'बाबूजी' ने 'पान पराग' का जो बीज रोपा था, उसके वटवृक्ष का रूप धारण करने के शानदार सफ़र में श्री चतुर्वेदी के अमूल्य योगदान को कभी भुलाया नहीं जा सकता।

स्वर्गीय श्री रामजी मेहरोत्रा का मैं विशेष रूप से कृतज्ञ रहूँगा, क्योंकि 'बाबूजी' की प्रेरक जीवन यात्रा को नई पीढ़ी के समक्ष लाने की परिकल्पना में वे बराबर के सहभागी थे। वे न केवल हमारे बिज़नेस सलाहकार थे, बल्कि परिवार के भी अभिन्न अंग थे। एक सच्चे मित्र, भाई और परिवार के सदस्य के तौर पर उन्होंने हर क़दम पर मेरा मार्गदर्शन किया।

सेवन अप
YES
OK
PAN PARAG
PAN MASALA

एक सच्चे कर्मयोगी का आख़िरी सफ़र

''महान व्यक्ति संसार से कभी विदा नहीं होते,
क्योंकि यह हम पर निर्भर करता है कि उनके अच्छे कार्यों को
आगे बढ़ा कर हम उन्हें अमर रखें।''

– महात्मा गाँधी

तारीख़ 27 नवंबर 2015...
मध्यरात्रि के बाद क़रीब 2 बजे का वक़्त था...

दीपक भाई के फ़ोन की घंटी अचानक बज उठी...दिनभर की व्यस्तताओं के बाद दीपक भाई नींद में थे... घंटी सुनकर अचानक वे तेज़ी से उठे और फ़ोन उठाया... फ़ोन बा यानी उनकी माँ का था...

बा– ''दीपक... दीपक...?'' उस रात उनके स्वर में वेदना थी।

दीपक भाई (थोड़ा घबराते हुए) – ''हाँ, माँ... बोलो... बोलो... क्या हुआ...?''

बा– ''दीपक तुम्हारे पापा कुछ बोल नहीं रहे हैं...''

दीपक भाई पूरी बात समझ नहीं पाए... वे फिर बा से बोले...

दीपक भाई – ''ओह...! माँ! माँ! क्या हुआ... माँ... मैं अभी आया...'' यह कहते हुए दीपक भाई नाइट सूट में ही भागते हुए 'बाबूजी' के कमरे में जा पहुँचे... अपने बेडरूम से 'बाबूजी' के कमरे तक आने में उनकी नींद कोसों दूर जा चुकी थी, लेकिन उनके मन में अनेक आशंकाएँ जन्म ले चुकीं थीं।

अपनी साँसों को क़ाबू करते हुए दीपक भाई अपने पिता के कमरे में पहुँचे, तो उनकी माँ उनके पिता के सिरहाने खड़ी होकर उन्हें एक टक देखे जा रहीं थीं।

दीपक भाई ने पापा... पापा कहते हुए 'बाबूजी' को आवाज़ दी, लेकिन 'बाबूजी' की तरफ़ से जब कोई प्रतिक्रिया नहीं हुई, तो दीपक भाई अचानक घबरा गए... एक अजीब सी आशंका ने उनके भीतर डर पैदा कर दिया... उन्होंने 'बाबूजी' की नब्ज़ टटोली... जब कुछ समझ नहीं आया, तो वे बिजली की गति से फ़ोन की तरफ़ लपके। दीपक भाई ने फ़ैमिली डॉक्टर को फ़ोन किया... कोई 10 मिनट के अंदर क़रीब ही रहने वाले फ़ैमिली डॉक्टर भागे-भागे आ गए... दीपक भाई बदहवासी में डॉक्टर से अपने मन की आशंका को बोलते चले गए... डॉक्टर ने धीरज रखने को कहा... इसके बाद डॉक्टर ने चेकअप शुरू ही किया था कि अचानक वे रुक गए... मनसुख भाई की कलाई अपने हाथ से छोड़ते हुए डॉक्टर ने बिना कुछ कहे मनसुख भाई को चादर से ढक दिया... अपनी जगह से उठते हुए डॉक्टर ने केवल इतना कहा... ''ही इज़ नो मोर...।''

डॉक्टर के शब्द सुनते ही बा की आँखों के सामने जैसे अंधेरा छा गया...दीपक भाई लगभग चीखते हुए बोल पड़े...''क्या?... डॉक्टर साहब, ''प्लीज़ फिर चेक कीजिए... प्लीज़...।'' डॉक्टर ने दीपक भाई के कंधे पर हाथ रखा ही था कि बा बेहोश हो गईं... दीपक भाई अपना दुख भूल कर माँ की तरफ़ लपके... डॉक्टर ने उन्हें होश में लाने की कोशिश की... थोड़ी देर में बा को होश आ गया... वे पति के सिर को अपनी गोद में लेकर रोते हुए निहारने लगीं... दीपक भाई के पीछे-पीछे मौक़े पर पहुँचीं उनकी पत्नी आरती ने हालात को एक झटके में ही समझ लिया... और बा को सँभालने में जुट गईं...।

उधर, डॉक्टर ने बिना कोई 'रिएक्शन' दिए अपना बैग उठाया और बाहर की तरफ़ चल दिए...।

दीपक भाई पूरी तरह स्तब्ध और निःशब्द थे...। वे समझ नहीं पा रहे थे कि अचानक यह सब कैसे हो गया, पर जीवन के शाश्वत सत्य

से उनका सामना हो रहा था... उनके पिता मनसुख भाई के प्राण शरीर त्याग चुके थे।

कुछ देर बाद दीपक भाई ने किसी तरह ख़ुद के जज़्बात पर क़ाबू किया... फिर अमेरिका में रह रहीं अपनी बहन रीता को फ़ोन लगा दिया... कई बार घंटी बजने के बाद रीता बेन ने फ़ोन उठाया... लेकिन वे कुछ बोल पातीं, इससे पहले ही दीपक भाई की आवाज़ आई...।

दीपक भाई भर्राई हुई आवाज़ में बोले– ''री... रीता...।''

रीता – ''हाँ...भाई...हाँ...भाई... क्या हुआ... बोलो... अरे... बोलो तो सही...हैलो...हैलो...।'' रीता अचानक इस तरह की कॉल से परेशान हो गईं...अचानक दीपक भाई की आवाज़ न आने से रीता बुरी तरह घबरा गईं... उनकी दिल की धड़कन बढ़ गई... अचानक दिल–ओ–दिमाग़ में कई आशंकाओं के ज्वार उठने लगे... दूसरी तरफ़ दीपक भाई ने फ़ोन तो कर दिया था, पर गला भरने के कारण वे बोल नहीं पा रहे थे...। दरअसल, उनके गले से आवाज़ ही नहीं निकल रही थी... एक–दो मिनट बाद बड़ी मुश्किल से उन्होंने अपने आँसुओं को जज्ब किया... फिर जो कुछ वे बोले... उनका एक–एक शब्द रीता के कानों को जैसे शीशे की तरह चीरता चला गया।

दीपक भाई– ''रीता... 'बाबूजी' चले गए... हमें... छोड़ कर..., रीता... 'बाबूजी' ख़ामोशी से चले गए। मैं उनकी सेवा करने के लिए उन्हें कानपुर लाया था, पर उन्होंने सेवा तक नहीं कराई...वे चले गए...।'' इस तरह दीपक भाई रोते रहे और अपनी भावनाएँ फ़ोन पर बताते रहे।

इसके बाद दीपक भाई ने काम के सिलसिले में शहर से बाहर गए अपने बड़े भाई विक्रम कोठारी को फ़ोन पर सूचित किया और फिर मुंबई में मौजूद अपने पुत्र मितेश कोठारी, पुत्री हेमानी, पुत्रवधू उर्वी और पौत्र इंद्रायु को इस बाबत जानकारी दी, फिर उन्होंने एक–एक करके क़रीबी दोस्तों के साथ परिवार के अन्य रिश्ते–नातेदारों को भी 'बाबूजी' के दिवंगत होने की सूचना दी।

इस बीच, घर के अन्य लोग भी मनसुख भाई के कमरे में पहुँच चुके थे... दीपक भाई की पत्नी आरती बा को सँभालने के साथ ही दीपक

भाई को भी साँत्वना देने लगीं... उन्हें ढाँढस बँधाती रहीं... लेकिन आरती जितना दीपक भाई को चुप कराने की कोशिश कर रहीं थीं, दीपक भाई के आँसुओं की धारा उतनी ही तेज़ होती जा रही थी...। दूसरी तरफ़ बा की सिसकियाँ भी रात के सन्नाटे को चीर रही थीं... सभी दुखी थे... सभी शांत थे... कोई शब्द किसी के मुँह से नहीं निकल रहा था। कोई बोलता भी तो आख़िर क्या...।

सुबह के 10 बजते-बजते पूरे कानपुर शहर में मनसुख भाई के निधन की ख़बर जंगल में आग तरह फैल गई। उनके निवास 'सुखधाम' में लोगों का ताँता लग गया। सभी से परामर्श करने के बाद मनसुख भाई के पार्थिव शरीर को दो दिन के लिए लोगों के दर्शनार्थ 'सुखधाम' में ही रखा गया। बेटी रीता अमेरिका में थीं, तो मनसुख भाई के बड़े बेटे और कुछ अन्य क़रीबी रिश्तेदार भी उस समय कानपुर शहर से दूर थे। सभी 'बाबूजी' के अंतिम दर्शन करना चाहते थे और दुख की घड़ी में परिवार के साथ रहना चाहते थे।

अगले दो दिन तक देश-विदेश से 'बाबूजी' के चाहने वाले 'सुखधाम' पहुँच कर जीवट योद्धा को अंतिम प्रणाम करते रहे। 29 नवंबर को जब 'सुखधाम' से भैरव घाट के लिए उनकी अंतिम यात्रा निकली, तो पूरा शहर जैसे थम सा गया। उनकी अंतिम यात्रा में जन-सैलाब उमड़ पड़ा। तिलक नगर स्थित उनके निवास 'सुखधाम' से लेकर भैरव घाट तक सिर ही सिर नज़र आ रहे थे। पूरा शहर जैसे उनकी याद में गमगीन था। 'पान पराग' के एडवरटाइज़र्स ने 'बाबूजी' को श्रद्धांजलि देने के लिए पूरे कानपुर में होर्डिंग लगा दिए थे। न किसी को कोई निर्देश था और न ही आदेश। सब कुछ स्वतःस्फूर्त था।

पूरा शहर वटवृक्ष सदृश्य उस शख़्सियत को सलाम कर रहा था, जो कर्मठता की अनूठी मिसाल थे, जिसने अपना पूरा जीवन अपने दम पर सजाया-सँवारा था... असंख्य लोगों को सम्मान से जीने योग्य बनाया था... अनगिनत लोगों को पेट भरने का साधन दिया था... सब उन्हें प्यार करते थे... उनका जाना कानपुर के लिए अपूरणीय क्षति था।

किसी ने ठीक ही कहा है– ***''शोक की घड़ी सागर के समान होती है। यह घटती और बहती लहरों पर हमारे समक्ष आती है। इसका जल कभी शांत होता है, तो कभी प्रचंड। शोक के सागर के इन क्षणों में हम सिर्फ़ तैरना सीख सकते हैं।''***

न केवल मनसुख भाई का परिवार, उनके क़रीबी दोस्त और रिश्तेदार बल्कि असंख्य चाहने वाले भी इस अंतिम सत्य से धीरे–धीरे एकाकार कर रहे थे कि उनके प्रिय 'बाबूजी' अब इस दुनिया में नहीं थे।

दो साल पहले...

मशहूर कवि हरिवंश राय बच्चन की दिल को छू लेने वाली एक कविता है;

नीलम–से पल्लव टूट गए,
मरकत–से साथी छूट गए,
अटके फिर भी दो पीत पात
जीवन–डाली को थाम, सखे!
है यह पतझड़ की शाम, सखे!

ज़िंदगी के जिस पड़ाव पर 'बाबूजी' पहुँच चुके थे, उसमें वे अपनी माटी की सुगंध और अपनों के बीच फिर उस अपनत्व की अनुभूति करना चाहते थे, जो उनसे कई दशकों पहले कहीं छूट गई थी। इस कविता की पंक्तियाँ उनकी भावनाओं को सटीक ढंग से व्यक्त कर रही थीं। बढ़ती उम्र के बावजूद 'बाबूजी' ख़ुशियों की उन लड़ियों को जैसे जोड़ना चाहते थे।

अपने निधन से क़रीब दो साल पहले यानी 2013 की ही तो बात थी... जब मनसुख भाई ने बेटे दीपक भाई और बहू आरती से कहा था– ''मैं अब अपनों के बीच, अपनी जन्मभूमि के क़रीब जाना चाहता हूँ।'' 'बाबूजी' घर के मुखिया थे। वे गंभीर बीमारियों से जूझ रहे थे, लेकिन फिर भी उनकी इच्छा का विरोध करने का साहस भला कौन कर सकता था? मनसुख भाई की चाह के अनुरूप तब उन्हें अहमदाबाद शिफ़्ट किया

गया था। गुजराती समाज के 'गौरव' मनसुख भाई का मन वहाँ रम सा गया था। शरीर भले साथ नहीं दे रहा था, लेकिन मनसुख भाई भावनात्मक रूप से बड़ी राहत महसूस कर रहे थे। उनसे मिलने वालों का ताँता लगा रहता था। इससे वे अपनी शारीरिक पीड़ाओं को भूले रहते थे। उनके चेहरे की चमक देख कर बा के भीतर भी नई ऊर्जा का संचार हो जाता था, लेकिन नियति को तो कुछ और ही मंज़ूर था।

2014 के आख़िरी महीने में अहमदाबाद में 'बाबूजी' की देखभाल करने वाले उनके भतीजे राजू भाई और नीलेश भाई ने कानपुर में दीपक भाई को फ़ोन किया...।

राजू भाई – ''दीपक भाई... 'बाबूजी' की तबियत अब ठीक नहीं रहती है... बा भी उम्र के इस पड़ाव पर अपने सारे काम छोड़ कर उनकी सेवा में लगी रहती हैं... दोनों कुछ बताते भी नहीं... बस, जब कोई मिलने आता है, तो मुस्करा देते हैं, लेकिन दोनों अंदर ही अंदर बड़ी पीड़ाओं से जूझ रहे हैं... गुमसुम से रहते हैं... दीपक भाई आप इन्हें कानपुर ले जाइए... शायद वहाँ आपके पास रहते हुए ये कुछ बेहतर हो जाएँ... नहीं तो 'बाबूजी' की तबियत और बिगड़ जाएगी।''

दीपक भाई ने फ़ोन पर राजू भाई और नीलेश भाई की पूरी बात बड़े ग़ौर से सुनी और आनन–फानन में अहमदाबाद से बा और 'बाबूजी' को कानपुर लाने का फ़ैसला कर लिया, लेकिन उनके समक्ष चुनौती थी कि 'बाबूजी' को कानपुर आने के लिए राज़ी कैसे किया जाए... दीपक भाई अपने पिता के स्वभाव को जानते थे कि भले ही वे बीमार हों... शरीर उनका साथ न दे रहा हो, पर उनकी ज़िद के आगे जीतना असंभव न सही, लेकिन बेहद मुश्किल ज़रूर है।

अहमदाबाद में नियमित रूप से दवाएँ तो चल रही थीं, लेकिन 'बाबूजी' की सेहत लगातार गिरती जा रही थी। दीपक भाई ने सोचा कि कैसे भी हो, वे 'बाबूजी' को अहमदाबाद से कानपुर लेकर आएँगे और अपनी आँखों के सामने रखेंगे, सेवा करेंगे। दीपक भाई ने अहमदाबाद में बा को फ़ोन किया...

दीपक भाई – ''हैलो... बा...।''

बा – ''हाँ... बेटा...।''

दीपक भाई – ''बा... अब आप दोनों कानपुर आ जाओ... मैं यहाँ हूँ... सेवा करूँगा... 'बाबूजी' को भी अच्छा लगेगा... और मुझे भी उनके पास रहने का संतोष मिलेगा... मेरा मन भी अच्छा रहेगा...।''

बा– ''ठीक है, जैसा तुम ठीक समझो... लेकिन 'बाबूजी' आना चाहेंगे, तब ना...।''

दीपक भाई – ''नहीं... मैं अब कुछ नहीं सुनूँगा... कोई बात नहीं मानूँगा... 'बाबूजी' को कानपुर आना है, तो आना है...।''

इतना कहते हुए दीपक भाई ने फ़ोन काट दिया।

इसके बाद दीपक भाई ने कानपुर से अहमदाबाद के लिए फ़्लाइट बुक की। जब वे अहमदाबाद पहुँचे, तो अपने पिता की हालत देख उन्हें बहुत दुख हुआ... वक़्त गँवाए बिना उन्होंने अपने दोस्तों से संपर्क कर चार्टर्ड एयर एंबुलेंस की व्यवस्था की और उसके अगले ही दिन सुबह 'बाबूजी' को लेकर अहमदाबाद से कानपुर पहुँच गए। एयर एंबुलेंस में रास्तेभर दीपक भाई पिता के सिर को अपनी गोद में रखे रहे और उनसे बातें करते रहे, ताकि 'बाबूजी' को उनके दुख नहीं सताएँ। फ़्लाइट कानपुर पहुँची, तो पता चला कि चकेरी एयरपोर्ट पर प्रदेश के तत्कालीन राज्यपाल राम नाइक का विमान टेकऑफ़ करने वाला है, उसके बाद ही कोई अन्य प्लेन लैंड कर सकता था। दीपक भाई ने दोस्तों के ज़रिए एटीसी से संपर्क करके एयर एंबुलेंस की लैंडिंग पहले कराने की गुज़ारिश पिताजी की सेहत का हवाला देते हुए की। एटीसी ने राज्यपाल को इस बारे में जानकारी दी और उनकी हरीझंडी मिलते ही 'बाबूजी'को ला रही एयर एंबुलेंस को पहले लैंड करने की अनुमति दे दी गई।

एयरपोर्ट पर मौजूद माननीय राज्यपाल को जैसे ही जाने–माने उद्योगपति मनसुख भाई के आने की जानकारी हुई, तो उन्होंने एयर एंबुलेंस के लैंड करने से पहले ही एयरपोर्ट पर मौजूद अफ़सरों को उनकी मदद करने के निर्देश दे दिए... एयर एंबुलेंस से जैसे ही 'बाबूजी' को उतारा गया, तो स्वयं राज्यपाल ने 'बाबूजी' मनसुख भाई कोठारी से

मुलाक़ात करके उनकी कुशलक्षेम पूछी और उनके जल्द स्वस्थ होने की कामना की। इसके बाद मनसुख भाई को कानपुर के उनके निवास 'सुखधाम' में शिफ़्ट किया गया। दीपक भाई पिता को सहारा देते हुए उन्हें कमरे तक ले गए। पिता के पास दीपक भाई दिनभर रहे। दिनभर 'बाबूजी' को देखने वाले आते रहे। शाम होते-होते भीड़ काफ़ी बढ़ गई। 'पान पराग' के वितरक से लेकर एजेंसी होल्डर तक और खुदरा विक्रेता से लेकर उनके हर तरह के चाहने वाले, क्या आम और क्या ख़ास, हर तरह के लोग 'सुखधाम' पहुँच रहे थे। दरअसल, 'बाबूजी' की शख़्सियत ही कुछ ऐसी थी कि जो उन्हें ज़रा सा भी जानता था या जिसने उनके बारे में सुन रखा था, वह तुरंत 'सुखधाम' की तरफ़ दौड पड़ा। डॉक्टर भी लगातार उनकी सेहत की निगरानी कर रहे थे। 'बाबूजी' बहुत कमज़ोर हो चुके थे, बहुत थोड़ा ही बोल पाते थे। कोई एक साल तक यानी 25 नवंबर तक मनसुख भाई का इलाज भी चलता रहा और दीपक भाई और आरती के साथ उनकी पत्नी बा सेवा भी करती रहीं... लेकिन एक साल के दौरान उनकी सेहत सुधरने की जगह और ख़राब होती चली गई थी। वे लगभग बिस्तर पर ही रहते थे। कभी-कभार वे ज़िद करके माल रोड के अपने दफ़्तर में सहारा लेकर चले जाते थे, लेकिन कुछ ही देर बाद वे फिर घर लौट कर बिस्तर पर लेट जाते थे।

मनसुख भाई ने अपने पूरे जीवन को संघर्ष का पर्याय बना दिया था। हर मुश्किल से वे अकेले जूझते थे। अंत समय में भी उन्होंने किसी से सेवा नहीं कराई। वे बिलकुल चुपचाप अनंत यात्रा पर निकल गए। मनसुख भाई भले ही साधारण इंसान थे, लेकिन उनका जीवन बेहद असाधारण था। फ़र्श से अर्श तक पहुँचने की उनकी कहानी बेमिसाल थी।

किसी ने सही कहा है- ***''चुनौतियाँ उपहार की तरह होती हैं, जो हमें गुरुत्वाकर्षण के एक नए केंद्र की खोज करने के लिए मजबूर करती हैं। हमें उनसे डरना नहीं चाहिए। बस खड़े होने का एक नया तरीक़ा खोजना चाहिए।''*** मनसुख भाई भी ऐसा ही सोचते थे। वे चुनौतियों को अवसर के तौर पर देखते थे। किसी एक मंज़िल को पाने के बाद वे अपने लिए नए लक्ष्य तय कर देते थे।

मात्र दस की उम्र से शुरू किया काम...

मनसुख भाई की पृष्ठभूमि अत्यंत साधारण थी। परिवार में आय का कोई ख़ास स्रोत नहीं था। उनके पिता किराने की अपनी दुकान से मुश्किल से इतना कमा पाते थे कि सिर्फ़ गुज़ारा चल सके। मात्र दस साल की उम्र से मनसुख भाई अपने पिता के छोटे से व्यापार में हाथ बँटाने लगे थे। कड़ी मेहनत के बावजूद बहुत कम कमाई होने से उनके भीतर विषम हालात को बदलने की कसक पैदा हो गई थी, जिसने धीरे-धीरे जुनून का रूप ले लिया था। अथक परिश्रम की तपिश में मनसुख भाई उम्र से पहले ही परिपक्व हो गए थे। उनका पहला लक्ष्य था आर्थिक विपन्नता की बेड़ियों को तोड़ना और अपने माता-पिता के चेहरे पर चमक लाना। इसी जुनून के दम पर वे केवल अठारह साल की उम्र में मात्र चौदह रुपये लेकर घर से निकल गए। अगले दो-तीन दशकों में मनसुख भाई एक बड़ी मल्कियत के मालिक बन गए। किसी ने सही कहा है- ***बस अपने आप में विश्वास करो, और आप महसूस करेंगे कि सही दिशा में उठाए गए छोटे क़दम भी महान परिणाम दे सकते हैं।*** मनसुख भाई की ज़िंदगी इसकी जीवंत मिसाल रहेगी।

1

बेजोड़ बिज़नेसमैन, कमाल की शख़्सियत

''प्रतिष्ठा बनाने में कई साल लगते हैं और इसे बर्बाद करने में चंद मिनट। यदि आप इसके बारे में सोचते हैं, तो आप निश्चित रूप से चीज़ों को अलग तरीक़े से करेंगे।''

– वॉरेन बफ़ेट

गंगा बहती हो क्यूँ... ये भले ही पंडित नरेंद्र शर्मा की कविता की पंक्तियाँ हैं, लेकिन गंगा सवालों का सामना करते, हर सवाल का जवाब देते हुए कल-कल करते निर्झर और निश्छल बहती ही जा रही है... आगे बढ़ती ही जा रही है। छोटे से उद्गम से निकल कर महासागर से मिलने की यात्रा रोज़ कर रही है। नदियाँ और भी हैं, लेकिन गंगा की बात निराली है। वास्तव में गंगा एक विचार और एक संस्कृति है। मानें तो देवतुल्य है, न मानें, तो भी गंगा की पवित्रता और अविरल धारा पर कोई फ़र्क़ नहीं पड़ता। मनसुख भाई कोठारी की जीवन-यात्रा भी गंगा की पवित्र धारा से कम नहीं है। उन्होंने दशकों पहले जो सफ़र शुरू किया था, वह अब भी अनवरत जारी है। बस रंग-रूप बदला है... लेकिन लक्ष्य नहीं। जिन विचारों, आदर्शों और मूल्यों को मनसुख भाई कोठारी ने अपनाया था, वे अब कभी ख़त्म न होने वाली परंपराएँ बन चुके हैं।

मनसुख भाई, यानी एक ऐसा यात्री, एक ऐसा बिज़नेसमैन और संघर्ष पथ का एक ऐसा राही, जो न कभी रुका और न कभी थका। मनसुख भाई कोठारी न केवल बिज़नेस और परिवार की परंपरा के वाहक थे, बल्कि न्यू स्टार्पअप्स के अग्रदूत भी थे। उनके संस्कारों, उनकी परंपराओं, उनके आचार–विचारों और उनके उत्पादों की यात्राएँ आज भी जारी हैं। 'पान पराग' हो या 'यस' मिनरल वाटर या कोई अन्य, वे सब प्रगति पथ पर आगे बढ़ते ही जा रहे हैं, ठीक गंगा की तरह। यही नहीं, वक़्त के साथ कॉर्पोरेट जगत में तेज़ी से आ रहे बदलावों के अनुरूप भी उनके उत्पादों को ढाला जा रहा है। कामयाबी के शिखर पर पहुँचने के बाद वहाँ टिके रहना बेहद चुनौतीपूर्ण होता है, लेकिन मनसुख भाई ने हर दिन चीज़ों को नए ढंग से निष्पादित करने का जो क्रम जारी रखा, उसे अगली पीढ़ी भी बख़ूबी निभा रही है।

मनसुख भाई कहा करते थे, **''जिनमें योग्यता नहीं होती, जिनमें काम करने की जिज्ञासा नहीं होती, ऐसे लोग अहंकार में डूबे रहते हैं, लेकिन वे न तो अपना भला कर सकते हैं, न समाज का।''**

मनसुख भाई मात्र 18 साल की उम्र में केवल 14 रुपये लेकर घर से चले थे। तीन दशक के सफ़र के बाद उन्होंने बिज़नेस साम्राज्य खड़ा कर दिया। ज़मीनी स्तर पर संघर्ष प्रारंभ करने के बाद पैसा कमाने के लिए उन्होंने हर जतन किया, लेकिन जब बिज़नेस जगत में वे सितारे की तरह चमके, तो भी दौलत का अहंकार कभी नहीं किया। उन्होंने उस ज़माने में घरेलू उद्योग शुरू किए, स्टार्टअप्स न केवल बनाए, बल्कि तब सफलतापूर्वक चलाए, जब इसकी कल्पना भी नहीं की जा सकती थी। कामयाबी के शिखर पर पहुँचने के बाद ज़मीन को प्रणाम करना, परिवार को महत्त्व देना, स्नेह देना और अपनों का शुक्रिया अदा करना वे कभी नहीं भूले। यही नहीं, उन्होंने अपने माता–पिता के साथ उस माटी की सुगंध को भी याद रखा, जिसमें पलकर वे बड़े हुए थे। उन्होंने उस स्कूल को भी याद रखा, जिसने उन्हें शुरुआती शिक्षा दी थी। मनसुख भाई ने माँ की दी गई *गीता* और *रामायण* की उन शिक्षाओं को भी याद रखा, जो इंसान को कर्तव्यनिष्ठ बनने और कर्मपथ पर चलने की प्रेरणा देती हैं।

कामयाब होने के बाद भी मनसुख भाई ने क्रोध को क़ाबू में रखा, क्योंकि वे जानते थे, उस पेड़ की कहानी, जिसके बारे में कहा जाता है कि वह जितना फलदार होता है, उतना ही झुका रहता है। वे उस ज़माने में यह भी जानते थे कि लोग धन्नासेठों, दौलत से भरी तिजोरियों और राजा–रजवाड़ों को जल्द भूल जाते हैं। लोग सदा याद रखते हैं दान करने वालों को, प्याऊ खुलवाने वालों को, धर्मशालाएँ बनवाने वालों को और उस देवनहार को, जो रहीम की भाँति देते वक़्त भी नज़रें ऊँची नहीं करते थे। मनसुख भाई स्वभाव से अत्यंत विनम्र थे। वे महान कहलाना बिलकुल पसंद नहीं करते थे। मनसुख भाई के शब्दों में – ***''किसी भी काम में कामयाबी पाने के लिए मनोबल होना चाहिए, दृढ़ संकल्प होना चाहिए और दिन–रात काम करने की लगन होनी चाहिए।''***

वे अनूठे बिज़नेसमैन थे। उन्होंने जीवन में कई तरह के बिज़नेस किए, लेकिन ***उनकी सबसे ख़ास बात यह थी कि उन्होंने कभी किसी भी तरह का उधार किसी से नहीं लिया। किसी भी बैंक, साहूकार या वित्तीय–संस्था से उन्होंने कोई क़र्ज़ कभी नहीं लिया।*** उन्होंने कभी किसी चीज़ के लिए कोई लाइसेंस भी नहीं लिया। इस सबके बाद भी वे देश के नामी उद्योगपति बने। उनका कहना था – ***''नक़द लो, नक़द दो मतलब पैसे दो और माल लो।''*** उधार के मामले में मनसुख भाई बेहद सख़्त थे। कामयाबी के चरम पर पहुँचने के बाद भी उन्होंने कभी किसी को एक नए पैसे का उधार नहीं दिया। यह बहुत आसाधारण पहलू है।

ख़ास में भी 'ख़ास' थे वे

मनसुख भाई ने हाथों की लकीरों पर कभी विश्वास नहीं किया, बल्कि कामयाबी की रेखाओं को हाथों पर उकेर दिया। कहते हैं ना – ***''यदि किसी में कर्तव्यनिष्ठा हो, लगन हो, जूझने की हिम्मत हो और वह बिना थके काम करने को तैयार हो, तो ऐसे व्यक्ति को कार्यसिद्धि अवश्य प्राप्त होती है।''*** वे ख़ास थे, तो उनकी बातें भी निराली थीं। उनके चाहने वाले तो बहुत थे, लेकिन उन्हें मदद किसी से नहीं मिली। वे धनवान बने और कामयाबी के शीर्ष तक पहुँचे, तो सिर्फ़ अपने दम पर...।

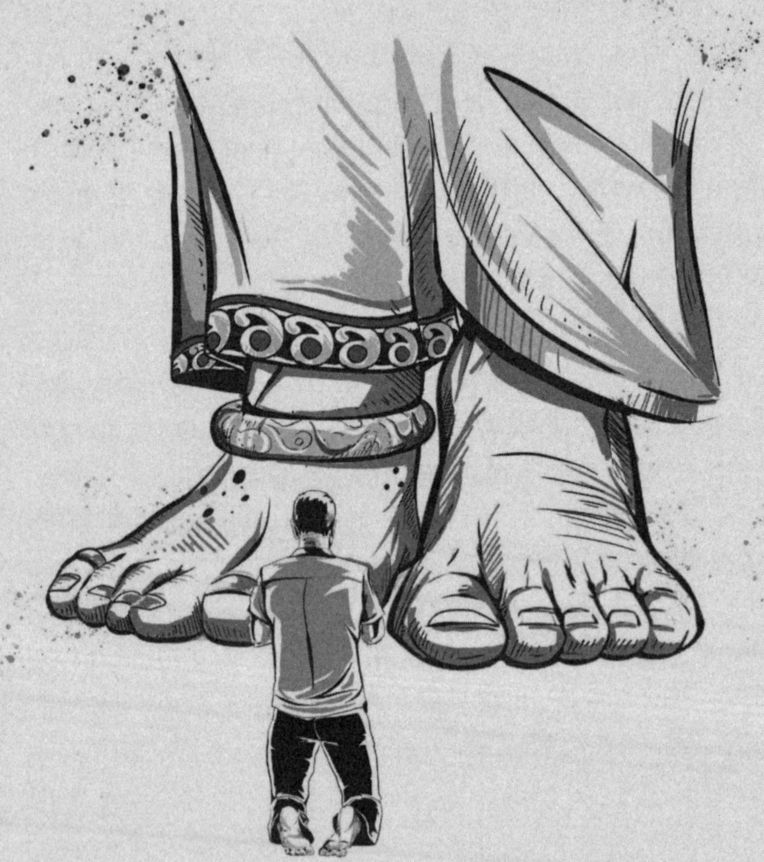

2

बाल्यकाल में मिले बिज़नेस और मानवता के संस्कार

'नैतिकता या ईमानदारी वह बिल्डिंग ब्लॉक है, जिस पर हमारा पूरा समाज टिका है, और बिज़नेस भी हमारे समाज का एक हिस्सा है। यदि आपके पास ईमानदार मानकों का एक सेट है, तो आप उस पद्धति का अभिन्न अंग हैं,जिसके तहत आप बिज़नेस करने में सक्षम होते हैं।''

– कैरी स्टॉक्स, ऑस्ट्रेलियाई उद्योगपति

मनसुख भाई की असाधारण कामयाबी की कहानी को जानने से पहले यह जानना बेहद ज़रूरी है कि बिज़नेस में बुलंदियों तक पहुँचने की उनकी बुनियाद क्या थी। उनका बचपन किस परिवेश में और कैसे गुज़रा। किन परिस्थितियों में मनसुख भाई को बेहतर ज़िंदगी की तलाश में घर से बाहर जाने को विवश होना पड़ा। आज के कॉर्पोरेट जगत में कामयाबी की परिभाषा भले ही अलग हो, लेकिन दुनियाभर के शीर्ष उद्योगपति अब भी संस्कारों की महत्ता से इंकार नहीं करते, जैसा कि उपरोक्त कथन से रेखांकित होता है।

ऐसे में यह सवाल स्वाभाविक रूप से हमारे ज़ेहन में उठता है कि आख़िर किन संस्कारों ने मनसुख भाई के भविष्य की राह आसान बनाई। देश के अग्रणी उद्योगपति बनने की उनकी प्रेरणादायक कहानी को गहराई

से जानने के लिए पहले उनके अतीत के पन्नों को पलटना अत्यंत ज़रूरी है। इसके लिए हमें उनकी जड़ों की ओर लौटना होगा।

क़रीब सौ साल पहले...

गुजरात का सुरेंद्रनगर जिला वर्तमान में भले ही कपास और उद्योगों के अलावा फ़ार्मा कंपनियों के लिए मशहूर है, लेकिन क़रीब सौ साल पहले यानी 1925 में सुरेंद्रनगर जिला नहीं था, बल्कि वाधवान के लिए ब्रिटिश पॉलिटिकल एजेंट का मुख्यालय था। तब इसकी आबादी भी बेहद कम थी। अँग्रेज़ों की दमनपूर्ण नीतियों के कारण रोज़गार की बात तो छोड़िए, लोगों को दो वक़्त की रोटी के लिए भी संघर्ष करना पड़ रहा था।

इसी सुरेंद्रनगर के नराली गाँव में 1925 में मनसुख भाई का जन्म हुआ। आठ भाई-बहनों में वे सबसे बड़े थे। उनके पिता महादेव भाई गाँव में किराना की छोटी सी दुकान चलाते थे, तो उनकी माँ मणिबेन गृहिणी थीं। लिहाज़ा, घर सजाने में उनकी विशेष रुचि थी। वैसे भी महिलाएँ उन दिनों पर्दे में रहा करती थीं। महादेव भाई और मणिबेन एक छोटे से कच्चे मकान में किसी तरह गुज़र-बसर कर रहे थे। काफ़ी मन्नतों के बाद दंपती के आँगन में पहले बालक की किलकारियाँ गूँजीं थीं। ऐसे में पूरे गाँव में लोगों को न्योता देकर जश्न मनाया गया। पुत्ररत्न की प्राप्ति से मणिबेन की ख़ुशी का मानो ठिकाना नहीं था। महादेव भाई को तो जैसे परम सुख मिल गया था। अपनी भावनाओं के अनुरूप उन्होंने बालक का नाम मनसुख रख दिया।

'ख़स्ताहाल' स्कूल, विकट हालात

मनसुख भाई जब थोड़ा बड़े हुए, तो सवाल आया कि उनकी पढ़ाई कैसे शुरू हो। तब सरकारी स्कूल ही होते थे। निजी स्कूलों की कल्पना भी उन दिनों नहीं की जा सकती थी। पत्नी मणिबेन से चर्चा के बाद महादेव भाई ने बालक मनसुख का दाख़िला गाँव के क़रीब ही एक 'ख़स्ताहाल' स्कूल में करा दिया। 'ख़स्ताहाल' शब्द का इस्तेमाल इसलिए क्योंकि वह स्कूल केवल नाम का था। फूस की छत नीचे मिट्टी का फ़र्श तो था, लेकिन

बैठने तक की कोई व्यवस्था नहीं थी। अपने-अपने घर से लाई गई टाट या बोरे पर बच्चों को बैठना होता था। जो बच्चे टाट नहीं ला पाते थे, वे यूँ ही मिट्टी के फ़र्श पर बैठ जाते थे। बारिश के दिनों में स्कूल तक़रीबन बंद रहता था। कभी पानी भरने, तो कभी गीला होने की वजह से फ़र्श बैठने लायक़ नहीं होता था, लेकिन उस स्कूल के अलावा मनसुख भाई के पिता के पास कोई अन्य विकल्प भी नहीं था। उस ज़माने में टीचर को 'मास्साब' कहा जाता था, जो लंबा कोट और धोती पहनते थे। वे ज़रूर समर्पण के भाव के साथ अपना काम करते थे।

बालक मनसुख के पिता शिक्षा का मूल्य जानते थे। सोचते थे कि वे भले न पढ़ पाएँ हों, लेकिन उन्हें अपने बच्चों को शिक्षित करना ही होगा। वे चाहते थे कि मनसुख शहर के स्कूल में पढ़े, लेकिन उसके लिए ज़रूरी पैसे तक उनके पास नहीं थे। आने-जाने के साधन न होना भी एक बड़ी वजह थी। स्थितियाँ इतनी विकट थीं कि वे सोच भी नहीं पा रहे थे कि कैसे मनसुख को बेहतर शिक्षा दें। कोई भी माँ-बाप अपनी संतान को अशिक्षित या अल्प शिक्षित नहीं रखना चाहता। हर माँ-बाप का सपना होता है कि उनकी संतान उनसे भी आगे जाए। न केवल ख़ुद के, बल्कि उनके सपनों को भी साकार करे। मनसुख भाई ने प्राथमिक शिक्षा गाँव के स्कूल से हासिल की। इसके बाद उनकी पढ़ाई छूट गई। दरअसल, गाँव में कोई बड़ा स्कूल नहीं था। आगे की शिक्षा के लिए उन्हें घर से तक़रीबन 30 किलोमीटर दूर जाना पड़ता। महादेव भाई की बहुत इच्छा थी कि वे बेटे को आगे भी पढ़ाएँ, लेकिन तीन कारणों से वे मनसुख भाई को आगे नहीं पढ़ा पाए। पहला कारण तो बहुत साफ़ था कि आने-जाने के साधन नहीं थे। दूसरा कारण आस-पास का माहौल था। उसमें मनसुख भाई को अकेला छोड़ने में पिता को डर लग रहा था। तीसरा और सबसे प्रमुख कारण था आर्थिक कठिनाइयाँ, जिसकी वजह से वे परेशान रहते थे। थक-हार कर मणिबेन से विचार करके महादेव भाई ने मन मसोस कर तय किया कि बेटे के बड़ा होने तक वे उसे घर पर ही रखेंगे। घर में जितना पढ़ सकेगा, पढ़ेगा, नहीं तो दुकान में उनका हाथ बँटाएगा।

संस्कारों की नींव

माँ का मन तो ममतामयी होता है। चाहे कितनी भी विषम परिस्थितियाँ हों, वह बच्चों के सर्वांगीण विकास का हरसंभव ध्यान रखती है। मणिबेन अपने बेटे को संस्कारों की शिक्षा घर पर देती रहीं। उन्हें धार्मिक साहित्य का जो थोड़ा–बहुत ज्ञान था, वे उसके बारे में मनसुख भाई को बताती रहीं। माँ मणिबेन जब *रामायण* और *महाभारत* के प्रसंग सुनातीं, तो मनसुख भाई बड़े ग़ौर से सुनते थे। पिता से उन्होंने कई बार भगवान श्रीराम को लेकर लंबी–लंबी कहानियाँ सुनी थीं। मर्यादा पुरुषोत्तम भगवान राम के चरित्र से मनसुख भाई बहुत प्रभावित थे। यही वजह थी कि उनके मन में माता–पिता के प्रति प्रेम सिर्फ़ पुत्र के कर्तव्य निभाने तक सीमित नहीं था, बल्कि उसकी सीमा भक्ति से भी परे थी। माँ से श्रवण कुमार की कहानी सुनने के बाद उन्हें लगता था कि वे भी माता–पिता की सेवा करेंगे और उनकी हर इच्छा पूरी करेंगे। इसके लिए ख़ूब मेहनत करेंगे। इस तरह कम उम्र में ही उनके अंदर मेहनत, आत्मबल, आपसी प्रेम और संस्कारों के बीज पड़ गए थे।

जिस उम्र में बच्चे खिलौनों से खेलते रहते हैं और परी कथाएँ सुनकर सपनों में खोए रहते हैं, इतनी छोटी सी उम्र में घर की परिस्थितियों ने मनसुख भाई के लिए इन सबकी कोई जगह तक नहीं छोड़ी। प्यार, दुलार, मान–मनुहार, इन सबके के लिए वक़्त तो तब मिलता, जब घर की परिस्थितियाँ बेहतर होतीं। माँ सुबह से घर के कामों में लग जातीं थीं, तो पिता दुकान की तैयारी में जुटे रहते थे। ऐसे में मनसुख भाई जैसे विशिष्ट बालक के लिए अपने लिए कुछ सोच पाना असंभव न सही, पर कठिन ज़रूर था। वे माता–पिता के कष्ट और उनकी कड़ी मेहनत को देखते, तो ख़ुद को भूल जाते थे। मनसुख भाई तो जैसे बालपन की ख़ुशियों के लिए बने ही नहीं थे। इसीलिए उन्होंने कभी खिलौनों और मिठाई तक के लिए ज़िद नहीं की। वे तो घर की परिस्थितियों के अनुसार ख़ुद को ढालते चले गए। घर पर माँ का हाथ बँटाने के बाद पिता की मदद के लिए तैयार होते गए। दस साल का होते–होते मनसुख भाई अपने पिता के साथ दुकान पर भी जाने लगे थे।

मनसुख भाई प्राथमिक शिक्षा के बाद भले ही न पढ़ पाए हों, लेकिन घर और दुकान के कामों में वे बहुत निपुण हो गए थे। पिता महादेव भाई कोठारी की तरह वे भी जान गए थे कि **''लोगों की ज़रूरतें पूरी करने में जो आनंद मिलता है,वही किसी भी कामयाब बिज़नेस की असल उपलब्धि होता है।''**

महादेव भाई अपनी दुकान के लिए घर से कोई 15 मील दूर से किराने का सामान लाते थे। उन्हें दुकान से संबंधित सामान लाने के लिए हर मौसम में यह दूरी तय करनी ही होती थी। कोई मोटर या कोई बस नहीं चलती थी। पैदल चलने में दिक़्क़त यह आती थी कि ख़ुद को ढोएँ या सामान को। इसीलिए महादेव भाई ने इसके लिए एक घोड़ा पाल रखा था।

मनसुख 14–15 साल के हुए, तो एक बार पिता के साथ बाज़ार गए। इस बार वे बाज़ार में सामान ख़रीदने की प्रक्रिया को जानना चाहते थे। हाट में सामान कहाँ से आता है... कैसे आता है, यह सब कुछ जानना चाहते थे... लेकिन बाज़ार में सामान लेने में पिता की व्यस्तता के कारण वे बहुत कुछ नहीं सीख पाए। उन्होंने यह निष्कर्ष ज़रूर निकाल लिया कि पिता बहुत सूझबूझ से काम करते हैं... और उन्हें बहुत मेहनत करनी पड़ती है।

भूख–प्यास के बाद भी बिना रुके, बिना थके महादेव भाई 15 मील का रास्ता एक तरफ़ से घोड़े पर, तो दूसरी तरफ़ से पैदल तय किया करते थे। मनसुख जब पिता के साथ बाज़ार जाते थे, तो पिता उन्हें घोड़े पर बैठा लिया करते थे, लेकिन वापसी में पिता के साथ मनसुख भी पैदल चलते थे। पिता दुकान का सामान घोड़े पर लाते थे, लेकिन ख़ुद पैदल चलते थे। मनसुख को ख़ुद के पैदल चलने से अधिक दुख पिता के पैदल चलने से होता था। इसके बावजूद मनसुख अपने पिता को पूरे रास्ते शांत पाते थे, लेकिन उन्हें थोड़ा–थोड़ा एहसास होने लगा था कि पिता को बहुत भारी कष्ट होता था। वे ख़ुद पैदल चलते–चलते कई बार बैठने को होते थे, लेकिन पिता की तरफ़ देख फिर चलने लगते थे। इसके माध्यम से ***वे किशोर अवस्था में ही श्रम का महत्त्व समझने लगे थे।***

वैचारिक मंथन का सिलसिला...

एक बार वे रोज़ की तरह दुकान गए। मन से काम किया। पूरा हिसाब–किताब किया। घर आए, तो पिता ने एकन्नी, दुअन्नी, अठन्नी और चवन्नियाँ आँगन में खाटों के बीच बिखेर दीं। मनसुख उनकी गिनती में लग गए, तो मणिबेन उनको देखने में लगी रहीं। छोटा भाई दूर से ऐसे देखता रहा, मानो तमाशा हो रहा हो। पिता महादेव भाई मनसुख को देख मन ही मन बहुत ख़ुश हुए और कहा, ''मनसुख! ठीक से गिन कर झोले में भर लेना। अगले हफ़्ते के हाट बाज़ार से सामान लाना है।''मनसुख भाई में बिज़नेस के संस्कारों की नींव भी यहीं से पड़ रही थी।

दुकान आने–जाने के बीच मनसुख भाई बड़े हो रहे थे। उस साधारण नवयुवक का व्यक्तित्व ज़रूर आसाधारण था,लेकिन उसे न तो कोई समझ पा रहा था, न वह किसी को समझाने की कोशिश करता था। वैसे मनसुख भाई का व्यक्तित्व संतुलित था। वे ज़्यादा अंतर्मुखी नहीं थे, तो ज़्यादा बहिर्मुखी भी नहीं थे। जवानी की दहलीज़ पर क़दम रख चुके मनसुख भाई केवल यह सपना देखते थे कि परिवार की आर्थिक स्थिति में सुधार हो और उनके माता–पिता ख़ुश रहें। पिता के साथ दुकान में काम करते–करते और घर में माँ को देखते–देखते उन्हें मात्र सोलह की उम्र में बुजुर्गों वाला तज़ुर्बा हासिल हो गया था। पिता की स्थिति देखकर वे अक्सर ख़ुद पर बहुत नाराज़ होते थे। ख़ुद पर गुस्सा करते थे, तो कभी–कभी उनके आँसू भी निकल पड़ते थे, लेकिन वे हार मानने को तैयार नहीं होते थे। रोने के बाद जब मन हल्का हो जाता था, तो फिर नए–नए विचार उनके दिमाग़ में आने लगते थे।

जब पिता कोई काम बताते या कोई काम याद आ जाता, तो वैचारिक मंथन का यह सिलसिला रुक जाता था। कभी–कभी जब वे अधिक गुस्से में होते थे, तो मुट्ठी भींच लेते थे और जबड़े सख़्त कर लेते थे, लेकिन हालात कैसे बेहतर हों, इसका उन्हें कोई उपाय नहीं सूझता था, फिर वे बुझे मन से घर लौट आते थे।

माँ को बेहतर माहौल में ख़ुश रखने के लिए वे शांत भाव से रोज़ घर के कामों में माँ का हाथ बँटाते थे। कभी पानी भर देते थे, तो कभी आटा

पीसने की चक्की चला देते थे। एकाध बार उन्होंने घर की लिपाई–पुताई भी माँ के साथ मिलकर की थी। दरअसल, वे किसी भी काम को छोटा या बड़ा नहीं मानते थे। काम को काम ही मानते थे और जब तक वे उसे पूरा नहीं कर लेते थे, ख़ुद को आराम नहीं देते थे। यही उनकी विशेषता थी। मनसुख भाई बाद के दिनों कहा भी करते थे कि – **''काम को नशा बनाइए, पैसे अपने आप आने लगेंगे।''**

इन सबके बीच सुबह उठने के बाद और शाम को सोने के समय वे यह ज़रूर सोचते थे कि ऐसा क्या किया जाए, जिससे दिन बदल जाएँ। पिता की दुकान बड़ी हो जाए। मन में विचार आता कि खेती शुरू की जाए, लेकिन वह भी आसान नहीं थी। खेती नाम की थी। ऊपर से पानी की भारी क़िल्लत। बीज के लिए पैसों की ज़रूरत थी और खेती करने के लिए अन्य चीज़ें भी चाहिए होती थीं। खेती हो नहीं सकती थी, इसलिए वे उस तरफ़ बहुत नहीं सोच पाते थे। मन का एक कोना कहता था कि दुकान थोड़ी बड़ी हो जाए, तो भी काम हो जाएगा... फिर अगले ही पल विचार आता था कि यदि दुकान बड़ी हो गई, लेकिन गाँव में ख़रीदार अधिक न हुए, तो क्या होगा... फिर मन में कुछ सोचते और मन ही मन तय करते कि नहीं... मुझे कुछ नया ही करना होगा। कुछ देर बाद फिर सोचते कि नया क्या किया जाए, सोचने को लेकर मन की स्थिति कुछ ऐसी थी कि वे यह तय नहीं कर पा रहे थे कि किया क्या जाए। उनका ऐसा सोचना ठीक भी था, क्योंकि दुकान बड़ी करने के लिए पूँजी चाहिए थी, जो पास में नहीं थी। पिता का हाल और घर की दशा उनसे छुपी नहीं थी।

कामयाबी की दिशा में पहला क़दम

अमेरिकी दार्शनिक और कवि हेनरी डेविड थॉरो का एक कथन है– ***''कामयाबी आमतौर पर उन लोगों के क़दम स्पर्श करती है, जो इसे खोजने में बहुत व्यस्त रहते हैं।''*** वैचारिक मंथन करते–करते एक दिन अचानक मनसुख भाई को कानपुर में रह रहे अपने मामा का ख़याल आया, जो कपड़ों के बिज़नेस में हाथ आज़माने के लिए कानपुर गए थे, लेकिन फिर वहीं के होकर रह गए थे। मामा को अपेक्षित कामयाबी

भले ही नहीं मिली थी, लेकिन उनके परिवार की आर्थिक स्थिति में थोड़ा सुधार ज़रूर आया था। इससे मनसुख भाई के मन में भी कुछ नया करने के लिए घर से निकलने का ख़याल आया। वे एक पूरी रात इसी उधेड़बुन में रहे कि रिश्तेदारों की तरह बाहर निकल कर कुछ नया किया जाए या घर में रह कर माँ–पिता की सेवा करते हुए किराने की दुकान को चलाया जाए। कई दिनों तक वे यह नहीं तय कर पाए कि क्या किया जाए।

आख़िरकार, कई हफ़्तों के ऊहापोह के बाद मनसुख भाई ने ईश्वरीय प्रेरणा से गाँव से निकलने का अहम फ़ैसला कर ही लिया। वे तब के *मैनचेस्टर ऑफ़ द नॉर्थ* कहे जाने वाले शहर कानपुर जाने के लिए विचार बनाने लगे। सोचने लगे कि क्या, कब और कैसे किया जाए? लेकिन सोचने और योजना बनाने में अंतर होता है। योजना बनाना तो दूर अपने सपने की धुन में उन्होंने यह विचार भी नहीं किया कि कानपुर जाएँगे कैसे? कहाँ रहेंगे? इसके लिए पैसे कहाँ से आएँगे? क्योंकि पिता की छोटी सी दुकान से घर का गुज़ारा भी मुश्किल से चलता था, लेकिन संकल्प के पक्के और कर्म के धनी मनसुख भाई ने कानपुर जाना तय कर लिया, तो कर लिया। वैसे उनके समक्ष एक अन्य दुविधा भी थी कि पता नहीं माता–पिता उनकी बात को समझेंगे या नहीं। अंततः मनसुख भाई ने डरते–डरते भगवान का स्मरण करते हुए पिता से अपने मन की बात को कह ही डाला।

मनसुख भाई – ''पिताजी... मैं किराने की दुकान में अब और काम करके इस आर्थिक तंगी को नहीं देख सकता। मैं शहर जाना चाहता हूँ। कमाना चाहता हूँ। वहाँ काम करके पैसे कमाऊँगा और घर के हालात ठीक करूँगा...।'' वे एक साँस में जो मन में उस वक़्त आया, कहते चले गए।

महादेव भाई आँखें चौड़ी करते हुए उनकी बातों को ग़ौर से सुनते रहे।

इसके बाद वे चौंकते हुए बोले... ''अरे!''

''क्या बोला... कौन से शहर!''

मनसुख भाई – ''...कानपुर..!''

महादेव भाई – ''किसलिए जाना है कानपुर? वहाँ क्या रखा है? तुझे पता है कानपुर किधर है? पैसे हैं तेरे पास? कैसे जाएगा?''

पिता महादेव भाई ने इस तरह के तमाम सवालों की झड़ी लगा दी...। वे यहीं नहीं रुके और गुस्से से काँपते हुए बोले – ''और देख नहीं रहा कि बाहर अँग्रेज़ों के ख़िलाफ़ लोग कैसे आंदोलन कर रहे हैं... बता तू कहाँ जाएगा... किस जगह जाएगा... किसके पास रहेगा... कानपुर में रिश्तेदार हैं, लेकिन वे रखेंगे क्या...?'' बेटे पर सवालों की बौछार करने के बाद वे अपने हालात पर रुआँसे से हो गए। उन्हें लगा कि अगर दिन अच्छे होते, तो बेटे को शायद यह ख़याल नहीं आता। वे फ़ौरन ख़ुद को मज़बूत दिखाने के लिए बाहर खपरैल के दालान में जाकर खड़े हो गए।

वे ख़ुद को दिलासा देने लगे। ख़ुद से बोलने लगे – ''चलो कोई बात नहीं, अभी दुकान के लिए देर हो रही है... दुकान में वक़्त मिलेगा, तो देखूँगा कि क्या करना है...।'' इतना मन में आते ही वे बिना किसी से कुछ कहे दुकान की तरफ़ चल दिए।

मनसुख भाई को समझ नहीं आ रहा था कि पिता से फिर इस बारे में बात कैसे की जाए। मनसुख भाई सोच रहे थे कि क्या पिता मान जाएँगे या मना कर देंगे। पिता कहीं नाराज़ तो नहीं हो जाएँगे। पिता ने हाँ या नहीं में कोई जवाब क्यों नहीं दिया। बहुत सोचने के कारण मन भारी सा हो रहा था... इतने में माँ ने खाने के लिए आवाज़ दी।

मनसुख भाई ने खाना खाया और माँ से पिताजी के लिए खाना लेकर बोझिल क़दमों से दुकान की तरफ़ चल दिए। उनके हाथ में खाना था और दिमाग़ में पिता के कहे शब्द...। वे पिता का सामना करने को लेकर बहुत डरे हुए थे और कश्मकश में भी थे।

मनसुख भाई को दुकान पर आया देखकर भी पिता ने कोई ख़ास प्रतिक्रिया नहीं दिखाई। एक ग्राहक के आने से पिता–पुत्र दोनों फिर उसमें व्यस्त हो गए। ग्राहक को निपटाते हुए महादेव भाई लगातार मनसुख के काम को देख रहे थे कि कैसे मनसुख भाई ग्राहक के लिए फुर्ती से सामान निकाल कर तौल रहे थे।

महादेव भाई मन ही मन यह भी सोचने लगे कि बेटा कह तो ठीक ही रहा है... लोगों के पास पैसे नहीं हैं, इसीलिए लोग कम से कम ख़रीदते हैं... आमदनी भी इसीलिए कम है... फिर घर का गुज़ारा चलेगा कैसे... बच्चे भी बड़े हो रहे हैं...। इस तरह वे बहुत कुछ सोचते रहे। पिता महादेव भाई ने भगवान के ऊपर सारी बात डालकर ख़ुद को पक्का करके फ़ैसला ले लिया। ग्राहकों के जाते ही अचानक उन्होंने मनसुख भाई को क़रीब आने को कहा।

महादेव भाई – ''मनसुख जरा सुन...।''

मनसुख भाई – ''ज... ज... जी।''

महादेव भाई – (प्यार से मनसुख के सिर पर हाथ फेरते हुए बोल पड़े) ''सुन... तेरी माँ को दिक़्क़त न हो, तो मेरी तरफ़ से तू कानपुर चला जा... मैं जैसे भी होगा दुकान देखूँगा... पर सुन जल्दी मत करना... इस बार के हाट बाज़ार में मेरे साथ चलकर दुकान का सामान ला दे, फिर चले जाना... और सुन जब हाट चलेंगे ना, तो दूसरी दुकान वाले लाला से पूछ लेंगे कि कौन सी ट्रेन कब जाती है कानपुर... उसी के बाद फिर देखेंगे।''

पिता की बात ध्यान से सुन रहे मनसुख भाई के सपनों को तो मानो पंख लग गए थे। उन्हें पहली बार घर से बाहर जाने... कानपुर तक के सफ़र और अन्य चीज़ों को लेकर घबराहट नहीं हो रही थी, बल्कि वे तो केवल कानपुर जाने की अनुमति मिलने मात्र से बेहद ख़ुश हो गए थे।

रात हुई तो मनसुख माँ मणिबेन के सिरहाने पहुँचे। पहले माँ का सिर दबाया, फिर पैर दबाए। मणिबेन मनसुख को रोकती रहीं।

मणिबेन – ''रहने दे, तू भी थक गया होगा...। तेरे बापू सो गए होंगे देख और तू भी सो जा, कल फिर से दुकान जाना होगा...।''

माँ की प्यारभरी बातें सुनकर मनसुख भाई से रहा नहीं गया और उन्होंने मणिबेन को कानपुर जाने की इच्छा बताते हुए कहा ...

मनसुख भाई – ''माँ मैं बाहर शहर जाना चाहता हूँ...।''

मणिबेन शायद नींद के आगोश में जा रहीं थीं, सो वे मनसुख की बातों को सुनती रहीं।

मनसुख भाई – ''माँ... मना मत करना... माँ तुम तो जानती हो कि...।'' और इस तरह मनसुख भाई ने अपने दिल की पूरी बात माँ से कह डाली।

मनसुख के चुप होते ही मणिबेन अचानक उठकर बैठ गईं। प्यार से मनसुख के चेहरे को सहलाते हुए देखती रहीं...कब उनकी आँखों से गंगा–जमुना बह निकलीं, उन्हें भी नहीं पता चला...।

वे बस मनसुख भाई को देखती जा रहीं थीं और रोती जा रहीं थीं... मनसुख भाई मणिबेन की पहली संतान थे... माँ के आँसुओं को देख मनसुख भाई भी रोने लगे... रोते भी क्यों नहीं, माँ को वे हद से ज़्यादा प्यार करते थे। कुछ देर तक दोनों एक–दूसरे को देख कर रोते रहे... आँसुओं की भी अपनी कहानी होती है...।

माँ ने बनावटी गुस्से में कहा– ''तू कहीं नहीं जाएगा...बस, मैंने कह दिया तो कह दिया...।''

''और सुन यहाँ क्या दिक़्क़त है... कानपुर कोई यहीं रखा है... कभी सोचा है तेरी ये माँ तेरे बिन कैसे रहेगी... कोई दिक़्क़त हो, तो बता... मुझे नहीं बता सकता, तो पिता को बता दे... पर कानपुर नहीं जाना, मतलब नहीं जाना...।''

मणिबेन ने थोड़ी देर बाद ख़ुद को सँभाला और बेटे को सॉंत्वना देने लगीं... वे लगातार उसके बालों में हाथ फेरती रहीं और उसे गले से लगाए पीठ पर हाथ फेरती रहीं... मनसुख भाई भी माँ से गले लग कर ख़ूब रोए... मनसुख भाई को माँ के साथ बिताए सारे पल याद आ रहे थे... कैसे माँ सुबह उठाती थीं...खिलाती थीं... चोट लगने पर भागकर हल्दी चूना गर्म करके लाती थीं... कितनी बार मनसुख के चक्कर में उनकी दाल जल गई... कैसे वे उसे परी कथाएँ, धार्मिक कहानियाँ तब तक सुनाती थीं, जब तक मनसुख भाई सो नहीं जाते थे। माँ ही तो थीं, जो रातों को जाग कर मच्छरों से मनसुख भाई की नींद टूटने से बचाती थीं... मणिबेन मनसुख के कानपुर जाने के ग़म से अधिक परिवार के आर्थिक संकट को कोस रहीं थीं। वे सोच रहीं थीं कि काश घर में सब ठीक होता, तो भला ये दिन क्यों देखने पड़ते... भगवान न जाने कब दिन बहुरेंगे... मणिबेन को

ख़ुद पर ख़ूब क्रोध आ रहा था... उनका मन बार–बार यह सोचकर और दुखी हो रहा था कि मनसुख को बचपन से जवान होने तक उन्होंने दिया ही क्या है... तीज–त्योहार पर भी मिठाई घर में नहीं आई... बचपन तो जैसे–तैसे संघर्ष करते–करते बीत गया... अब कहीं जवानी भी ऐसे ही न बीत जाए... फिर मन में ख़याल आते कि अब तक जैसा भी रूखा–सूखा था, मैं देती थी... पता नहीं मनसुख की क़िस्मत में क्या लिखा है... कानपुर में उसे सही ढंग से खाने को मिलेगा भी या नहीं।

अगले दिन सुबह सामान्य रही... महादेव भाई जल्दी उठ गए... शायद उन्हें मनसुख के कानपुर जाने को लेकर चिंता थी, इसलिए नींद कम आई थी। पत्नी मणिबेन उनसे पहले ही उठ गईं थीं, लेकिन मणिबेन ने उन पर ध्यान नहीं दिया। दिन सामान्य रहा... शाम हुई, तो महादेव भाई दुकान से घर लौटे... पत्नी की तरफ़ देख कर कुछ बोलने ही वाले थे, लेकिन फिर न जाने क्या सोच कर चुप रह गए। मणिबेन ने उन्हें हाथ धोने को कहा, तो भी वे वैसे ही कच्चे बरामदे का खंभा पकड़ कर खड़े रहे...। मणिबेन ने एक नज़र देखा, फिर पानी लेने अंदर चली गईं। उन्होंने महादेव भाई के मनोभावों को पढ़ने की कोशिश नहीं की। वैसे भी उस ज़माने की कोई भी गृहिणी अपने पति के घर पहुँचने पर चेहरे पर कम ही ध्यान देती थी। महादेव भाई थोड़ी देर बाद खटिया पर बैठ गए। उनके पास ही मनसुख भाई भी बैठ गए।

महादेव भाई मन ही मन सोच रहे थे... कानपुर भेजने के लिए पास में पैसे नहीं हैं... पता नहीं कितना किराया लगता होगा। मनसुख की माँ को जब से पता चला था कि बेटा कानपुर जा रहा है, तो वे भी थोड़ी उदास रहती थीं...। वे घर के कामों में मशगूल थीं, इसलिए उन्होंने शाम के खाने तक ध्यान नहीं दिया, लेकिन जैसे ही पति के पास तनिक देर को बैठीं... पति की मनःस्थिति को भाँपने में उन्हें देर न लगी। उन्होंने अपनी तसल्ली के लिए पति से इस बारे में जैसे ही बात शुरू की, तो पति को शून्य की तरफ़ ताकते देख वे अपनी पीड़ा भूल गईं।

मणिबेन – ''आप ख़ूब तो मेहनत करते हैं... लेकिन क्या करें, घर की हालत बेहतर हो ही नहीं रही... बेटा जवान हो रहा है... उसकी भी

कुछ इच्छाएँ हैं... लेकिन क्या करें... जो करना होगा, भगवान ही करेंगे।''

महादेव भाई – ''सुनो, यहाँ तुम देख रही हो कि घर जैसे–तैसे चल रहा है... मेरा भी मन था कि वह ख़ूब पढ़े–लिखे... पैसे कमाए, लेकिन मैं क्या करूँ... मुझे कुछ समझ ही नहीं आ रहा... उसने ख़ुद कानपुर जाने की इच्छा जताई है।''

''और सुनो। अब मैं भी चाहता हूँ कि वह कानपुर जाए... कानपुर अच्छा, बड़ा और सस्ता शहर है, कई रिश्तेदार वहाँ रहते हैं, बिज़नेस करते हैं, तो हो सकता है मनसुख को भी कोई काम मिल जाए... तुम तो जानती हो कि यहाँ कुछ नहीं रखा। मैंने अपना जीवन एकन्नी से लेकर सोलह आने तक गिनने में गुज़ार दिया, लेकिन हालात जस के तस बने हुए हैं... ख़र्च बढ़ता जा रहा है... आमदनी वैसी ही है... मेरी ख़ुद समझ नहीं आ रहा कि क्या करूँ।''

''मैं तो तय कर चुका हूँ... तुम्हें कोई दिक़्क़त न हो, तो उसे ख़ुशी–ख़ुशी कानपुर जाने देते हैं... शायद कानपुर ही उसकी क़िस्मत बना दे...।'' इतना कह कर महादेव भाई चुप हो गए... नीचे ज़मीन की तरफ़ देखते हुए कुछ सोचने लगे।

इतने में मनसुख भाई भी वहाँ पर पहुँच गए। तेज़ बुद्धि वाले मनसुख भाई को माज़रा समझते देर न लगी। उन्होंने माहौल को हल्का करने के लिए अपनी माँ से कहा – ''मामा हैं तो कानपुर में। कुछ दिन रहूँगा, फिर आ जाऊँगा... तुम फ़िक्र मत करो... माँ, बस आशीर्वाद दो... माँ तुम्हें पता है... घर से कोई अभी तक कानपुर तो क्या रियासत से बाहर नहीं गया... माँ तुम चिंता न करो... मैं जल्दी वापस आऊँगा... उन्होंने माँ की चिंता को कम करने लिए यह भी कहा कि पिता अकेले दुकान कब तक सँभालेंगे... मैं इसलिए जल्दी वापस आऊँगा।''

माँ ने ख़ुद को तसल्ली देते हुए सोचा कि बेटा जो कह रहा है, वैसा ही होगा... वह मामा के यहाँ रहकर लौट आएगा... थोड़ा उसका मन बहल जाएगा। मनसुख के माता और पिता में टेलीपैथी जैसा संचार था। पिता जो सोचते थे, माँ भी तक़रीबन उसी दिशा में सोचती थीं।

माता–पिता की ओर से हरीझंडी मिलने के बाद मनसुख भाई ने अगले ही दिन उनका आशीर्वाद लिया..और न अच्छा, न ख़राब यानी किसी तरह का कोई विचार किए बिना लक्ष्य की तरफ़ चलने को तैयार हो गए, क्योंकि वे जानते थे कि – **''जीवन में संघर्ष के कठिन पथ से गुज़रे बिना कोई कामयाबी नहीं मिलती।''**

आज के दौर के उलट उस ज़माने में हर स्टेशन पर खाने–पीने की चीज़ों की तो कौन कहे, पीने के पानी तक की भी व्यवस्था नहीं थी। कई जगह ट्रेन का इंजन बदलना होता था, लेकिन मनसुख भाई को इस बारे में कुछ पता ही नहीं था। इसकी जायज़ वजह भी थी। वे क्या, उनके पिता भी कभी इतनी लंबी दूरी तक सफ़र नहीं कर पाए थे, लेकिन कहते हैं न कि **कोशिश करने वालों की हार नहीं होती।** मनसुख भाई कामयाबी की दिशा में पहला क़दम बढ़ा चुके थे। बाल्यकाल में उन्हें मानवता और बिज़नेस के जो संस्कार मिले थे, वे उनकी पूँजी थे।

सीखना जैसे उनके *डीएनए* में था...

मनसुख भाई ने अनुभवों से जो सीखा, उसे पढ़कर सीखना भी असंभव है। सीखना जैसे उनके *डीएनए* में था। सीखने की शुरुआत उन्होंने घर से ही कर दी थी। पिता को दुकान पर काम करते देखते थे। ईमानदारी से लोगों को सामान देते और कभी घोड़े पर तो कभी पैदल मीलों दूर से सामान लाते देखते थे। वे यह भी देखते थे कि कड़ी मेहनत के बावजूद पिता मन में कभी थकावट का भाव नहीं आने देते थे। परिवार बड़ा होने की वजह से ज़िम्मेदारियाँ भी बहुत थीं। इसके बावजूद उनके पिता कभी भी ख़ुद से, ईश्वर से, पत्नी से या किसी से शिकायत तक नहीं करते थे। वे सिर्फ़ कर्म में यक़ीन करते थे। हर नए दिन के साथ नई शुरुआत करते थे। मनसुख भाई पर पिता के संघर्षों की अमिट छाप पड़ी। पिता को उन्होंने कभी असंतुष्ट नहीं देखा था। पिता से उन्होंने ईमानदारी भी सीखी, पिता से ही ख़ुद पर भरोसा करना सीखा।

CAWNPORE

3

कानपुर की ओर प्रस्थान

''फ़ैसला वह चिंगारी होता है, जो क्रिया को प्रज्ज्वलित करता है। जब तक कोई फ़ैसला नहीं लिया जाता, तब तक कुछ नहीं होता। फ़ैसला लेने का अर्थ चुनौतियों का साहसपूर्वक सामना करना है, यह जानते हुए कि यदि उनका सामना नहीं किया गया, तो समस्याएँ हमेशा बनी रहेंगी।''

– विल्फ़र्ड पीटरसन, अमेरिकी लेखक

मनसुख भाई अठारह वर्ष की छोटी सी उम्र में 1943 में घर का खाना, माता-पिता के लाड़-दुलार और भाई-बहनों के स्नेह की छाँव का सुख छोड़कर नराली गाँव से कानपुर की तरफ़ प्रस्थान कर रहे थे। औपनिवेशिक काल के हिंदुस्तान में हर तरफ़ अँग्रेज़ों का दमन चक्र जारी था। मुल्क में तंगहाली इतनी थी कि लोगों को दो जून की रोटी भी ठीक से नसीब नहीं हो पा रही थी। लोगों के पास रोज़गार तक नहीं थे। खेती पर भी सूखे का साया था। इन्हीं विषम परिस्थितियों में मनसुख भाई क्षितिज पर उजाले की तलाश में निकले थे, लेकिन उनके इरादे बुलंद थे। आराम से जीवन जीने की जगह शहर जाकर कुछ करने के लिए बिना डरे, बिना किसी झिझक के वे गाँव से अनजान रास्तों की तरफ़ निकल पड़े।

घर से स्टेशन जाने से पहले माँ ने माथे पर तिलक करके भरपूर प्यार देकर उन्हें चूमा। पिता के साथ मनसुख भाई सुरेंद्रनगर के एकमात्र स्टेशन विरमगाम जंक्शन के लिए रवाना हो गए। पिता महादेव भाई घोड़ा लेकर आए। इसी घोड़े पर बैठकर वे हाट बाज़ार से सामान लेने जाते थे, लेकिन आज बात कुछ अलग थी। पिता ने मनसुख भाई से घोड़े पर बैठने के लिए कहा, लेकिन मनसुख ने पिता से घोड़े पर बैठने का आग्रह किया, लेकिन न तो महादेव भाई घोड़े पर बैठे, न मनसुख भाई...। पिता घोड़े की रस्सी हाथ में थामे और मनसुख भाई बैग लिए घर से निकल पड़े उस यात्रा के लिए **जिसका आग़ाज़ तो हो चुका था, लेकिन अंजाम नहीं पता था...।**

मनसुख भाई की ज़िंदगी का नया अध्याय शुरू हो रहा था। संघर्ष की भीषण कँटीली–पथरीली राह कामयाबी के लिए मानो परखने को बुला रहा थी। भाग्य चमकने से पहले शायद परीक्षा ले रहा था, लेकिन इस सबसे अनजान मनसुख भाई ख़ुश भी थे कि चलो शहर में अच्छा काम करके माता–पिता को सुख देंगे।

विरमगाम स्टेशन पर कोई ख़ास भीड़ नहीं थी। महादेव भाई ने बेटे के छोटे से बैग को लेने की कोशिश की, लेकिन मनसुख भाई ने कहा– ''अरे बापू इसमें कोई वज़न थोड़े ही है... मैं टाँगे हुए हूँ... चिंता मत करो।''

आँसुओं की धारा...

पिता उन्हें प्लेटफ़ार्म पर रोक कर टिकट लाए और उन्होंने मनसुख भाई से ख़ूब बातें कीं। उसे जितना हो सकता था, उतना समझाया और रास्ते में होने वाली कठिनाइयों के प्रति आगाह करते रहे। थोड़ी देर बाद ट्रेन आई। ट्रेन की आवाज़ सुनकर महादेव भाई का मन रोने को हुआ। उनका बेटा पहली बार घर से दूर जा रहा था। महादेव भाई ने ख़ुद को समझाया। दिल पर पत्थर रखा। बेटे को टिकट दिया, साथ में कुछ रुपये भी दिए।

ट्रेन आई। मनसुख भाई उस डिब्बे में सवार हो गए, जिसमें भीड़ कम थी। ट्रेन ने सीटी बजाई, तो महादेव भाई न चाहते हुए भी रो पड़े...

आँसुओं की धारा निकल पड़ी। मनसुख भाई भी रोने लगे। बाप–बेटे का विछोह द्रवित कर देने वाला था। ख़ैर ट्रेन चल पड़ी, तो कुछ क़दम महादेव भाई उस ट्रेन के साथ चलते रहे, फिर ट्रेन के रफ़्तार पकड़ने के साथ ही महादेव भाई धीरे–धीरे रुक गए, लेकिन वे जाती हुई ट्रेन को तब तक देखते रहे, जब तक वह पूरा प्लेटफ़ार्म पार कर आँखों से ओझल नहीं हो गई। *पिता ऊपर से भले ही कठोर होते हों, लेकिन आँखें तो आत्मा का सागर होती हैं। उन आँखों के पीछे एक अनकही कहानी छुपी होती है, जिसमें आँसुओं की अरबों बूँदें समाई रहती हैं। आँखें सब बयाँ कर देती हैं।* महादेव भाई के लिए भी जज़्बात पर नियंत्रण रखना मुश्किल हो रहा था।

कानपुर की तरफ़ जा रही ट्रेन अपनी रफ़्तार से भागी जा रही थी। ट्रेन में सवार मनसुख भाई को बड़ी थकावट महसूस हो रही थी। उन्हें रह–रह कर घर, पिता और माँ की याद आने लगती थी।

नई राहों की खोज के वास्ते मनसुख भाई का घर से कानपुर के लिए निकलना *उनके जीवन का सबसे महत्त्वपूर्ण और पहला टर्निंग प्वाइंट था।* उनका मन स्वयं से कह रहा था– **''मेरे पास खोने को कुछ नहीं है, तो पाने की कोशिश करने के अलावा कोई मार्ग नहीं है। इसके लिए जो भी संभव होगा, मैं करूँगा।''** यह उनकी जीवटता का ही कमाल था कि उन्हें संघर्ष के प्रारंभिक दिनों में भी कानपुर में खाने के लाले नहीं पड़े। काम की कमी नहीं हुई। मनसुख भाई मानते थे कि व्यक्ति को कभी भी कर्तव्य पथ पर चलते हुए शंका नहीं करनी चाहिए। आगे, और आगे की तरफ़ बढ़ने की कोशिश करनी चाहिए।

करुणा के भाव...

इस बीच, ट्रेन में एक फटेहाल भिखारी की दशा देख उन्हें बड़ी दया आई। घर में जो संस्कार मिले थे, उनके मुताबिक़ वे ख़ुद भले ही भूखे रहें, लेकिन माँगने वाले को ख़ाली नहीं जाने देते थे... भिखारी उनसे पैसे माँग रहा था, लेकिन मनसुख भाई के साथ संकट यह था कि उनके पास गिनती के पैसे थे। वे भिखारी को देने की सोच ही रहे थे... कि उनका

हाथ जेब में ही रह गया। उनके अंतर्मन से बड़ी तेज़ी से एक आवाज़ आई... मनसुख तुम्हारे पास इतने पैसे नहीं हैं कि तुम भिखारी को दे सको।

मनसुख भाई का हाथ वहीं रुक गया,लेकिन वे बेहद संवेदनशील थे। कुछ पल सोच कर उन्होंने भिखारी से कहा – ''भाई पैसे तो हैं नहीं... खाना चाहते हो, तो कुछ दे दूँ...।'' भूखे को क्या चाहिए... दो निवाले... भिखारी ने फ़ौरन अपनी बत्तीसी बाहर करके बिना बोले रज़ामंदी ज़ाहिर कर दी। मनसुख भाई ने अपना झोला खोला और एक थेपला उसे दे दिया। भिखारी ने ज़मीन को दो–तीन बार छुआ और ढेर सारा आशीर्वाद देते हुए चला गया। भिखारी तो चला गया, लेकिन मनसुख भाई को सोचने के लिए एक और सूत्र भी दे गया। वे सोचने लगे कि यदि कानपुर में काम नहीं मिला, तो क्या होगा... कहीं इसकी तरह ही उनकी भी हालत तो नहीं हो जाएगी... अगले ही पल, इससे पहले कि वे और नकारात्मक सोच पाते, उन्होंने ख़ुद को सँभाला... ख़ुद से ही बातें करते हुए... ख़ुद से ही कहा कि नहीं... नहीं... ऐसा नहीं होगा... जो होगा, अच्छा ही होगा... कोई तो काम मिलेगा ही...। वे अपने पिता की सिखाई एक बात को गाँठ बाँध चुके थे कि **''एक बार क़दम आगे बढ़ाने के बाद उसे पीछे नहीं खींचना चाहिए।''**

मनसुख भाई का मन थोड़ा बोझिल था। बदलाव के लिए एक आने की उन्होंने चाय ले ली... चाय पीते–पीते उन्होंने देखा कि कुछ नए लोगों के बीच सीट को लेकर झगड़ा शुरू हो गया है... थोड़ी देर तक मनसुख भाई तमाशा देखते रहे, फिर उनसे नहीं रहा गया...वे बैठे–बैठे ही कुछ अधिक ज़ोर से चिल्ला रहे सज्जन से बोल पड़े **''भाई साहब क्यों झगड़ा कर रहे हैं... मैं उठ जाता हूँ... आप बैठ जाओ... ट्रेन में सब को जाना है... कोई ट्रेन लेकर घर नहीं जा सकता... मैं कानपुर उतर जाऊँगा... आप कहीं और उतर जाएँगे... मंज़िल पर नज़र रखिए... साधन पर नहीं...।''**

थोड़े शब्दों में मनसुख भाई ने कितनी बड़ी बात कह दी थी...तब मनसुख भाई को भी पता नहीं था कि ये शब्द उनके जीवन का सार बन जाएँगे।

खिड़की से आते हवा के झोंकों के बीच मनसुख भाई को लेकर ट्रेन कानपुर की तरफ़ भागी जा रही थी। थोड़ी देर बाद मनसुख भाई को नींद आ गई। वे बैठे-बैठे ही सो गए... रात गहराई, तो उन्हें सोने में दिक़्क़त होने लगी, लेकिन मनसुख भाई ने अपनी सीट से किसी को भी उठाया नहीं, बल्कि वे ख़ुद नीचे ट्रेन की फ़र्श पर अपना गमछा बिछाकर सोने लगे। **वे चाहते, तो अपनी सीट को ख़ाली भी करा सकते थे, लेकिन किसी को पीड़ा देना मनसुख भाई के संस्कारों में नहीं था। इसीलिए वे ख़ुद की सीट पर दूसरे को आराम करता देखने के बाद भी गुस्से से भरने की जगह ख़ुद नीचे फ़र्श पर सो गए।**

अगली सुबह होते ही ट्रेन में मूँगफली लेकर एक व्यक्ति लंगड़ाते हुए आया। मनसुख भाई के साथ बैठे कुछ यात्रियों ने मूँगफली लेकर खाना शुरू किया। मनसुख भाई के पास बैठी महिला के बच्चे बार-बार माँ से मूँगफली के लिए ज़िद कर रहे थे। मूँगफली वाला भी अड़ियल घोड़े की तरह वहीं खड़ा हो गया था। मानो वह चुनौती दे रहा हो कि मूँगफली तो ख़रीदनी ही होगी। महिला के पास शायद पैसे नहीं थे। सो उसने बच्चों को डाँट कर चुप करा दिया। इस बीच, मनसुख भाई को अपना बचपन याद आया कि कैसे उनके घर में पैसे न होने, खाने का सामान पूरा न होने पर भी माँ उन्हें कभी किसी चीज़ की कमी महसूस नहीं होने देतीं थीं। मनसुख भाई बच्चों के बार-बार मूँगफली माँगने पर पसीज गए। उनसे नहीं रहा गया, तो उन्होंने जेब से दो पैसे निकालकर मूँगफली ली और बच्चों को दे दी। बच्चे बड़े चाव से खाने लगे।

मूँगफली वाला और बिज़नेस के मंत्र...

मूँगफली वाला उस डिब्बे में घूम कर जब थक गया, तो वह दरवाज़े के पास जाकर खड़ा हो गया। तभी मनसुख भाई के दिमाग़ में एक विचार आया और वे उठ कर मूँगफली वाले के पास खड़े हो गए। मनसुख भाई संवाद कौशल में बहुत निपुण थे। बातों ही बातों में उन्होंने मूँगफली वाले से पूरी जानकारी हासिल कर ली कि वह कहाँ से मूँगफली लाता है। कितने की लाता है। कितनी मात्रा में लाता है। कितना लंबा सफ़र एक दिन में तय करता है और कैसे बेचकर मुनाफ़ा कमाता है।

मनसुख भाई ने मूँगफली वाले की बात बड़े ही ग़ौर से सुनी। उसकी बातों को उन्होंने बिज़नेस के एक मंत्र की तरह रट लिया। कहने का आशय यह कि मनसुख भाई 'ग्रेट–लर्नर' थे। वे हर व्यक्ति से कुछ न कुछ सीखते थे। मनसुख भाई बाद के दिनों में अक्सर कहा करते थे– **''लोगों से बातें करना, हमेशा कुछ न कुछ सीखना, यह कामयाबी के लिए बहुत ज़रूरी होता है।''**

इधर, ट्रेन थोड़ी देर से ही सही, लेकिन कानपुर पहुँच गई। मनसुख भाई की पहली यात्रा की मंज़िल आख़िरकार आ ही गई। वे अपना छोटा सा बैग सँभाले प्लेटफ़ार्म पर उतर गए और सोचने लगे कि कानपुर तो आ गया, लेकिन अब किधर जाऊँ। उनके कुछ रिश्तेदार कानपुर में थे ज़रूर, लेकिन मामा के अलावा किसी का पता उनके पास नहीं था। मनसुख भाई प्लेटफ़ार्म पर रखी एक बेंच पर बैठ गए। कुछ सोचते रहे... थोड़ी देर बाद वे कुली से पूछ कर स्टेशन से बाहर आए और बाहर आकर उन्होंने पर्ची में लिखे मामा के पते के बारे में एक–दो लोगों से पूछा। बताए गए रास्ते पर जाने के लिए उन्हें काफ़ी पैदल चलना था। वे चाहते तो ताँगे से मामा के घर तक जा सकते थे, लेकिन उन्होंने सोचा कि पैदल ही चलता हूँ। इससे दो काम होंगे। एक तो रास्तों का पता चलेगा, दूसरा शहर की समझ बढ़ेगी। **दरअसल, दूरदर्शिता एक ऐसा गुण था, जो मनसुख भाई के अंदर नैसर्गिक रूप से मौजूद था। वे कोई भी काम करते वक़्त, किसी चीज़ के बारे में विचार करते वक़्त और किसी को कोई राय देते वक़्त दूरदर्शिता का उपयोग बेहद ख़ूबसूरती से करते थे। कहना ग़लत नहीं होगा कि समय के उस पार देख लेने की उनकी शक्ति अद्भुत थी।**

मनसुख भाई उस शहर में क़दम रख चुके थे, जो उनकी कर्मस्थली बनने वाला था, लेकिन संघर्ष उनका इंतज़ार कर रहा था।

शॉर्टकट का इस्तेमाल कभी नहीं किया...

मनसुख भाई ने पैसे कमाने के लिए टेढ़े रास्ते, छोटे रास्ते यानी शॉर्टकट का इस्तेमाल कभी नहीं किया। मनसुख भाई अपने पिता को देखते थे कि वे रोज़ शाम को घर आकर दुकान का पूरा हिसाब-किताब करने के बाद ही सोते थे। हिसाब करने के दौरान वे कभी भी किसी के ख़ाते में न तो एक पैसे अधिक जोड़ते थे और न ही किसी के ख़ाते में एक पैसा घटाते थे। महादेव भाई ने कभी किसी से ऊँची आवाज़ में तगादा नहीं किया। वे उधार सामान लेने वालों से भी उतनी ही विनम्रता से पेश आते थे, जितना नक़द लेने वालों से, लेकिन उधार लेने वालों से महादेव भाई यह भी कहते रहते थे कि भैया उधार ले रहे हो, तो समय पर उसे चुका भी देना। वे उधार को लेकर किसी को धमकाते नहीं थे। वे यह ज़रूर कहते थे कि दुकान से आपको आगे भी सामान मिलता रहे, इसके लिए उधार ज़्यादा मत लो और समय पर पैसे भी देते रहो। मनसुख भाई ने पिता के बिज़नेस करने के इस अंदाज़ को देखा ही नहीं था, बल्कि उसे पूरी तरह जीवन में उतार लिया था। यही वजह थी कि भविष्य में जब मनसुख भाई ने नौकरी छोड़ कर उससे कमाए पैसों से बिज़नेस करना शुरू किया, तो वे उस ख़रीदार को अधिक पसंद करते थे, जो नक़द लेता था। उधार वालों से उन्होंने जहाँ तक संभव हो दूरी बना कर पूरी ईमानदारी से बिज़नेस किया।

4

संघर्ष यात्रा : भाग 1 (कानपुर में संघर्ष की शुरुआत)

''निरंतर कोशिश करने और संघर्षरत रहने से ही आपके पास ताक़त आती है और आप तरक़्क़ी करते हैं।''

– नेपोलियन हिल

कहते हैं ***''डर के आगे ही जीत है,''*** यह कहावत मनसुख भाई के साथ भी सही साबित हुई। नए शहर में बिना डरे टहलते हुए वे स्टेशन से मामा के घर पहुँच गए। मामा घर पर ही थे, शाम को दुकान से लौटे थे। उन्होंने मनसुख को देखा, तो ख़ुशी से नाच उठे, गले लगाकर मनसुख का स्वागत किया।

अगले दिन सुबह हुई, तो पता चला कि दैनिक क्रिया और नहाने के लिए पानी दूर से लाना होगा। मनसुख के मामा के घर चापाकल (हैंड पंप) नहीं था। वे ख़ुद पहले पानी लाते थे, फिर इस्तेमाल करते थे। मनसुख भाई ने भी मामा की मदद की, फिर अपने लिए भी पानी लाए। नहाने के बाद घर से नाश्ता करके वे काम की तलाश में निकल लिए।

अस्सी पैसे प्रति माह की पहली नौकरी...

मनसुख भाई ने तय किया था कि काम मिले बिना वे वापस अपने मामा के घर पर नहीं लौटेंगे। जाते–जाते रास्ते में उन्होंने माँ–पिता को भी याद

किया। मनसुख भाई मामा के घर से निकलने के बाद घूमते हुए पहले घंटाघर, फिर वहाँ से बिरहाना रोड पर पहुँचे। बहुत सी जगह काम को लेकर पूछताछ की, लेकिन उन्हें कहीं कोई जगह ऐसी नहीं मिली, जहाँ वे काम कर सकें। किसी ने उन्हें काम माँगने पर भी काम नहीं दिया। दिनभर वे बाज़ारों में दुकानों के आस–पास चक्कर लगाते रहे। दुकानदारों से नौकरी माँगते रहे। उन्हें पिता के साथ दुकान चलाने का अनुभव था, तो वे चाह रहे थे कि किसी दुकान में काम मिल जाए, ताकि वे दो वक़्त की रोटी का जुगाड़ कर सकें, लेकिन दिनभर जब कोई काम नहीं मिला, तो वे शाम को हताश से होते हुए घर लौटने लगे। तभी एक कंपनी के बाहर बैठे गार्ड से उन्होंने पूछ लिया...

''भाई यहाँ क्या होता है?''

गार्ड ने उनसे उलटे पूछा – ''तुम्हें क्या काम है?''

मनसुख भाई – ''भइया यहाँ मुझे कोई काम मिल सकता है क्या?''

गार्ड कुछ बोल पाता, इससे पहले ही वहाँ पर आए सफ़ाई कर्मियों के मुखिया ने दोनों की बातें शायद सुन ली थीं, सो वह बोला... ''तुम साफ़–सफ़ाई की निगरानी का काम करोगे, तो बोलो...।''

मनसुख भाई ने देर किए बिना हाँ कर दी। उन्होंने यह भी नहीं सोचा कि वे क्या करने जा रहे हैं या किस काम के लिए उन्होंने हाँ कर दी है। मनसुख भाई को केवल इस बात से संतोष था कि चलो कुछ काम तो मिल रहा है। वे लौट कर पैदल ही मामा के घर पहुँचे। मामा को सारी बात बताई, तो मामा ने पहले तो मनसुख को सफ़ाई की निगरानी का काम करने से मना किया, फिर कुछ सोच कर बोले... ''कुछ दिन कर लो... दूसरा काम खोजते रहो...जैसे ही किसी दुकान पर काम मिले तो छोड़ देना।'' मामा चाहते तो वे मनसुख को अपने साथ लगा सकते थे, लेकिन मामा ख़ुद एक दुकान में मामूली काम करते थे। शायद इसीलिए उन्होंने मनसुख को अपनी दुकान पर ले जाने का विचार तक नहीं किया। उस ज़माने में नौकरी भी बहुत कम होती थी और पैसे तो आने में मिलते थे। मनसुख को उस कंपनी में महज 80 पैसे प्रति माह का वेतन मिलना तय हुआ था।

1943 के सितंबर महीने में मनसुख भाई ने कंपनी में साफ़-सफ़ाई की देखरेख का काम शुरू किया। यह नराली से कानपुर आने के बाद उनकी पहली नौकरी थी। वे यह काम करते रहे। आते-जाते वक़्त मिलने पर दूसरे काम की तलाश भी करते रहे। इसी तरह कई माह बीत गए। इस बीच, मनसुख भाई की नज़र एक निर्माणाधीन इमारत पर पड़ी। पहले तो वे कई दिनों तक वहाँ काम करने वाले मज़दूरों को देखते रहे। वहाँ कई मज़दूर ईंटों की गिनाई का काम करते थे। एक दिन जिज्ञासावश उन्होंने एक व्यक्ति से पूछ लिया- ''भाई यह क्या हो रहा है...।''

ईंट गिनने वाला मज़दूर - ''ईंटों की गिनाई हो रही है...।''

मनसुख भाई - ''मुझे भी यहाँ कोई काम मिल सकता है क्या?''

ईंट गिनने वाला मज़दूर - ''वह सामने ठेकेदार बैठा है, जाकर पूछ लो...।''

मनसुख भाई ठेकेदार के पास पहुँचे।

ठेकेदार से मनसुख भाई बोले - ''मुझे भी काम मिल सकता है क्या?''

ठेकेदार ने पहले तो नीचे से ऊपर तक मनसुख भाई को निहारा,फिर बोला - ''ईंटें गिननी पड़ेंगी... कर लोगे...? पूरा हिसाब रखना होगा, कर लोगे?''

मनसुख भाई - ''हाँ क्यों नहीं, जो कहोगे कर दूँगा... कितना मिलेगा...?''

ठेकेदार - ''एक रुपये चार आना महीना मिलेगा... पगार एक साल तक काम करने के बाद ही पूरी मिलेगी।''

एक रुपये चार आना उस ज़माने में बहुत बड़ी तो नहीं, लेकिन ठीक-ठाक पगार हुआ करती थी, लेकिन साफ़-सफ़ाई वाली कंपनी से ज़्यादा थी। असल संकट यह था कि पगार एक साल बाद मिलेगी, तो खाएँगे क्या? रहेंगे कैसे, जिएँगे कैसे? मनसुख भाई ने ठेकेदार से फिर कहा - **''देखो भाई, मैं गुजरात से आया हूँ... मेरे पास न रहने को जगह है, न खाने को पैसे... आप सालभर बाद पैसे दोगे, तो मैं सालभर तक कैसे रहूँगा...?''**

क़िस्मत भी बहादुर लोगों का साथ देती है। संयोगवश ठेकेदार ख़ुद भी गुजराती था। मनसुख भाई की साफ़गोई सुनकर उसने मनसुख भाई को बैठाया, पानी पिलाया, फिर बोला – ''उसकी तुम चिंता न करो... ये ***हिंदुस्तान कंस्ट्रक्शन*** कंपनी का काम है, पैसे वक़्त पर मिलेंगे। मैं तुम्हारे खाने... रहने का इंतज़ाम करता हूँ... यह कानपुर है। यहाँ खाना बहुत सस्ता है। तुम बहुत कम पैसों में दो वक़्त भरपेट खा लोगे... मेरे साथ रहना, मेरा थोड़ा सा काम कर देना... और हाँ, सुनो काम अभी से शुरू कर दो... ये मज़दूर जो ईंटें गिन रहे हैं, उन पर भी नज़र रखना... शाम को मेरे साथ मेरे कमरे पर चलना।'' इस तरह जनवरी,1944 में मनसुख भाई कोठारी ने हिंदुस्तान कंस्ट्रक्शन कंपनी में अपनी पहली ढंग की नौकरी की शुरुआत की।

यह नौकरी शुरू करते हुए मनसुख भाई को लगा कि उन्हें वह सब मिल गया, जिसकी थोड़े दिनों पहले वे कल्पना भी नहीं कर पा रहे थे। मनसुख भाई कंधे पर अपना झोला टाँगे ईंटें गिनने के काम में जुट गए। वहाँ दरअसल हिंदुस्तान कंस्ट्रक्शन कंपनी एक इमारत बना रही थी। उसी के लिए रोज़ ईंटें आती थीं, जो गिनी जाती थीं। मनसुख भाई शाम को ठेकेदार के साथ उसके कमरे पर चले गए। ठेकेदार ने मनसुख भाई से उनके परिवार और घर आदि के बारे में जानकारी ली, फिर खाना खिलाया।

अगले दिन मनसुख भाई पहले बिरहाना रोड स्थित उस कंपनी में गए, जहाँ वे साफ़–सफ़ाई के काम की निगरानी करते थे। अपनी बक़ाया राशि ली, फिर ठेकेदार के साथ काम पर आ गए। पूरी लगन और ईमानदारी से उन्होंने काम किया। पहले ही दिन उन्होंने अपने काम, कार्य करने की गति और बुद्धि कौशल से ठेकेदार का दिल जीत लिया। ईंटें गिनने में उन्हें वे पहाड़े बहुत काम आए, जो उनके स्कूल के 'मास्साब' ने रटवाए थे। मनसुख भाई ने शाम को ठेकेदार को हिसाब दिया। ठेकेदार मनसुख के काम से बहुत ख़ुश हुआ। उसने घर जाते वक़्त रास्ते में जलेबी खिलाई, तो मनसुख भाई का दिल भर आया। उन्हें अपने पिता की बातें याद आने लगीं कि कैसे पिता पैसे न होने की वजह से हाट से लौटते वक़्त मिठाई की दुकानों की तरफ़ देखे बिना चलते रहते थे। मनसुख को भी मिठाई की

दुकानों की तरफ़ देखने तक नहीं देते थे। **दरअसल, मनसुख भाई ख़ुशी हो या ग़म कभी भी माता–पिता को भूल नहीं पाते थे। उनके साथ बिताए गए पलों को वे हर वक़्त अपने अंदर जीवंत रखते थे।**

मनसुख भाई के काम से ठेकेदार के साथ हिंदुस्तान कंस्ट्रक्शन कंपनी के अफ़सर भी बेहद ख़ुश थे। मनसुख भाई ने ईंटें गिनने का काम एक साल तक किया। काम के प्रति उनकी लगन, समर्पण और ईमानदारी को देख हिंदुस्तान कंस्ट्रक्शन कंपनी ने उन्हें कर्नाटक भेजने का फ़ैसला किया। दरअसल, कंपनी की कर्नाटक में चलने वाली कैंटीन में खाने को लेकर कई बार बवाल हो चुका था। कई गड़बड़ियाँ भी पकड़ी गई थीं। कंपनी को ईमानदार और कर्मठ व्यक्ति की ज़रूरत थी। कंपनी ने मनसुख भाई को कर्नाटक के अवाड़ी जाने का आदेश दिया। मनसुख भाई ख़ुशी–ख़ुशी नई ज़िम्मेदारी को निभाने को तैयार हो गए। यद्यपि उन्हें कैंटीन के प्रबंधन या संचालन का कोई अनुभव नहीं था, लेकिन मनसुख भाई की सोच सकारात्मक थी। वे कहते थे– **''हँसते रहो, मुस्कराते रहो, ज़िंदगी जीते रहो और जो काम मिले, उसे दिल से करते रहो।''** मनसुख भाई ने तुरंत अपना थोड़ा सा सामान बाँधा और अवाड़ी, कर्नाटक के लिए चल दिए। मनसुख भाई को आवाड़ी जाने की बहुत ख़ुशी थी। कंपनी उन्हें रहने के लिए घर देने जा रही थी। उन्होंने सोच लिया था कि इससे मकान किराये के जो पैसे बचेंगे, उसे वे पिताजी को भेजेंगे, ताकि परिवार की आर्थिक स्थिति थोड़ी बेहतर तो हो सके।

संघर्ष का अगला पड़ाव मनसुख भाई के लिए बहुत महत्त्वपूर्ण था, क्योंकि इसने उन्हें मानव संसाधन और वित्तीय प्रबंधन के फ़ॉर्मूले भी सिखाए।

AVADI
AVADI

5

संघर्ष यात्रा : भाग 2 (अवाड़ी, कर्नाटक)

''यदि आपका दृष्टिकोण सकारात्मक है और आप लगातार सर्वश्रेष्ठ प्रयास करने के प्रति संकल्पबद्ध हैं, तो अंततः आप अपनी तात्कालिक समस्याओं पर क़ाबू पा लेंगे और पाएँगे कि आप बड़ी चुनौतियों के लिए तैयार हैं।''

– पैट रिले, शीर्ष बास्केटबॉल कोच

मनसुख भाई फ़रवरी, 1945 में अवाड़ी पहुँचे। बिना समय गँवाए पहले ही घंटे में उन्होंने कैंटीन में काम भी शुरू कर दिया, लेकिन उनका 'स्वागत' ख़राब, ख़स्ताहाल व्यवस्था, असंतुष्ट रसोइयों और खाने को लेकर बवाल मचाने वाले मज़दूरों से हुआ, लेकिन नई चुनौती से घबराए बिना उन्होंने मुस्कराते हुए कैंटीन का चार्ज लिया। सबका विश्वास जीतने के लिए उन्होंने सबसे पहले कैंटीन से संबंधित सभी लोगों की मीटिंग ली। उनकी समस्याएँ जानीं, फिर थोड़ी देर में कैंटीन का पूरा जायज़ा लिया।

उन्होंने एक अनुभवी टीम लीडर की तरह कर्मचारियों से कहा– ''आप सभी बहुत अच्छे हैं, कंपनी भी बहुत ही अच्छी है, बस ख़राब है, तो केवल समय। हम मिल कर बैठेंगे, काम करेंगे, तो मेरा भरोसा मानिए आप भी कुछ ही दिनों में मेरी तरह मुस्कराएँगे।'' मनसुख भाई की इस

बात का कैंटीन के कर्मचारियों पर जादुई असर हुआ। वे अगले दिन से काम पर लग गए। मनसुख भाई जानते थे कि – ***''काम करने वालों को ख़ुश रखने से पहले मालिक को ख़ुश करना ज़रूरी है और इसका एकमात्र रास्ता ख़र्च कम करना है।''*** इसका हल भी मनसुख भाई के दिमाग़ में था। अगले ही दिन उन्होंने पूरी कैंटीन में ज़रूरी सामान की लिस्ट बनाई। कर्मचारी के साथ ख़ुद भी बाज़ार गए। मोलभाव करके कम पैसों में बेहतर गुणवत्ता का सामान लेकर आए। कंपनी की तरफ़ से जो बजट था, उससे भी कम पैसों में सामान लाए। कैंटीन का खाना पहले ख़ुद चखने लगे। स्वाद को बेहतर बनाने के लिए उन्होंने थोड़ा गुजराती नुस्ख़े और थोड़ा कानपुरी अंदाज़ अपनाया। नतीजा यह रहा कि अगले चार दिनों में ही कैंटीन की बिक्री बढ़ गई और खाना खाने वाले कर्मचारियों ने खाने की तारीफ़ भी शुरू कर दी। कई नई डिशेज, जो मनसुख भाई ने कैंटीन में रखवाईं, तो उनकी बिक्री होने और खाने वालों की संख्या बढ़ने से आमदनी भी बढ़ी। ख़र्च कम और आय बढ़ी, तो महीनेभर के बाद जो हिसाब हुआ, उसे देख अफ़सर मनसुख भाई से बहुत ख़ुश हुए। कैंटीन के कर्मचारी भी रोक–टोक कम होने, काम का खुला माहौल होने, मनसुख भाई की ओर से लगातार मार्गदर्शन और शाबाशी मिलने से बेहद ख़ुश हो गए। वास्तव में मनसुख भाई ने **गुजराती फ़ॉर्मूला अपनाया, ''गुजराती नाम, सयानो काम और चोखो दाम।''**

अवाड़ी की कैंटीन का संचालन करके मनसुख भाई ने 20 साल की उम्र में अकेले दम पर कोई दुकान चलाने का जो तज़ुर्बा हासिल कर लिया था, उसे हासिल करने में लोगों को दशकों लग जाते हैं। अवाड़ी में मनसुख भाई ने काम का नया तरीक़ा निकाला। वे रोज़ साइकिल से सब्ज़ी मंडी जाते। मोल–भाव करके बेहतर सब्ज़ियाँ लाते। बेहतर मसाले लाते। कैंटीन के आस–पास के गाँवों से किसानों से उनका माल ले लेते। इस तरह किफ़ायत, मोल–भाव, गुणवत्ता को लेकर मनसुख भाई लगातार कुछ न कुछ नया सीखते जा रहे थे। यह उनकी सोच का कमाल था कि वे किसानों को बिचौलियों से मुक्त करा कर उन्हें भी उनकी उपज का पूरा दाम दे रहे थे। इस तरह वे गाँवों की ख़ुशहाली के लिए परोक्ष रूप से काम करके देश की सेवा भी कर रहे थे। यह उनके भविष्य में भी काम

आने वाला था। यह अलग बात है कि यह बात मनसुख भाई को नहीं पता थी। उन्हें अपने पिता की कही बातें **''अथक परिश्रम करोगे, तो फल मीठा ही मिलेगा''** बार-बार याद आती थीं। कुल मिलाकर कैंटीन में उनके सफ़र की सब तरफ़ वाहवाही हुई। धीरे-धीरे उनकी पगार भी दस रुपये प्रति माह हो चुकी थी, लेकिन होनी को तो कुछ और ही मंज़ूर था।

कहते हैं न कि – **''समय कभी एक सा नहीं रहता।''** अच्छे लोग भी कभी एक जगह पर नहीं टिकते। *सिख धर्म के गुरु नानक देव* ने एक बात कही थी **''अच्छे लोगों की हर जगह ज़रूरत होती है, इसलिए उन्हें फैलना चाहिए। ख़राब लोगों को एक जगह रोक कर रखा जाना चाहिए, ताकि दिक़्क़तें सभी जगह न हों।''** भाग्य भी कर्मठ लोगों को हर वक़्त कुछ नया करने को प्रेरित करता रहता है। इसी धारा के तहत फ़ायदे में आने के बाद भी हिंदुस्तान कंस्ट्रक्शन कंपनी ने अपनी अवाड़ी की कैंटीन को बंद करने का फ़ैसला कर लिया। दरअसल, कंपनी के पास काम कम था और मज़दूरों की छँटनी होने के कारण खाने वाले कम हो गए थे, तो आर्थिक फ़ायदे के बाद भी कैंटीन की उपयोगिता ख़त्म होने लगी। मनसुख भाई को भी जाने को बोल दिया गया। कैंटीन बंद होने से बहुत से कर्मचारी बहुत नाराज़ हुए। कई मज़दूर तो अपने घरों को वापस चले गए। कई बेहाल हो गए, सड़कों पर आ गए। मनसुख भाई को भी नौकरी जाने का बड़ा दुख हुआ। उन्होंने अवाड़ी आने के बाद माँ-बाप को पैसे भेजने की योजना बनाई थी। उनकी अच्छी बचत भी हो रही थी, लेकिन समय के आगे किसी की नहीं चलती। एक साल के बाद मनसुख भाई अचानक बेरोज़गार हो गए। जो सोचा था, वह सब धरा का धरा रह गया। मनसुख भाई मन ही मन कह उठे... ***''तक़दीर तेरे लेख किसी को समझ नहीं आते हैं...।''***

मनसुख भाई नौकरी जाने के बाद अगले दो दिन तक अवाड़ी में कंपनी के क्वार्टर में रहे। अवाड़ी में मनसुख भाई ने दूसरी नौकरी पाने की बहुत कोशिश की, लेकिन एक तो भाषा की दिक़्क़त थी, दूसरे जितने पैसे मनसुख भाई को मिल रहे थे, उतना कोई दूसरी कंपनी देने को तैयार नहीं थी। एक-दो बड़ी कंपनियों में कैंटीन तो थी, लेकिन वहाँ जगह नहीं

थी। इसीलिए मनसुख भाई ने थक-हार कर अपने घर जाने की बजाय कानपुर वापस जाना बेहतर समझा। ऐसे में मनसुख भाई मन मार कर फिर कानपुर लौट आए। उनके पास बचत के नाम पर महज कुछ रुपये ही थे। वह जमापूँजी भी कब तक चलती, लेकिन मनसुख भाई उन लोगों में नहीं थे, जो भाग्य के भरोसे घर बैठ जाते। भले ही उनके पास न तो रहने को छत थी, न खाने को खाना। हालात का सामना करते हुए मनसुख भाई बहुत जगह दौड़े। कानपुर में उनके मामा ने भी इस बार हाथ खड़े कर दिए। वे लखनऊ भी गए। तीन से चार दिनों तक लखनऊ में काम की तलाश करते रहे, लेकिन कोई नौकरी नहीं मिली। इस दौरान मनसुख भाई के पास बचत के जो रुपये थे, उनमें से ज़्यादातर ख़र्च भी हो चुके थे। मनसुख भाई बड़े परेशान थे कि आख़िर किया क्या जाए। मन में चलते विचारों के संघर्ष और अंतर्द्वंद्व से मनसुख भाई जब ऊब गए, तो उन्होंने एक बड़ा फ़ैसला कर लिया। मनसुख भाई का यह फ़ैसला उनकी ज़िंदगी बदलने वाला साबित हुआ।

मनसुख भाई ने 1946 में तय किया कि वे भविष्य में कभी भी किसी की कोई नौकरी नहीं करेंगे। वे अपना बिज़नेस करेंगे। दरअसल, लखनऊ-कानपुर की यात्राओं के दौरान मनसुख भाई ने देखा था कि फेरी लगाने वाले भी अच्छा कमा लेते हैं। बस, यही बात उन्हें अच्छी लगी। सीखने के मामले में वैसे भी वे 'ग्रेट-लर्नर' थे। वे तेज़ी के साथ चीज़ों को न केवल सीखते थे, बल्कि उन पर कुशलता के साथ अमल भी कर लेते थे। मनसुख भाई ने भी तय किया कि वे फेरी वाले का काम करेंगे। लखनऊ-कानपुर की यात्राओं के दौरान एक और बात मनसुख भाई को पता चली थी कि कलकत्ता में सामान बहुत सस्ता मिलता है। कानपुर में उससे महँगा और लखनऊ में कानपुर से भी महँगा बेचा जा सकता है। मनसुख भाई ने अपना बैग सँभाला। रुपये गिने। इसके बाद नई शुरुआत के लिए कलकत्ता (तब कोलकाता की बजाय कलकत्ता के तौर पर यह शहर जाना जाता था।) की तरफ़ निकल पड़े।

मनसुख भाई के लिए कामयाबी के क्षितिज पर उजाले की पहली किरण निकलने वाली थी, हालाँकि अभी वह अनुभूत नहीं हो रही थी।

सपनों को साकार करने की दीवानगी...

आमतौर पर लोग बेहद तेज़ी से शुरुआत करते हैं, लेकिन बीच में सुस्त पड़ जाते हैं, यानी थोड़ा सा लाभ मिलने पर आराम करने लगते हैं और अगर रुकावटें आ जाती हैं, तो लोग घबराकर मंज़िल के क़रीब होने के बाद भी क़दम पीछे की ओर खींचने लगते हैं। कई लोग तो रास्ता ही बदल देते हैं, लेकिन मनसुख भाई ऐसे लोगों में से नहीं थे। वे न तो ख़ुद को बदलते थे और न ही अपने चुने मार्ग को, बल्कि चट्टान की तरह अडिग रहते थे। मनसुख भाई अपने लक्ष्यों तक पहुँचने और सपनों को साकार करने लिए दीवानगी की हद तक प्रयासरत रहते थे। वे हर क्षण तरक़्क़ी के बारे में सोचते रहते थे। वे जानते थे कि नौकरी चाहे कितनी भी कर लें और कितनी भी बदल लें, लेकिन वे कभी इतने ज़्यादा पैसे नहीं कमा सकते, जब वे स्वयं से कह सकें कि मंज़िल तक पहुँच गए हैं। इसीलिए उन्होंने बिज़नेस करने, यानी ख़ुद का ही कोई काम करने का बड़ा फ़ैसला किया। उनके पास पूँजी नहीं थी, फिर भी वे बिज़नेस की दुनिया में क़दम रखने के अपने फ़ैसले से पीछे नहीं हटे। उनके पास कानपुर जैसे शहर का अनुभव नहीं था। यहाँ तक कि उन्हें तो कानपुर के रास्तों तक का पता नहीं था। उनके पास वाहन होना तो दूर की बात है, कोई साइकिल तक नहीं थी, फिर भी नौकरी करके आसानी से पैसे कमाने की जगह पैसे बनाने के लिए उन्होंने बिज़नेस करने का कठिन रास्ता चुना।

6

संघर्ष यात्रा : भाग 3 (कलकत्ता - लखनऊ - कानपुर)

''कामयाबी इससे नहीं मापी जाती कि आपने क्या पाया है, बल्कि इससे मापी जाती है कि आपने किन–किन अवरोधों का सामना किया है, और कितने साहस के साथ मुश्किलों के विरुद्ध अपना संघर्ष जारी रखा है।''

– ओरिसन स्वेट मार्डेन, लेखक

वर्ष 1946 में मनसुख भाई पहली बार कलकत्ता पहुँचे। यह उनके जीवन संघर्ष का एक और पड़ाव था। अपना गाँव छोड़े उन्हें तीन साल हो चुके थे, लेकिन जीवन हर क़दम पर इम्तिहान ले रहा था। इस दरमियान मनसुख भाई बड़े शहरों में बिज़नेस के मूल्यवान मंत्र सीख रहे थे। कलकत्ता में वे दो रुपये के भाड़े पर एक गुजराती होटल में रुके। होटल के कामगारों से उन्होंने शहर के बारे में थोड़ी जानकारी ली। इसके बाद वे पैदल ही कलकत्ता के काज़्मेटिक बाज़ार की तरफ़ निकल पड़े। काज़्मेटिक बाज़ार में उन्हें यह देख कर बहुत आश्चर्य हुआ कि जो क्रीम लखनऊ में 3 रुपये की मिलती थी, वह कलकत्ता में महज़ एक रुपये में मिल रही थी। उन्होंने आधा दिन अलग–अलग बाज़ारों में घूमते हुए बिताया। मनसुख भाई ने आदत के मुताबिक़ बाज़ारों में ख़ूब पूछताछ की और हर चीज़ के

बारे में जानकारी ली। शाम होते-होते वे थोक बाज़ार जा पहुँचे। थोक बाज़ार में उन्हें और भी मज़ा आया। थोक बाज़ार में पता चला कि जो क्रीम कलकत्ता के रिहायशी इलाक़ों की दुकानों में एक रुपये में मिल रही थी, वह थोक बाज़ार में 12 आने की मिल रही थी। बस मनसुख भाई को अपने मन के सवालों का जवाब मिल गया था। उन्होंने तय कर लिया कि वे अब काज़्मेटिक का ही धंधा करेंगे। शाम होते-होते वे होटल में लौट आए। रात उन्होंने जैसे-तैसे काटी। रात को होटल में उन्होंने अपने फेरी के कारोबार का ताना-बाना बुन लिया। मनसुख भाई एक जगह लिखते हैं कि सुबह 4 बजे के क़रीब उनकी आँख खुल गई। बेहद फुर्ती के साथ वे नहाए। बिस्किट का नाश्ता किया और सुबह-सुबह ही थोक बाज़ार के लिए निकल पड़े। तक़रीबन घंटेभर की पैदल यात्रा के बाद मनसुख भाई थोक बाज़ार में खड़े थे। मनसुख भाई अधिकतर पैदल इसलिए चलते थे, ताकि पैसा बचाया जा सके। जो पैसा बचे, वह अगले दिन खाने के काम आए। बाज़ार खुलने में देर थी, सो मनसुख भाई ने एक पूरा चक्कर अपने काम की दुकानों की पहचान करने में लगाया। मनसुख भाई कहा करते थे – **''देखो, सुनो, समझो, फिर अपने मन में खाका बनाओ और उसके बाद काम करो, तो कामयाबी की संभावना हमेशा बढ़ जाती है।''**

सुबह के 9 बजे के क़रीब बाज़ार खुलने लगे। मनसुख भाई ने ईश्वर का नाम लिया। माता-पिता को याद किया। एक चमचमाती दुकान पर वे चढ़ गए। सुंदर कद-काठी वाले मनसुख भाई उस दुकान के लिए सुबह के पहले ग्राहक थे। पहला ग्राहक होने की वजह से दुकानदार ने मनसुख का स्वागत किया। अपनी वाकपटुता, मज़ाक़िया स्वभाव और मीठी वाणी से मनसुख भाई ने दुकानदार को प्रभावित कर दिया। उन्होंने दुकानदार से कहा – ''भाई साहब मेरे पास न तो पूँजी है, न कोई वाहन। मेरे पास कोई स्थायी दुकान भी नहीं है, लेकिन मेरे पास चीज़ों को परखने का अनुभव है। सामान को बेचने का अनुभव है। मैं मेहनत करने को भी तैयार हूँ। बस, आप थोड़ी सी मदद कर दीजिए, तो मेरा काम बन जाएगा। मैं आपसे वादा करता हूँ कि मैं आपका माल बिकवाने में आपकी लगातार मदद करूँगा। मैं आपसे रियायती दरों पर सामान देने की गुज़ारिश करता हूँ।''

मनसुख भाई की बातें सुनकर दुकानदार ने उन्हें माल देने के लिए नौकर को हुक़्म दिया। दुकान के अंदर मनसुख भाई पारखी नज़रों से सामान को देख रहे थे और काग़ज़ पर जो सामान लेना है, उसे नोट कर रहे थे। दुकानदार ने मनसुख भाई के हाव–भाव और आत्मविश्वास को देख समझ लिया कि बंदा बहुत काम का है। मनसुख भाई ने चीज़ों को नोट करने के बाद काग़ज़ को नौकर को पकड़ा दिया। मनसुख भाई ने 300 रुपये के क़रीब का सामान लिखा था। सामान पैक हुआ, तो मनसुख भाई ने दुकानदार से बड़े ही भोले अंदाज़ में कहा – ''भाई साहब मुझे कुछ छूट भी आपको देनी चाहिए... मैं आपका आज का पहला ग्राहक हूँ...।''

दुकानदार – ''मेरे भाई... 300 रुपये होते हैं... कुछ कम दे दो... लेकिन आगे भी सामान मेरे इधर से ही लेना...।''

बीस की उम्र और बिज़नेस रिसर्च...

दुकानदार का नज़रिया मनसुख भाई के प्रति सकारात्मक हो चुका था। उन्होंने तय रक़म में से 25 रुपये दुकानदार को कम दिए। मनसुख भाई की रग–रग में बिज़नेस भरा था। बचपन से ही वे पिता के साथ दुकान में हाथ बँटाते हुए बिज़नेस के अनेक गुर सीख चुके थे। लोगों को फेरी लगाते देख वे यह भी जान चुके थे कि कौन सा माल किधर बिक सकता है। कौन से सामान में लोग कितना मोल–भाव कर सकते हैं। मुनाफ़ा कैसे कमाया जाए। बचत कैसे की जाए। वे हर क़िस्म का सामान लेने और बेचने की जगह पहले क्षेत्र विशेष में बिकने वाले और उपभोग किए जाने वाले सामान का अंदाज़ा लगाते थे, फिर वे लोगों के पैसे ख़र्च करने के पैटर्न को ध्यान से देखते थे। इसके बाद वे उसी के अनुरूप सामान लाकर बेचते थे। इसीलिए मनसुख भाई फेरी लगाने के दौरान अपना सामान आसानी से बेच पाते थे। दरअसल, वे आगे के 5 से 10 साल का अंदाज़ा लगा लेते थे। यह क्षमता उन्हें 20 साल की उम्र में अन्य लोगों से अलग और ख़ास बनाती थी, ऐसी कला के धनी को दूरदृष्टा की श्रेणी में रखा जाता है। वे भविष्यवेत्ता नहीं थे, लेकिन उनके अनुमान एकदम सटीक बैठते थे। दूसरी तरह से कहा जाए तो, **जिस ज़माने में लोग बिज़नेस रिसर्च का नाम**

भर जानते थे, उस वक़्त मनसुख भाई ने बिज़नेस करने से पहले बिज़नेस रिसर्च करना शुरू दिया था।

कलकत्ता से काज़्मेटिक का सामान लेने के बाद मनसुख भाई बिस्किट और टॉफ़ियों के बाज़ार पहुँचे। मात्र 100 रुपये का सामान लिया। कुल 400 रुपये का सामान लेकर उसे पैक कराकर मनसुख भाई कलकत्ता से सीधा लखनऊ के लिए रवाना हो गए। लखनऊ में ट्रेन से उतरने के बाद वे उसी राजभारती होटल में गए, जिसमें अवाड़ी से लौटने के बाद रुके थे (उनके एक संस्मरण के अनुसार)। एक रुपये 50 पैसे प्रतिदिन के भाड़े पर मनसुख भाई होटल में रुके। सुबह होते ही मनसुख भाई होटल के पास के बाज़ार गए और बड़े-बड़े दो झोले लेकर आए। एक में काज़्मेटिक, एक में बिस्किट, टॉफ़ियाँ और अन्य सामान लेकर वे होटल के क़रीब की बस्ती में पैदल ही फेरी के लिए निकल पड़े। निकलते समय उन्होंने पिता-माता को याद किया। ईश्वर को याद किया। वे सामान लेकर आवाज़ लगाते बस्ती में जैसे ही घुसे, कई घरों से महिलाओं ने निकल कर उन्हें रोक लिया। एक चबूतरे पर बैठ कर मनसुख भाई ने सभी को सामान दिखाना शुरू किया। सामान देख महिलाओं ने मोल-भाव शुरू किया। तेज़ बुद्धि के मनसुख भाई ने अपना मुनाफ़ा कम रखा और सामान बेचना शुरू किया। दोपहर होते-होते मनसुख भाई के झोलों का काफ़ी सामान बिक चुका था। ऐसा लगता था, जैसे कोई अज्ञात ताक़त उनकी मदद कर रही थी। दोपहर को मनसुख भाई फिर होटल लौटे, खाना खाया, इसके बाद थोड़ा आराम करने का मन किया, लेकिन मनसुख भाई की तो जैसे *आराम से दुश्मनी* थी। उन्होंने मन में तय किया कि आराम करने की जगह वे पूरा हिसाब कर एक काग़ज़ पर लिखेंगे कि कितने का सामान लाए, कितने का सुबह बेच लिया। कितने रुपये का सामान बचा। यह ज़रूरी भी था। मनसुख भाई के पिता भी दोपहर और शाम के वक़्त दुकान की बिक्री और आमदनी का हिसाब किया करते थे।

मनसुख भाई ने हिसाब-किताब किया। उन्होंने सारा हिसाब काग़ज़ पर लिखने के बाद जोड़-घटा कर पाया कि वे पहले ही दिन पहले 5 घंटे में 400 में से 100 रुपये का माल बेच चुके थे। हिसाब करने पर उनके आश्चर्य का तब ठिकाना न रहा, जब उन्होंने पाया कि 100 रुपये

का माल बेचने पर उन्हें अच्छा ख़ासा मुनाफ़ा हुआ था। इस आमदनी से मनसुख भाई का मन बहुत ख़ुश हुआ। वे आराम करने की जगह दोपहर में ही फिर से फेरी के लिए निकल गए। *मन से किया गया श्रम कभी व्यर्थ नहीं जाता।* भरी दोपहर में मनसुख भाई ने आवाज़ लगाते हुए सामान बेचा। न भूख की चिंता की, न प्यास की। जब भी उन्हें प्यास लगती, वे पास में रखे बिस्किट में से एक बिस्किट खा लेते, माँग कर पानी पी लेते और फिर काम पर लग जाते।

फेरी के बाद शाम को मनसुख भाई होटल वापस लौटे। सामान रखा। ताला लगाया। खाना खाने निकल गए। रात को फिर मनसुख भाई ने दोपहर वाला काम किया। सामान फैला कर बैठ गए। पहले सामान देखा कि क्या बिका, क्या बचा, फिर उसे काग़ज़ पर नोट किया, फिर पैसे गिने। इसके बाद अंत में काग़ज़ लेकर हिसाब लगाया। मनसुख भाई यह देख कर दंग रह गए कि सुबह की फेरी में 100 रुपये का सामान बिका था, लेकिन दोपहर की फेरी में केवल 50 रुपये का। मनसुख भाई मन में विचार करने लगे कि ऐसा क्यों हुआ। **दरअसल, बिज़नेस में एनालिसिस यानी विश्लेषण की बहुत ज़रूरत होती है। एनालिसिस से ही आगे बढ़ने के लिए प्रेरणा मिलती है।** काफ़ी सोच-विचार के बाद उन्होंने पाया कि सुबह के वक़्त बिस्किट और टॉफ़ियाँ बहुत बिकीं। बच्चे हर गली में मिले। लोगों, ख़ासकर महिलाओं ने बच्चों को बिस्किट और टॉफ़ियाँ ख़ूब दिलाईं यानी बच्चों के कारण उनकी बिक्री अधिक हुई, लेकिन दोपहर के वक़्त महिलाओं ने काज़्मेटिक अधिक लिया। दोपहर के वक़्त उन्हें बच्चे नहीं मिले। महिलाओं के पास चूँकि पैसे नहीं होते या कम होते हैं, इसीलिए उन्होंने काज़्मेटिक का सामान तो लिया, लेकिन बिक्री सुबह के बराबर नहीं हुई। **आज के दौर में बिज़नेस एनालिसिस के लिए बड़ी-बड़ी फ़र्में काम करती हैं। बिज़नेस करने वाले, फ़ैक्टरी चलाने वाले कहाँ क्या बिकेगा, कैसे, कब बिकेगा, इसकी जानकारी जुटाने के लिए ख़ुद की जगह एनालिसिस करने वाली एजेंसियों की मदद लेते हैं, लेकिन 1945 के दौर में मनसुख भाई यह काम ख़ुद कर रहे थे। उन्होंने इसकी कोई शिक्षा ग्रहण नहीं की थी, प्रशिक्षण नहीं लिया था, लेकिन उन्होंने तेज़ दिमाग़ के साथ अपने घर की दुकान पर यह सब होते हुए, पिता को करते**

हुए देखा था। बचपन में मिली सीख के बीज मनसुख भाई को जवानी में काम आ रहे थे।

फेरी लगाना प्रारंभ करने के मात्र छह दिन बाद उन्हें समझ आया कि पैसे तो मिल रहे हैं। सामान भी बिक रहा है, पर मेहनत बहुत हो रही है। शाम को नहाने और खाना खाने के बाद जब वे सोते थे, तो गहरी थकावट के कारण एक करवट में ही सुबह हो जाती थी, लेकिन उन्होंने मन पर कभी भी थकान और निराशा को हावी नहीं होने दिया। ***वे निरंतर अपने कर्म में लगे रहे। उनकी मेहनत रंग ला रही थी।*** 400 का सामान कलकत्ता से लाए थे। एक सप्ताह में वह सारा सामान बिक गया था। हिसाब लगाने पर सामान, खाने और रहने के ख़र्च के बाद उनके पास 100 रुपये बच गए थे, यानी हिसाब के मुताबिक़ मनसुख भाई ने एक सप्ताह में 100 रुपये कमाए थे। 100 रुपये की कमाई देख मनसुख भाई अपने सारे दुख भूल गए। वे फिर से कलकत्ता जाने को तैयार हो गए। इस बार जब वे कलकत्ता जा रहे थे, तो रास्ते में वे जिन गलियों में घूमे थे, जिन लोगों से मिले थे, वे सारी बातें ट्रेन में याद कर रहे थे। उन्हें यह भी समझ आया था कि **एक बार सामान के पास भीड़ लग जाने या रिपीट ऑर्डर मिल जाने का मतलब है अधिक बिक्री होना।**

अपने अनुभव के आधार पर कलकत्ता के दूसरे दौरे पर उन्होंने बिस्किट और काज़्मेटिक का सामान अधिक लिया। टॉफ़ियाँ बहुत कम लीं। दरअसल, काज़्मेटिक का सामान देर से ही सही पूरा बिक गया था। बिस्किट तो धड़ाधड़ बिक गए थे, लेकिन टॉफ़ियाँ बेचने में बहुत दिक़्क़त हुई थी। जो सामान लखनऊ के बाज़ारों में 1 रुपये यानी 16 आने में अन्य दुकानदार बेचते थे, उस सामान को मनसुख भाई ने 12 आने में यानी पूरे चार आने कम में बेचा था। कमाल की बात तो यह थी कि वे बाज़ार रेट से कम पर अपना सामान बेचने के बाद भी उसमें से मार्जिन निकाल लेते थे। इसकी सरल सी वजह यह थी कि मनसुख भाई ख़ुद कलकत्ता से सामान लाते थे, जो उन्हें कम दाम में मिलता था। इसके अलावा,मनसुख भाई आम दुकानदारों से कम मार्जिन ले रहे थे। जब दुकानों से सस्ता सामान घर बैठे मिले तो भला कौन है, जो नहीं ख़रीदेगा। दूसरा मनसुख भाई जो भी सामान लाते थे, उसकी गुणवत्ता पर पूरा रिसर्च करते थे। मनसुख

भाई ने अपने पिता से सीखा था कि माल गुणवत्तापूर्ण हो, तो बिकने में दिक़्क़त नहीं होती है। अच्छी गुणवत्ता का माल होने पर ग्राहक टूटते नहीं हैं। सामान अच्छा हो और क़ीमत कम हो, तो चीज़ें हाथों–हाथ बिकती हैं। जिस दुकानदार से वे सामान लेते थे, उसने उन्हें पिछली बार से भी अधिक रियायत दी। दूसरे दौरे में मनसुख भाई फिर 400 रुपये का सामान लाए, लेकिन इस बार उन्हें 400 की जगह 370 रुपये ही ख़र्च करने पड़े।

हाथों में छाले... कामयाबी का जुनून

मनसुख भाई में कामयाबी का जुनून था। वे शारीरिक कष्टों की परवाह बिलकुल नहीं करते थे। वे कलकत्ता से होज़री का भी कुछ सामान लखनऊ लाने लगे। होटल से हाथों में पहली बार होज़री के सामान से भरे झोले लेकर जैसे ही वे पुरानी जगहों पर पहुँचे और उन्होंने आवाज़ लगाई, तो लोग सामान लेने के लिए स्वत: उनके पास आते गए। फेरी लगाने के क्रम में वे कई नए इलाक़ों में पहुँचे। इससे एक पंथ दो काज हुए। एक तो नए ग्राहक मिले, दूसरा रास्तों की पहचान भी हुई, लेकिन इस दौरान एक नई परेशानी खड़ी हो गई। भारी वज़न के झोले लगातार टाँगने के कारण उनके हाथों में छाले पड़ गए। वे शारीरिक रूप से परेशान ज़रूर हुए, लेकिन बिक्री अच्छी होने के कारण मानसिक रूप से वे बेहद ख़ुश थे। इस बार सामान बेचने में उन्हें पिछली बार से तक़रीबन डेढ़ दिन अधिक लगा, लेकिन सामान पूरा बिकने के कारण वे बहुत ख़ुश हुए।

कलकत्ता जाने, लखनऊ आने का क्रम तक़रीबन दो माह तक चला। दो माह में उन्होंने इतना कर लिया था कि 400 रुपये उनके अपने पास बचे हुए थे और इतने ही रुपये का सामान उनके पास था, यानी वे 2 महीने में 400 रुपये की कमाई कर चुके थे, फिर एक दिन रात को सोने के वक़्त उन्हें विचार आया कि कानपुर में भी फेरी लगाई जाए, तो और भी मुनाफ़ा हो सकता है। उन्होंने इस विचार को सच करने की ठान ली। अगली बार वे कलकत्ता से सामान लेकर लखनऊ की जगह कानपुर पहुँच गए। कानपुर में और भी बेहतर ख़रीदार मिले। दरअसल, कानपुर में मज़दूर बड़ी संख्या में रहते थे। उनके परिवार भी थे। इसीलिए काज़्मेटिक

और बिस्किट देखते ही देखते बिक गए। अब तो वे कलकत्ता से सामान उधार में भी लाने लगे थे। कलकत्ता के व्यापारियों के बीच उनकी साख बन गई थी। बिज़नेसमैन उनके आने का इंतज़ार करते थे। कानपुर में उन्हें एक और अच्छी चीज़ देखने को यह मिली कि कानपुर में उन्हें रहने और खाने में लखनऊ से कम ख़र्च करना पड़ता था। उनका मुनाफ़ा और भी बढ़ गया, लेकिन इसके साथ ही पैसे कमाने के उनके लक्ष्य भी बढ़ गए। कानपुर में उन्होंने दो महीने फेरी लगाई। वे रोज़ रात को अपनी जमा पूँजी को गिनते थे और उससे मुनाफ़े की रक़म को अलग करते थे। हर बार मुनाफ़े की रक़म में इज़ाफ़ा देख उनकी आँखें चमक जाती थीं।

फ़िज़ूलख़र्ची न हो, इसलिए पुरानी साइकिल ली

फेरी लगाते-लगाते छह महीने होने पर सारे ख़र्च निकलने के बाद उनकी कुल आमदनी 1300 रुपये के क़रीब हुई, तो उन्होंने फेरी के लिए एक साइकिल ख़रीद ली। मनसुख भाई ने साइकिल तो ख़रीदी, लेकिन पुरानी। कोई भी सोच सकता है कि पैसे होने के बाद भी पुरानी क्यों...। दरअसल, मनसुख भाई मानते थे कि कोई भी काम हो, लेकिन फ़िज़ूलख़र्ची नहीं होनी चाहिए। वे चाहते, तो नई साइकिल भी ले सकते थे, लेकिन उनके मन में विचार आया कि रखने की जगह नहीं है। सामान लेकर केवल बेचने ही जाना है, तो नई साइकिल की क्या ज़रूरत? यह काम तो पुरानी साइकिल से भी हो सकता है, दूसरा नई साइकिल उस वक़्त 150 रुपये की मिलती थी, लेकिन पुरानी साइकिल मनसुख भाई को 80 रुपये में मिल गई। साइकिल मिलते ही मनसुख भाई को तो जैसे पंख लग गए हों। पहले वे फेरी लगाने के लिए दिनभर में 4 से 5 मुहल्ले ही घूम पाते थे, लेकिन साइकिल आने पर वे मेलों में भी जाने लगे। मेलों में उनको और भी अधिक आय होने लगी। मेलों के अलावा वे नए मुहल्लों में भी जाने लगे। उनका कठिन श्रम उन्हें लगातार पैसे दिला रहा था। साल पूरा होते-होते मनसुख भाई को तक़रीबन ढाई हज़ार की आमदनी हो गई। बिज़नेस को लेकर नई समझ बनी। नए संबंध बने। अब मनसुख भाई नौसिखिए व्यापारी की जगह फेरी लगाने के मँझे हुए खिलाड़ी बन गए थे।

मनसुख भाई के शब्दों में – **"एक सेल्समैन में सच्चाई होनी चाहिए, बार–बार दुकानों में जाने और ज़रूरत के मुताबिक़ समय पर सामान पहुँचाने की क्षमता होनी चाहिए। इसके साथ ही उसे नक़द में बिज़नेस करने वाला और मृदुभाषी यानी मीठा बोलने वाला भी होना चाहिए।''**

साल 1947 तक वे एक ऐसे बिज़नेसमैन बन चुके थे, जो चलते–फिरते पैसे कमाता था। वे अच्छा जीवन जी रहे थे, लेकिन कठोर मेहनत का क्रम जारी था। साल के आख़िर तक मनसुख भाई ने फेरी के बिज़नेस से 5000 रुपये के क़रीब कमा लिए थे। इस बीच, उनका अपने पिता महादेव भाई से लगातार संपर्क बना रहता था। मनसुख भाई 22 साल के हो चुके थे। माता–पिता को जब अपने बेटे के हालचाल मालूम होते थे, तो वे बहुत ख़ुश होते थे। तार यानी टेलीग्राम और पत्रों के ज़रिए मनसुख भाई भी घर के हाल जानते रहते थे। घर के लिए पैसे भी भेजते रहते थे। वक़्त का पहिया घूम रहा था। मनसुख भाई लखनऊ और कानपुर में फेरी लगा रहे थे कि क़िस्मत ने फिर उनके साथ एक नई दोस्ती की। इस बार उनके ऊपर ईश्वर की कृपा हुई। मनसुख भाई ने गृहस्थ जीवन में प्रवेश कर लिया।

7

बा बनीं जीवनसंगिनी

''वह इंसान बहुत नसीबों वाला होता है, जिसे एक सच्चा मित्र मिल जाता है, लेकिन उससे भी ज़्यादा ख़ुशनसीब वह इंसान होता है, जिसे ऐसा मित्र अपनी पत्नी या पति के रूप में मिल जाता है।''

– फ्रैंज शुबेर्ट, ऑस्ट्रियाई संगीतकार

मनसुख भाई प्रगति के पथ पर निरंतर आगे बढ़ रहे थे। इससे उनके पिता महादेव भाई बेहद ख़ुश थे। ऐसे में उन्होंने मनसुख भाई का विवाह करने की सोची। महादेव भाई का मानना था कि गृहस्थ आश्रम से व्यक्ति, जीवन में आने वाली प्रत्येक बाधा और संकट का सामना अपने कौशल से करने लगता है। इससे दायित्व बोध उत्पन्न होता है। यह चूँकि पूरे परिवार का दायित्व बोध होता है, इसलिए व्यक्ति को संतुलन साधना भी आ जाता है। हमारे शास्त्रों में जिस आश्रम की सर्वाधिक महत्ता बताई गई है, वह गृहस्थ आश्रम ही है। महादेव भाई ने शास्त्र भले ही नहीं पढ़े थे, लेकिन पिता के रूप में वे उनका सार ज़रूर समझते थे।

उनके समक्ष अहम सवाल केवल यह था कि अच्छा रिश्ता कहाँ से आए...? उन्होंने अपनी उलझन को पत्नी मणिबेन के साथ साझा करने की सोची...। महादेव भाई एक दिन पत्नी से बोले – ''भाग्यवान... अब

अपना बेटा बड़ा हो गया है... ज़िम्मेदारियाँ भी उठा रहा है... उसकी समझदारी पर तुम्हें भले शक हो...लेकिन मुझे तो बिलकुल नहीं है... तो...।

मणिबेन... ''तो क्या... आगे कहिए... तो क्या... और मैंने कब कहा कि मनसुख पर मुझे शक है? आप भी ना...। आजकल आप भी जब देखो, तब दुकान... दुकान की ही बातें करते रहते हैं... मेरी फ़िक्र आपको को कब से होने लगी...? ख़ैर छोड़िए...बात तो अच्छी कही है आपने... मैं ख़ुद भी इसी तरह की बात सोच रही थी... लेकिन डर रही थी कि मनसुख की शादी की बात करूँ, तो कहीं आप नाराज़ न हो जाएँ''... इस तरह अधूरे वाक्य से मणिबेन ने अपनी बात पूरी की... मणिबेन पति के मुँह से बेटे के विवाह की बात सुनकर बहुत ख़ुश थीं... लेकिन सवाल था कि मनसुख भाई का विवाह किया किधर जाए... कोई सुयोग्य कन्या का रिश्ता आए, तभी तो बात बने...। उस मौक़े पर बात आई गई हो गई... लेकिन महादेव भाई ने जब बेटे के विवाह की बात की, तो घर में एक अलग तरह के उत्साह का संचार ज़रूर हो गया...।

कहते हैं सब कुछ पहले से ऊपर वाला तय कर चुका होता है... जब जिस काम का समय होता है, तो वैसे-वैसे चीज़ें अपने आप होती चली जाती हैं... महादेव भाई के घर पर भी ऐसा ही हुआ... महादेव भाई और मणिबेन बेटे मनसुख भाई की शादी की बात सोच ही रहे थे कि एक अच्छा रिश्ता भी आ गया...।

मनसुख भाई की क़ाबिलियत का कमाल...

सबसे अच्छी बात यह थी कि रिश्ता मनसुख भाई की क़ाबिलियत के आधार पर आया था, जो माता-पिता के लिए गर्व का विषय था। क़िस्सा कुछ यूँ है कि उनकी होने वाली पत्नी शारदा बेन के सगे भाई कानपुर में ही रहते थे। उन्होंने मनसुख भाई को काम करते हुए निकट से देखा था। मनसुख भाई की लगन, मेहनत, ऊर्जा और बिज़नेस करने के उत्साह से वे प्रभावित थे। उन्होंने तय कर लिया था कि उनकी बहन के लिए मनसुख भाई से ज़्यादा सुयोग्य वर कोई अन्य हो नहीं सकता। उन्होंने अपने पिता

से मनसुख भाई की चर्चा की। उन्होंने पिता को यह भी बताया था कि मनसुख भाई गाँव नराली के रहने वाले हैं, जो गुजरात में उनके गाँव के क़रीब ही है। इसके बाद शारदा बेन के पिता ने मनसुख भाई के पिता महादेव भाई के घर अपनी पुत्री के विवाह का प्रस्ताव भेजा था।

एक अच्छा रिश्ता आने पर पिता महादेव भाई ने 1948 के जनवरी माह के एक दिन माँ मणिबेन के सहयोग से मनसुख भाई का रिश्ता तय कर दिया। उन्हें तार के ज़रिए विवाह तय होने की सूचना दी गई और गाँव आने का संदेश दिया गया। तार मिलने पर मनसुख भाई में भी नई ऊर्जा का संचार हो गया। उसके दो कारण थे। पहला, पाँच साल की मेहनत के बाद उनके पास 5000 रुपये की राशि थी, तो दूसरा वे परिणय सूत्र में बँधने वाले थे। मनसुख भाई ने 1943 में नराली के घर से कानपुर के लिए निकलते समय पिता से 14 रुपये ही लिए थे, जो पाँच साल में बिज़नेस के प्रति उनके जुनून और कुशलता के साथ कार्य करने के दम पर 5000 हो गए थे।

इधर, मनसुख भाई तार मिलते ही पैसे लेकर अपने घर नराली गाँव जाने की सोचने लगे, लेकिन सवाल था कि उनके जाने के बाद बिज़नेस का क्या होगा। उन्होंने कानपुर में रह रहे कुछ निकट संबंधियों से बात की। उन्होंने निकट के इन रिश्तेदारों से फेरी के काम को आगे बढ़ाने में मदद माँगी। मनसुख भाई के जमे-जमाए फेरी के काम को करने के लिए वे ख़ुशी-ख़ुशी तैयार हो गए। मनसुख भाई ने सख़्त हिदायत दी - **''बिज़नेस में आलस्य कभी मत करना, मेहनत से कभी जी न चुराना, भरसक कोशिश करना किसी का दिल न दुखे। रोज़ शाम को लौटने पर कितना भी थके हों, पूरा हिसाब-किताब ज़रूर लिखना। कलकत्ता आते-जाते रहना। जिन इलाक़ों में ग्राहक इंतज़ार करते हैं, उन इलाक़ों को कभी भी मत छोड़ना। भरोसा और ईमानदारी बिज़नेस की कुंजी होते हैं, ये मूल्य क़ायम रखना।''** इन रिश्तेदारों को समझाने के बाद मनसुख भाई रुपये और माता-पिता और भाई-बहनों के लिए ढेर सारा सामान लेकर कानपुर से नराली के लिए रवाना हो गए।

सफ़र में पुरानी यादों में खोए...

ट्रेन जैसे ही कानपुर से चली, तो मनसुख भाई को साल 1943 के वे दिन फिर याद आने लगे, जब वे आँखों में कामयाबी के सपने सँजोए नराली से कानपुर के लिए चले थे। बीते कुछ सालों में मनसुख भाई जवानी में ही अपनी उम्र से अधिक परिपक्व हो चुके थे। यही नहीं, वे काम के प्रति समर्पण और पीछे मुड़कर न देखने की कला में भी माहिर हो चुके थे। पाँच साल पहले जब वे कानपुर आ रहे थे, तो पैसों की तंगी के चलते केवल दो स्टेशनों पर ही चाय पी सके थे। अपनी इच्छाओं का उन्होंने गला जैसे घोंट दिया था, लेकिन पाँच साल बाद चेहरे पर कामयाबी की चमक थी और मनसुख भाई बाक़ायदा सुपर-क्लास में सफ़र कर रहे थे।

मनसुख भाई अक्सर कहा कहते थे **''वक़्त बेरहम ज़रूर होता है, लेकिन क़दम मिलाने वालों की वक़्त मदद भी बहुत करता है।''** यह बात मनसुख भाई ने ख़ुद भी दिल में उतार ली थी। सुरेंद्रनगर के विरमगाम स्टेशन पहुँचने पर मनसुख भाई को सुखद एहसास हुआ। काठियावाड़ की अपनी माटी की सौंधी ख़ुशबू जैसे उन्हें तरोताज़ा कर गई। मनसुख भाई पाँच साल पहले पिता महादेव भाई के साथ यहाँ आए थे, लेकिन बीते सालों में विरमगाम स्टेशन का हाल भी बदल गया था। मनसुख भाई के हालात भी बदल गए थे। मनसुख भाई ने ताँगा किया और नराली गाँव के लिए सामान सहित चल दिए।

माँ की आँखों में ख़ुशी के आँसू थे...

गाँव पहुँचने पर मनसुख भाई वहाँ हुए बदलावों को ग़ौर से देखते रहे। आने-जाने वालों से राम-राम भी होती रही। रास्ते में ऐसे कई लोग मिले, जो उनके पिता की दुकान से आए दिन सामान लेते थे। बहुत से लोगों ने मनसुख भाई को रोक कर हाल लेने की कोशिश की, लेकिन मनसुख भाई ने लक्ष्य पर पहुँचने से पहले जैसे कहीं न रुकने की बात तय कर रखी थी। सो वे सभी का जवाब देते हुए अपने घर पहुँच गए। घर के दरवाज़े पर क़दम रखने से पहले उन्होंने अपनी देहरी को चूमा। वे परिवार के साथ अपने गाँव के घर को भी बेहद प्यार करते थे। घर के दरवाज़े खुले

हुए थे। मनसुख भाई जैसे ही घर के अंदर घुसे, माँ मणिबेन की नज़र उन पर पड़ी। माँ दौड़ कर दरवाज़े की तरफ़ आईं। मनसुख भाई को गले से लगा लिया। ख़ुशी के आँसू माँ की आँखों से छलक आए। मनसुख भाई भी सभी के गले मिलकर ख़ुश हुए। इसके बाद मनसुख भाई लगभग दौड़ते हुए दुकान की तरफ़ चले गए। दुकान पहुँचे, तो पिता के चरण स्पर्श किए, फिर गले लगने वाले ही थे कि एक ग्राहक आ गया। महादेव भाई बेटे को गले लगाने की जगह ग्राहक की तरफ़ मुड़ गए। यह एक और बड़ी सीख थी मनसुख भाई के लिए। मनसुख भाई पिता को देखते रह गए। *पिता ने बिना बोले ही मनसुख भाई को बता दिया था कि* ***रिश्ते-नाते, मान-सम्मान सब कुछ ठीक है, लेकिन ग्राहक पहले ज़रूरी हैं। ग्राहक को भगवान मानोगे, तो लक्ष्मी कभी नाराज़ नहीं होगी, साख भी बनी रहेगी।***

मनसुख भाई ने भी पिता के गले लगने की जगह उनकी मदद की। ग्राहक को सामान देकर विदा किया। इसके बाद वे पिता से मिले। उनसे बातें कीं। महादेव भाई को यह देख बड़ी खुशी हुई कि मनसुख भाई बीते पाँच सालों में बिलकुल भी नहीं बदले थे। घर आते ही आनंद मनाने, भाई-बहनों से बात करने, खाने-पीने की जगह वे पिता के साथ दुकान में काम करने लग गए थे।

शाम होते ही मनसुख भाई पिता के साथ घर पहुँचे, तो सभी उन दोनों का ही इंतज़ार कर रहे थे। महादेव भाई ने मनसुख भाई से कहा कि आराम कर लो, सफ़र में थक गए होगे, लेकिन *मनसुख भाई तो उस मिट्टी के बने थे, जो जहाँ भी जाती है, वही की हो जाती है।* मनसुख भाई ने माता-पिता और सभी भाई-बहनों के साथ रात का खाना खाया। इस दौरान ढेर सारी बातें भी हुईं।

महादेव भाई ने बेटे का हालचाल जाना, फिर बोले – ***''बेटा मैं बहुत ख़ुश हूँ कि तुमने पैसे कमाना सीख लिया। अपने पैरों पर खड़े हो गए। मैं इसे अपने पुरखों का आशीर्वाद और भगवान की कृपा मानता हूँ। इसमें मेरा कोई हाथ नहीं है। बेटा एक बात हमेशा याद रखना। परिवार अपनी वह पूँजी है, जिसे जितना अधिक चाहोगे, जितना अधिक ध्यान दोगे, वह फूले-फलेगा, पैसे कमाना तो तुम्हें आ गया, लेकिन पैसों का सदुपयोग करना, पूँजी को निरंतर बढ़ाना, नए विचार लाना और दिन ढलने के बाद शाम को परिवार***

के साथ बैठ कर मन को शांत करना कभी मत भूलना। परिवार, प्यार, **अपनापन, भावनाएँ, संवेदनाएँ और नाते-रिश्तेदार रहेंगे, तभी बिज़नेस भी बढ़ेगा और ख्याति भी बढ़ेगी। कभी दुखी मत होना। कष्ट आएँगे, जाएँगे उन्हें कभी गले मत लगाना, लेकिन ख़ुशी के पलों को हमेशा सँभाल कर जीना, उन्हें सँजो कर रखना।''** और भी बहुत सी बातें महादेव भाई ने बेटे मनसुख भाई को बताईं। उन्होंने मनसुख को यह भी बताया कि उनका विवाह पास के मूली गाँव के प्रेमचंद की पुत्री शारदा बेन से तय कर दिया गया है।

कर्म में था अटूट विश्वास...

*कहते हैं कि ''**कर्म से ही विजय संभव है। भाग्य भी कर्म पर निर्भर करता है। कर्म में भरोसा है, तो कामयाबी तय है।''*** मनसुख भाई भी भाग्य में नहीं,बल्कि कर्म में भरोसा करते थे। विवाह के लिए कानपुर से गाँव लौटे मनसुख भाई ने एक भी दिन आराम नहीं किया। 30 जनवरी को उनकी हल्दी की रस्म थी। 29 जनवरी तक मनसुख भाई पिता की दुकान को पहले की तरह ही सँभालते रहे। उन्हें यह देख बेहद ख़ुशी होती थी कि दुकान पहले से अधिक चलने लगी थी। दुकान में सामान की 'वैरायटी' भी बहुत हो गई थी। उन्होंने सभी पुराने मिलने वालों को अपने विवाह में आने का न्योता दिया। महादेव भाई ने गाँव के लोगों को बारात में ले जाने के लिए बैलगाड़ियों का इंतज़ाम कर रखा था।

जनवरी 1948 की 30 तारीख़ को सुबह होते ही कुलदेवी की पूजा हुई। इसके बाद मनसुख भाई को हल्दी लगी। रात में घर में मंगल गीत गाए गए। बहुत सारे लोगों का खाना-पीना हुआ। गाँव में तो जैसे दिवाली का आलम था। घर के आस-पास के सभी घरों के बाहर लालटेन और पेट्रोमैक्स जल रही थीं। (मनसुख भाई की शादी होने तक गाँव में बिजली नहीं आई थी।)

एक फ़रवरी, 1948 को सुबह होते ही बारात की तैयारी होने लगी। दोपहर में एक सजी हुई बैलगाड़ी में मनसुख भाई और उनके पिता महादेव भाई और अन्य बैलगाड़ियों में सवार होकर बाराती मूली गाँव की तरफ़ चल दिए। शाम होने से पहले ही बारात मूली गाँव पहुँच गई। खेतों और पास के मकानों में बनाए गए जनवासों में बारात को ठहराया गया। सभी जब तैयार

हो गए, तो मनसुख भाई घोड़े पर बैठ कर अपने ससुराल पहुँचे। द्वार पर बारातियों की शानदार अगवानी की गई। इसके बाद शादी की अन्य रस्में पूरी की गईं। परिणय की बेला में शारदा बेन ने मनसुख भाई को वरमाला पहनाई। पंडितों ने स्वस्ति वाचन किया। कन्या पक्ष की महिलाओं ने मंगल गीत गाए। इन सब के बीच एक फ़रवरी 1948 को पाणिग्रहण संस्कार सप्तपदी के मंत्रों के साथ पूरा हुआ। अगले दिन सुबह हल्की गर्माहट होने के बाद शारदा बेन को मनसुख भाई के साथ विदा किया गया। मनसुख भाई लंबा घूँघट काढ़ कर बैठी पत्नी शारदा बेन को लेकर वापस नराली के अपने घर पहुँच गए।

बिज़नेस पर फिर फ़ोकस...

सप्ताह बीतते–बीतते मनसुख भाई को लगा कि अब विवाह हो गया, बिज़नेस पर फिर फ़ोकस करना चाहिए... मनसुख भाई पिता से कानपुर वापस जाने के लिए कहने की सोच ही रहे थे कि पिता ने अचानक शाम को कहा – ''मनसुख विवाह तो हो गया। घर की सारी रस्में पूरी हो गईं। अब तुम्हें फिर से वापस काम पर लौटना चाहिए...।'' मनसुख भाई पिता की बातें सुनकर हैरान थे... उन्हें समझ नहीं आ रहा था कि एक रात पहले जो विचार उन्हें आ रहा था, वह पिताजी तक कैसे पहुँचा? क्या महादेव भाई सामने वाले के दिमाग़ को पढ़ने में माहिर थे... नहीं, ऐसा कुछ नहीं था। महादेव भाई के पास किसी व्यक्ति को या किसी के दिमाग़ को पढ़ने की कला नहीं थी। महादेव भाई के पास वक़्त के थपेड़ों की नसीहतें थीं और पुरखों की बताई सीख थी। **मनसुख भाई के पिता के पास काम को लेकर, पैसे कमाने को लेकर और वक़्त का सदुपयोग करने को लेकर एक स्पष्ट चिंतन था।** *उनके यही गुण उनके बेटे मनसुख भाई में भी आनुवांशिक रूप से मौजूद थे।*

पिता की सीख... पैसों को सँभाल कर रखना

विवाह के बाद 15 फ़रवरी 1948 को मनसुख भाई पत्नी शारदा बेन को लेकर कानपुर की तरफ़ रवाना हो गए। रवाना होने से पहले मनसुख भाई ने पास में बचे हुए पैसों में से केवल 1000 अपने पास रख लिए, बाक़ी के पैसे पिताजी और माताजी के साथ अपने भाई–बहनों को दे दिए। पिता ने पैसे

लेने से यह कह कर इंकार किया कि ये तेरी मेहनत के पैसे हैं। इसे यूँ ही लुटाओगे, तो पैसे लुटाने की आदत पड़ जाएगी। यह आदत भविष्य के लिए ख़तरनाक होगी। मनसुख भाई ने पिता से पैसे तो वापस नहीं लिए, लेकिन उनकी कही बात को ज़िंदगी के एक अहम सबक़ के रूप में याद कर लिया।

पत्नी शारदा बेन को लेकर मनसुख भाई बैलगाड़ी से स्टेशन पहुँच गए। पिता ने मनसुख भाई को दायित्व बोध का फिर एहसास कराने के लिए केवल इतना कहा– **''अब तक तुम अकेले थे, अब तुम पर दूसरे की भी ज़िम्मेदारी है। यह हमेशा याद रखना।''** उन्होंने यह भी कहा–''**तुम भले मेहनत करना, पर बहू को कष्ट नहीं होने देना। कोशिश करना कि रोज़ शाम को घर लौटो और पत्नी के साथ वक़्त गुज़ारो। तुम यहाँ की फ़िक्र बिलकुल न करना।''** हँसते हुए उन्होंने एक बात और कही। महादेव भाई ने कहा – **''मनसुख पैसों को अब सँभाल कर ख़र्च करना।''** इतने में ट्रेन ने सीटी मारी। मनसुख भाई ने पिता के पैर छू कर आशीर्वाद लिया और ट्रेन में चढ़ गए।

शारदा बेन पति के साथ कानपुर आने को लेकर बहुत उत्साहित थीं। कानपुर में शारदा बेन के परिवार के लोग भी रहते थे। शादी से पहले ही शारदा बेन को पूरी जानकारी कानपुर को लेकर हो चुकी थी। थकान भरे सफ़र के बाद ट्रेन कानपुर पहुँची। मनसुख भाई भाड़े के अपने पुराने मकान पर पत्नी शारदा बेन को लेकर पहुँच गए। दिनभर दोनों ने मिलकर साफ़–सफ़ाई की। रात का खाना शारदा बेन ने बड़े चाव से पकाया। मनसुख भाई अगले दिन की योजना बनाकर सो गए।

क़रीबी रिश्तेदारों ने चली चाल...

कानपुर पहुँचने के अगले दिन सुबह होते ही मनसुख भाई निकट के उन रिश्तेदारों से मिले, जिन्होंने फेरी का काम सँभाला था, तो उन्होंने कहा कि फेरी के काम में 'घाटा' हो गया है। मनसुख भाई ने ज़िंदगी में 'घाटा' शब्द पहली बार सुना था। मनसुख भाई तो दुकानों से अपनी साख पर सामान लेकर बेचने के बाद मुनाफ़ा रख लेते थे और उधार भी चुका देते थे, लेकिन घाटे की बात सुनकर उन्हें हैरानी हुई। बात सिर्फ़ घाटा होने की होती, तो भी ठीक होता, लेकिन न तो सामान का पता था, न उधार का। चार दिनों

की कवायद के बाद उन्हें समझ आ गया कि उनके बिज़नेस से उन्हें ही बाहर करने के लिए रिश्तेदार घाटे की बात कर रहे हैं। इस पर मनसुख भाई ने एक कड़ा फ़ैसला कर लिया। उन्होंने बिज़नेस में इन रिश्तेदारों से ख़ुद को अलग कर लिया। रिश्तेदार तो इसी फ़िराक़ में थे कि कब मनसुख भाई से पीछा छूटे। वे ख़ुशी से तैयार हो गए, क्योंकि उनकी चाल कामयाब हो गई थी। अलग होने पर मनसुख भाई के साथ सामान का बँटवारा हुआ, लेकिन उसमें भी रिश्तेदारों ने बेईमानी की। जब लागत का बँटवारा हुआ, तो मनसुख भाई को 800 रुपये मिलने चाहिए थे, लेकिन रिश्तेदार संकीर्ण मानसिकता वाले थे। उन्होंने केवल 400 रुपये ही दिए, लेकिन मनसुख भाई ने इस बात को दिल में काँटे की तरह नहीं चुभने दिया, बल्कि इसे एक चुनौती के रूप में लिया। इतिहास गवाह है कि जब अपमान को लेकर लोग बदले की भावना से काम करने की बजाय उसे अपने सुधार के लिए चुनौती मानते हैं, तो परिणाम चौंकाने वाले निकलते हैं...। मनसुख भाई इसकी मिसाल हैं। किसी विद्वान ने ठीक ही कहा है– ***''आपको उस विश्वासघात पर ध्यान नहीं देना चाहिए, जिसे आप देख सकते हैं। वास्तव में भयानक विश्वासघात वह होता है, जो आपकी आँखों से बिलकुल छुपा रहता है।''*** मनसुख भाई को यह सीख मिल चुकी थी।

हार मानना सीखा ही नहीं था...

मनसुख भाई हार स्वीकार करने वालों में से नहीं थे। वे कहा करते थे – ***''हाथ पर हाथ धर कर बैठने से न तो कभी किसी को कुछ हासिल हुआ है, न कभी होगा।''*** जब उनके रिश्तेदार अलग हुए, तो उनके पास पूँजी के नाम पर नाममात्र के रुपये थे। विषम परिस्थितियाँ अच्छे से अच्छे व्यक्ति को बेबस बना देती हैं, लेकिन शूरवीर वही होते हैं, जो बदतर हालात में भी संभावनाएँ ढूँढ लेते हैं। मनसुख भाई ख़ुद से कहते थे – ***''जीवन में परिस्थितियाँ बदलती रहती हैं। मेरे भी दिन बदलेंगे। पैसों की तंगी है, लेकिन एक दिन आएगा, जब पैसे गिनने मुश्किल होंगे।''***

8

ज़िंदगी दोराहे पर, फिर कड़ी मेहनत

''यह जानकर अजीब सा सुकून मिलता है कि आज चाहे कुछ भी हो जाए, कल सूरज फिर निकलेगा।''

– एरॉन लॉरिट्सन, लेखक

अपने छोटे से बिज़नेस में 'विश्वासघात' की घटना के बाद मनसुख भाई की ज़िंदगी दोराहे पर आ गई थी। पहली राह उन्हें बदले की भावना की ओर ले जा सकती थी कि वे अपनी संपूर्ण ऊर्जा अपने रिश्तेदारों से उस रक़म को वसूल करने में लगा दें, जो उन्होंने नहीं दी थी। दूसरी राह सब कुछ भूल कर कामयाबी की नई मंज़िलें तय करने की थी। मनसुख भाई पैसों के लिए रिश्तों को दाँव पर नहीं लगाना चाहते थे, इसलिए वे पहले से भी तेज़ गति से पैसे कमाने में जुट गए। उन्होंने 400 रुपये लेकर अपनी राह अलग कर ली।

वैसे भी कानपुर के बड़े व्यापारियों में उनकी साख अच्छी हो चुकी थी। उन्हें बिज़नेसमैन बहुत सम्मान देते थे। यह उनकी बहुत बड़ी पूँजी थी। उन्होंने एक बिज़नेसमैन के समक्ष प्रस्ताव रखा कि वे कलकत्ता से रियायती दरों पर काज़्मेटिक का सामान ला सकते हैं, जिसे बिज़नेसमैन ने सहर्ष स्वीकार कर लिया। इसी क्रम में वे कलकत्ता से अपने लिए भी

टॉफ़ियाँ, बिस्किट और अन्य सामान लेकर आने लगे। पहले वे बिज़नेसमैन को उनका सामान देते और फिर अपना सामान लेकर फेरी के लिए निकल पड़ते। विवाह से पहले तक वे क़स्बों तक ही जाते थे। विवाह के बाद उन्होंने गाँवों के अंदर तक जाने का फ़ैसला किया। कानपुर के आस-पास के गाँवों में उनकी फेरी का सामान देखते-देखते सिर्फ़ दो दिनों के अंदर बिक गया। कई गाँवों के छोटे व्यापारियों ने तो उनसे जल्द ही और सामान लाने का वादा भी ले लिया। मनसुख भाई को पता चल गया कि राहें शहर में ही नहीं, बल्कि गाँवों में भी हैं...।

छह माह तक नहीं किया आराम...

मनसुख भाई अगले छह महीने तक एक भी दिन आराम किए बिना लगातार शहर से सामान लेकर गाँवों की ओर रुख़ करते रहे। इसके उन्हें शानदार नतीजे भी मिले। केवल छह माह के अंदर ही उनकी 400 रुपये की पूँजी 2000 रुपये तक पहुँच चुकी थी। इन दौरान पत्नी शारदा बेन ने पति मनसुख भाई का भरपूर साथ दिया। शारदा बेन वैसे तो अच्छे ख़ासे खाते-पीते घर से थीं, लेकिन पति मनसुख भाई की कर्मठता, उनकी लगन, निष्ठा और कुछ कर दिखाने को लेकर उनके जुनून से बहुत वे प्रभावित हुईं। वे ख़ुद भी मनसुख भाई के झोलों को रोज़ तैयार करतीं थीं। जल्दी खाना बना कर दे देतीं थीं। मनसुख भाई के जाने के बाद शारदा बेन पूरे घर के सारे काम ख़ुद निपटातीं थीं और समय मिलते ही पूजा के बाद सिलाई-बुनाई के काम में लग जातीं थीं। वे मनसुख भाई को और बेहतर करने के लिए रोज़ प्रेरित करती रहतीं थीं।

बहुत जल्दी सीख ली थी इन्वेस्टमेंट की कला...

ऐसे ही कुछ माह और बीते, तो आमदनी बढ़ी। मनसुख भाई ने और 2000 रुपये पास में आते ही बाज़ार में उस समय नए-नए आए साठे बिस्किट की एजेंसी ले ली। साठे बिस्किट को लोकप्रिय बनाने और उसकी बिक्री बढ़ाने के लिए मनसुख भाई ने जीतोड़ मेहनत की। पत्नी शारदा बेन ने भी अपनी सुख-सुविधाओं और आराम को त्यागते हुए साठे बिस्किट को बेचने में

पति की भरपूर मदद की। शारदा बेन घर का पूरा काम करने के साथ गत्तों को खोलकर उनसे साठे बिस्किट के पैकेट निकाल कर झोलों में भर कर मनसुख भाई की साइकिल पर टाँग देतीं थीं। एक कमरे के घर में रहते हुए भी उन्होंने मनसुख भाई से कभी किसी तरह की कोई शिकायत नहीं की। जैसे-तैसे वे दिन काट रही थीं। वे ईश्वर से प्रार्थना करतीं थीं कि कुछ और देना, न देना, बस मनसुख भाई को सेहतमंद बनाए रखना, ताकि वे मेहनत करके ईमानदारी से पैसे कमाते रहें। मनसुख भाई निरंतर फेरी लगा रहे थे। वे मेलों और उत्सवों में जाते थे। वे स्कूलों के पास जाते और दोनों झोलों के पूरे बिस्किट बेचने के बाद ही घर लौटते थे। साठे बिस्किट को बेचते हुए उन्होंने उसे इतना लोकप्रिय बना दिया कि वह लोगों के साथ दुकानदारों की भी पहली पसंद बन गया। इसी दौरान 12 अक्टूबर 1949 में उनके घर में बड़े पुत्र का जन्म हुआ, जिसका नाम 'विक्रम' रखा गया।

पुत्र विक्रम के जन्म के बाद एक कमरे के घर में कुछ अधिक परेशानी होने लगी थी। मनसुख भाई के ख़र्चे भी बढ़ रहे थे, लेकिन उस अनुपात में आमदनी नहीं बढ़ रही थी। उस आमदनी से घर का सामान्य ख़र्च ही चल पा रहा था। घर में बिजली और पानी की पूरी व्यवस्था थी। वे दूर की सोचते ज़रूर थे, लेकिन हमेशा वर्तमान में जीते थे। ख़याली पुलाव पकाना उनकी फ़ितरत में नहीं था। वे दिन-रात अपने कर्म में जुटे रहते थे। अर्द्धांगिनी से वे बहुत प्रेम करते थे। उनका वे बहुत ख़याल रखते थे। वक़्त मिलने पर माता-पिता को पत्र लिख हाल बताते रहते थे। उनके हालचाल भी पत्रों से जानते रहते थे। उनकी जो भी बचत होती थी, वे उसे कहीं न कहीं इन्वेस्ट करते रहते थे, यानी **मनसुख भाई कोठारी पुराने ज़माने के सेठ नहीं थे। आजकल के दौर में तो हर कोई इन्वेस्ट और रिइन्वेस्ट करता है, यह कला उन्होंने उस दौर में ही सीख ली थी, जिस दौर में लोग तिजोरी में सात ताले लगा कर चाबियाँ कमर से बाँध कर सोते थे।** उन्होंने पत्नी और ख़ुद के नाम पर जीवन बीमा की एक पॉलिसी भी ले ली थी। पॉलिसी यह सोचकर नहीं ली थी कि वह उनके बुढ़ापे में काम आएगी, बल्कि यह सोचकर ली थी कि गाढ़े वक़्त में काम आएगी। काम न आई, तो सरकारी ख़ज़ाने में रहेगी और निवेश सुरक्षित रहेगा।

इस बीच, उन्हें घर में एक और ख़ुशी मिली। 26 जून 1951 में उनके दूसरे सुपुत्र 'दीपक भाई' का जन्म हुआ। इसके 2 साल बाद यानी 9 अगस्त 1953 में उनके घर लक्ष्मी स्वरूपा बेटी 'रीता' ने जन्म लिया। अब तीनों बच्चों की किलकारियों से पूरा आँगन ख़ुशियों से भर चुका था। बेटी के घर आने की ख़ुशी मनसुख भाई को बहुत थी, लेकिन बिज़नेस की कामयाबी से अभी भी मनसुख भाई का मन नहीं भर रहा था। बिज़नेस अपनी गति से चल रहा था, लेकिन उसमें कामयाबी की नई-नई मंज़िलें छूने की मनसुख भाई की इच्छा भी बढ़ती जा रही थी।

'क्विक-लर्नर' थे मनसुख भाई

मनसुख भाई हर बदलते दिन के साथ अधिक मेहनत करने लगे। वे साठे बिस्किट कंपनी से ऑफ़र मिलने पर साठे बिस्किट के कानपुर के वितरक बन गए। इसके बाद बिज़नेस करने के उनके तरीक़े ने उन्हें कानपुर के साथ लखनऊ के व्यापारिक जगत में भी ख़ास पहचान दे दी थी। कानपुर, लखनऊ और दोनों जिलों के देहात इलाक़ों में मनसुख भाई ने अपनी मेहनत, लगन और ऊर्जा के साथ लगातार कार्य करके साठे बिस्किट को न केवल लोकप्रिय बना दिया, बल्कि साठे बिस्किट को उन्होंने उन बुलंदियों पर पहुँचा दिया, जहाँ पर पहुँचने की कंपनी कभी कल्पना भी नहीं कर सकती थी। साठे बिस्किट को बेचते समय उन्हें पहली बार पता चला कि बिस्किट का खेल कुछ ही दिनों का होता है। उसे अधिक दिनों तक रखा नहीं जा सकता। उन्हें साठे बिस्किट का कोराबार करते हुए यह भी जानकारी हुई कि माल बिकने के बाद ही नया माल लेने में भलाई होती है, क्योंकि बिस्किट दो महीने के बाद रंग बदलने लगता है। उसका तेल ऊपर आने लगता है। उन दिनों काग़ज़ की पैकिंग हुआ करती थी। साठे बिस्किट को बेचते-बेचते वे बिस्किट निर्माण, कच्चा माल, पैकिंग से लेकर वितरण और वापसी तक इंडस्ट्री के बारे में हर बारीक बात को जान चुके थे। कई नई चीज़ों की उन्हें सीख भी मिली थी। 'क्विक-लर्नर' होने के कारण मनसुख भाई को कभी किसी चीज़ को याद करने की ज़रूरत नहीं पड़ती थी, बल्कि वे एक बार में ही किसी चीज़ की प्रक्रिया को देख कर झटपट बारीकियों को सीख लेते थे।

नित नई परीक्षा...

साठे बिस्किट उनका वह पड़ाव नहीं था, जिसके लिए ईश्वर ने मनसुख भाई को बनाया था। साठे बिस्किट का काम करने के दौरान ईश्वर ने उनके लिए नई परीक्षा की तैयारी कर रखी थी। बिज़नेस और नई-नई चीज़ों को बेचने का क्रम लगातार बढ़ रहा था। उनकी कार्यकुशलता, मेहनत करने की क्षमता, ख़रीदार को पहचानने, नए इलाक़ों में बिज़नेस करने की संभावनाएँ तलाशने की उनकी कला और चीज़ों को बहुत जल्दी भाँप लेने की उनकी योग्यता को देखते हुए मद्रास की ईस्ट इंडिया कंपनी ने 1959 की शुरुआत में उन्हें अपने उत्पाद ओके बाथ सोप का काम लेने का ऑफ़र दिया। कानपुर के एक बिज़नेसमैन ने ओके सोप की एजेंसी ली थी। बिज़नेसमैन ने एजेंसी तो ले ली थी, लेकिन उसे एक ऐसे व्यक्ति की तलाश थी, जो उसके सोप को यूपी के साथ बिहार में भी लोकप्रिय बना सके। मनसुख भाई ने कानपुर में ओके सोप के लिए काम करना शुरू किया। कुछ ही महीनों में मनसुख भाई ने ओके सोप को कानपुर में लोकप्रिय बना दिया। इससे कानपुर में ओके सोप के वितरक को बहुत फ़ायदा हुआ। ओके सोप के कानपुर के वितरक ने मनसुख भाई का ज़िक्र कंपनी के अन्य वितरकों और प्रबंधन से कंपनी की मद्रास की बैठक में किया। मनसुख भाई कहते थे- **''मेहनत और काम दो ऐसी चीज़ें हैं, जिनके लिए न तो किसी आईने की ज़रूरत होती है, न किसी के सामने शोर करके बताने की ज़रूरत होती है।''** मनसुख भाई ईंटें गिनने से लेकर फेरी लगाने और कलकत्ता से बिज़नेस करने के दौरान इस बात को समझ चुके थे कि किसी का काम बेहतर हो, तो काम करने वाले को बोलने की ज़रूरत नहीं होती। उस व्यक्ति का काम ख़ुद बोलता है। काम करने वालों की हमेशा पूछ होती है।

दरअसल, मनसुख भाई बड़े जीवट वाले इंसान थे। वे जैसे ही एक 'कंफ़र्ट जोन' में पहुँचते थे, वैसे ही अपने लिए नई मंज़िलें भी तलाश लिया करते थे। इसी धारा के तहत **उनके जीवन में दूसरा टर्निंग प्वाइंट तब आया था, जब उन्हें मद्रास की ईस्ट इंडिया कंपनी के बाथ सोप ओके की मार्केटिंग के लिए पटना जाने का ऑफ़र मिला।**

मद्रास की बैठक में कानपुर के वितरक की बातें सुनकर ईस्ट इंडिया कंपनी के प्रबंधन ने मनसुख भाई से ख़ुद मुलाक़ात करने का फ़ैसला किया, लेकिन किन्हीं कारणों से ऐसा संभव नहीं हो सका। दरअसल, चीज़ें जितनी आसान दिखती हैं, वैसी होती नहीं हैं। जब मनसुख भाई से कंपनी का संवाद नहीं हो पाया, तो कंपनी के कानपुर के वितरक को मनसुख भाई को पटना भेजने को कहा गया। वितरक पहले तो कानपुर के अपने बिज़नेस को लेकर थोड़ा परेशान हुआ, लेकिन कंपनी का आदेश था, तो वितरक ने मनसुख भाई को बुलाकर पूरी बात बताई और पटना जाने के ऑफ़र की जानकारी दी। किसी बड़ी कंपनी से ऑफ़र मिलने की बात ने मनसुख भाई को बेहद ख़ुश कर दिया। मनसुख भाई की कामयाबी का ग्राफ ऊपर जा रहा था। किसी कंपनी से ऐसा ऑफ़र पहली बार मिला था। यह मनसुख भाई की अथक मेहनत, लगन और सत्यनिष्ठा का परिणाम था कि जिस कंपनी को वे केवल नाम से जानते थे, उस कंपनी का प्रबंधन उन्हें नाम से जानता था और उनके काम से बेहद प्रभावित था। मनसुख भाई ने वितरक से ऑफ़र की बात सुनी, तो सोचने के लिए थोड़ा वक़्त माँगा और घर चले आए।

इधर, घर में परेशानियों का अंबार लगा था। पास में पर्याप्त पैसे भी नहीं थे, लेकिन मनसुख भाई की पत्नी शारदा बेन ने शिकायत करना तो दूर, पति से इस विषय पर चर्चा तक नहीं की थी। वे भी जान रहीं थीं कि हालात क्या हैं। मनसुख भाई को हाड़-तोड़ मेहनत करते वे ख़ुद देख रहीं थीं। मनसुख भाई ने इन्हीं सारी परेशानियों के बीच घर में पत्नी से ओके सोप को लेकर पूरी चर्चा की। वे कानपुर में परिवार को छोड़कर जा नहीं सकते थे और इतने पैसे भी नहीं थे कि परिवार को सामान के साथ बिहार ले जा सकें। शारदा बेन ने उनकी सच्ची जीवन साथी की भूमिका अदा करते हुए कहा- **"देखिए, आपका जमा जमाया बिज़नेस है, लोग आपको जानते हैं और पहचानते हैं, लेकिन हालात बदलने के लिए ही शायद ईश्वर ने आपको यह मौक़ा दिया है। कानपुर में घर में कोई दिक़्क़त नहीं है। बच्चों को मैं सँभाल लूँगी। मैं कोशिश पूरी करूँगी कि साठे का आपका काम भी पूरा करती रहूँ, फिर शहर में हमारे जानने वाले भी हैं, तो आप चिंता न कीजिए। हो सकता है ओके सोप से हमारी क़िस्मत बदल जाए, और ऐसा नहीं हुआ, तो भी आपको जो अनुभव होगा, वह आपके**

मनसुख भाई कोठारी युवावस्था में।

मनसुख भाई अपने पुत्र दीपक कोठारी के साथ।

मनसुख भाई अपनी पत्नी शारदा बेन (बाएँ) एवं
अपनी पुत्रवधू आरती दीपक कोठारी (बीच में) के साथ।

'बाबूजी' अपने पौत्र मितेश कोठारी के साथ।

16 जून ,1987 को तत्कालीन राष्ट्रपति ज्ञानी जैल सिंह से 'नेशनल अवॉर्ड' लेते मनसुख भाई।

नई दिल्ली में 2 अगस्त,1989 को आयोजित समारोह में तत्कालीन प्रधानमंत्री श्री राजीव गाँधी से 'सीनियर सिटीजन अवॉर्ड' ग्रहण करते हुए मनसुख भाई कोठारी।

श्री राजीव गाँधी के साथ।

एक विद्यालय में आयोजित कार्यक्रम में शिरकत करते हुए मनसुख भाई।

एक यात्रा के दौरान मनसुख भाई।

अपने पुत्र दीपक (बाएँ) पौत्र मितेश (बीच में) एवं परपौत्र इंद्रायु (गोद में) के साथ 'बाबूजी'।

मनसुख भाई और पत्नी शारदा बेन वाघा बार्डर पर भ्रमण के दौरान।

मनसुख भाई एक सभा को संबोधित करते हुए।

अपने दिल्ली स्थित निवास पर मनसुख भाई।

मनसुख भाई अपने पूरे परिवार के साथ।

मनसुख भाई अपने कानपुर स्थित कार्यालय में।

नराली, गुजरात में अपने गाँव के एक सामाजिक कार्यक्रम में मनसुख भाई।

मनसुख भाई अपने पुत्र दीपक (बाएँ) के साथ कोठारी इंटरनेशनल स्कूल के उद्‌घाटन के अवसर पर।

दीपक कोठारी अपने परिवार के साथ।

लिए बिज़नेस के अवसरों के नए द्वार भी खोल सकता है। मेरी अंतरात्मा कहती है आपको वहाँ जाने से कामयाबी ही मिलेगी। घर का पूरा काम मैं सँभाल लूँगी। आप निश्चिन्त मन से यहाँ की चिंता किए बिना वहाँ जाएँ।''

मनसुख भाई ने पत्नी के उत्साह बढ़ाने पर पटना जाने का पक्का फ़ैसला कर लिया। मनसुख भाई ने विचार किया कि ओके सोप में पूँजी लगानी नहीं है... माल कानपुर से मिलेगा... मुझे केवल उसे बिहार ले जाकर बेचना है, उसकी बिक्री के लिए एजेंट तलाशने हैं... नए तरह से उसे लोकप्रिय बनाना है... पत्नी की रज़ामंदी मिलने के बाद उनका उत्साह दोगुना हो गया। उन्होंने कानपुर और लखनऊ में साठे बिस्किट के जमे जमाए बिज़नेस को छोड़ कर बिहार जाने का फ़ैसला कर लिया। उन्होंने उसके अगले दो दिन में साठे बिस्किट के बचे स्टॉक को क्लियर किया। इसके बाद ओके सोप के वितरक से बात करके पटना के लिए रवाना हो गए।

पटना उनके लिए बिलकुल नई जगह थी। वितरक ने उन पर भरोसा कर 200 रुपये भी दिए। पटना में वे 15 रुपये रोज़ के हिसाब के एक होटल में रुके। उन्होंने पहले तो पटना शहर का सर्वे किया। कहीं पैदल, तो कहीं रिक्शे से घूमे। पूछते हुए कई बाज़ारों में उन्होंने थोक व्यापारियों, ख़ुदरा दुकानदारों से बात की। कहीं भी उन्हें निराशा हाथ नहीं लगी। यह मनसुख भाई के व्यक्तित्व का कमाल था कि हर जगह अनजान व्यापारियों ने भी बातें ग़ौर से सुनीं। **इसकी वजह थी उनका बातचीत करने का कौशल, बिज़नेस को परखने और उसे नए इलाक़ों में फैलाने की क़ाबिलियत, दिमाग़ में बिज़नेस के नए आइडियाज़ और व्यापारियों को भरोसा दिलाने की वह कला, जो बिज़नेस को बढ़ाने के लिए ज़रूरी होती है।** वे पाँच दिनों तक पटना शहर और उसके आस-पास घूमे और 10 से 12 लोगों को उन्होंने सोप बेचने के लिए तैयार भी कर लिया। इसके बाद वे ओके सोप का माल लेने कानपुर वापस आ गए।

निराले थे मनसुख भाई के बिज़नेस सूत्र...

कानपुर में ओके सोप की एजेंसी से उन्होंने अपनी साख पर माल लिया। माल लेकर वे पटना के लिए फिर रवाना हो गए। पटना में उन्होंने मात्र एक

साल की छोटी सी अवधि में ओके सोप को न केवल लोकप्रिय बना दिया, बल्कि उसे बिक्री की नई बुलंदियों पर भी पहुँचा दिया। इससे मद्रास की कंपनी बहुत ख़ुश हुई। कंपनी के अफ़सरों ने उन्हें मद्रास बुलाया। अपने व्यापारियों की बैठक में मनसुख भाई का सम्मान किया। मनसुख भाई के बिज़नेस करने के सूत्रों पर चर्चा की गई। कंपनी के निदेशकों ने मंच से बताया कि – **''मनसुख भाई बिज़नेस करने के जो सूत्र जानते हैं, वे तो उन्होंने इंग्लैंड में भी नहीं पढ़े। कमाल की शख़्सियत हैं मनसुख भाई।''** इसके बाद कंपनी ने ख़ुद पहल करके मनसुख भाई को कानपुर में ओके सोप की एजेंसी देने का ऑफ़र दे दिया। किसी कंपनी के अफ़सरों से मनसुख भाई की पहली बार बात हुई थी। मनसुख भाई को इससे यह भी पता चला कि **मेहनत के लिए ढोल बजाने की ज़रूरत नहीं होती। काम पूरा और अच्छा हो तो ख़ुद बोलता है।** उन्होंने ख़ुशी–ख़ुशी कंपनी का ऑफ़र स्वीकार किया।

कंपनी की एजेंसी के लिए पास में पूरे पैसे नहीं थे और अवसर सामने खड़ा था। उन्हें समझ नहीं आ रहा था कि क्या किया जाए, लेकिन मनसुख भाई हताश नहीं हुए। उन्हें प्रसिद्ध कवि मैथिलीशरण गुप्त की कविता की पंक्तियाँ याद आईं, जो उन्होंने कहीं सुनी थीं ***''नर हो, न निराश करो मन को, कुछ काम करो, कुछ काम करो, जग में रहकर कुछ नाम करो।''*** हताशा और तनाव के बीच भी मनसुख भाई ने अपने लिए नई राह खोज निकाली। उन्होंने अपनी और पत्नी के नाम की बीमा–पॉलिसी तुड़वा कर 1959 में **शारदा ट्रेडर्स** की स्थापना की और ओके सोप के वितरक के तौर पर एजेंसी हासिल कर ली। दिन–रात परिश्रम करके उन्होंने कभी साइकिल से, तो कभी पैदल, तो कभी किसी वाहन से पूरे शहर में प्रचार–प्रसार किया। लोगों से निरंतर मिलकर बातें कीं। सोप की ख़ूबियाँ गिनाईं। निरंतर सप्लाई का वादा किया। नतीजा उनके हक़ में रहा। ओके सोप महज चार माह में शहर की लगभग हर दुकान पर नज़र आ रहा था। लोग ख़रीद भी रहे थे। छह माह होते–होते ओके सोप कानपुर शहर में नंबर एक पर आ गया।

हर जगह तलाश लेते थे बिज़नेस आइडियाज़...

ओके सोप को बेचने, वितरण करने और उसमें बेहद तेज़ रफ़्तार के साथ कामयाबी हासिल करने के बाद भी वे रुके नहीं, थके नहीं। उनके दिमाग़ में एक और आइडिया आया। वे कंपनी की बैठक में जब मद्रास गए थे, तो उन्होंने होटल के बाथरूम में तेल की शीशी देखी थी। मद्रास की दुकानों पर भी आँवला तेल की शीशियाँ मिलती थीं, लेकिन इस तरह का कोई उत्पाद कानपुर में उन्हें नहीं दिखा था। इसलिए उन्होंने आँवला तेल का स्टार्टअप शुरू करने का फ़ैसला किया। 1959 के आख़िरी दिनों में उन्होंने ***ज्योति ब्राह्मी आँवला तेल*** के नाम से अपने घर में बने आँवला तेल को भी बाज़ार में उतार दिया। वह तेल देखते ही देखते बाज़ार में छा गया। अगले पाँच साल तक वे ओके सोप, ज्योति ब्राह्मी आँवला तेल के साथ अन्य चीज़ों का भी बिज़नेस करते रहे।

घर में कुछ पैसे आए, तो उन्हें बेटों की शिक्षा की फ़िक्र हुई। उन्होंने अपने छोटे बेटे दीपक भाई कोठारी को 1961 में पढ़ाई के लिए कानपुर से बाहर भेज दिया। उनका मानना था कि पैसे तो आते-जाते रहते हैं, लेकिन शिक्षा यदि सही समय पर न मिले, तो बाद में पैसों से उसे ख़रीदा नहीं जा सकता।

डूबती कंपनी को फिर खड़ा कर दिया...

एक मशहूर कथन है- ***''यदि आप असामान्य जोखिम लेने को तैयार नहीं हैं, तो आपको सामान्य के लिए समझौता करना होगा।''*** मनसुख भाई भी ऐसा ही सोचते थे। वे अब जोखिम लेने की स्थिति में थे। उन दिनों कानपुर में ***छोटा भाई बीड़ी कंपनी*** अंतिम साँसें गिन रही थी। यह कंपनी उनके दोस्त की थी। मनसुख भाई ने अपने दोस्त से बिज़नेस पर बात की। वे और उनका दोस्त दोनों इस 'डील' से प्रसन्न थे। वर्ष 1964 में मनसुख भाई ने कानपुर शहर में बीड़ी उद्योग में भी निवेश कर दिया। ओके सोप से हो रही कमाई से ऐशो-आराम की ज़िंदगी जीने की जगह मनसुख भाई ने अपनी कमाई का बड़ा हिस्सा छोटा भाई बीड़ी कंपनी में निवेश कर दिया। इसके साथ उन्होंने छोटा भाई बीड़ी के प्रचार-प्रसार का काम भी

किया। ओके सोप के वितरक साथियों के साथ लगातार मुलाक़ात की। ख़ूब–दौड़ धूप की। इसके अच्छे नतीजे भी आए। तक़रीबन एक साल में ही बीड़ी कंपनी मुनाफ़ा कमाने लगी। मुनाफ़ा कम ज़रूर था, लेकिन हो रहा था। मनसुख भाई लंबे समय तक उस कंपनी में पार्टनर के तौर पर जुड़े रहे। उन्होंने एक डबूती कंपनी को फिर खड़ा कर दिया।

बिज़नेस में ख़तरों से घबराते नहीं थे...

मनसुख भाई एक साथ कई बिज़नेस कर रहे थे। कोई भी आसानी से समझ सकता है कि एक साथ कई नावों की सवारी कितनी ख़तरनाक होती है, लेकिन मनसुख भाई तो बिज़नेस में ख़तरों के खिलाड़ी बन चुके थे। ख़तरों को मोल लेना, उनसे जूझना और ख़तरों से पार पाकर कामयाबी प्राप्त करने में उन्हें बहुत आनंद आता था। वे साठे बिस्किट, ओके सोप और ज्योति ब्राह्मी आँवला तेल के साथ–साथ छोटा भाई बीड़ी का बिज़नेस भी कर रहे थे। इन सभी को बाज़ार में नई ऊँचाइयों तक पहुँचाने के लिए दिन–रात एक किए हुए थे।

इसी बीच, थोड़े और पैसे आने पर मनसुख भाई ने पहले तो अपनी बीमा पॉलिसी वापस ली, फिर किराए के एक कमरे के घर में ही ख़ुद का उद्योग लगाने का फ़ैसला किया। घर छोटा था, लेकिन उन्होंने घर नहीं बदला। शारदा बेन उनकी हर तरह से मदद कर रहीं थीं। बच्चों को पालने, घर के कामकाज के साथ वे पति की बिज़नेस में भी पूरी मदद कर रहीं थीं। इसीलिए मनसुख भाई हमेशा कहते थे – **''मेरी कामयाबी में मेरी जीवनसंगिनी का सबसे बड़ा योगदान रहा है। पत्नी को सहयोगी मानें, तो कामयाबी निश्चित है।''**

मनसुख भाई ने 1965 में **'कोठारी केमिकल्स'** की स्थापना की। मनसुख भाई बिस्किट, सोप और बीड़ी के साथ ज्योति ब्राह्मी आँवला तेल भी बेच रहे थे। आँवला तेल के बिज़नेस को करते हुए मनसुख भाई को एक बात और पता चली कि आँवला की जगह लोग नारियल तेल अधिक लेते हैं। नारियल तेल की लागत भी कम होती है और वह बिकता भी अधिक है। इन चीज़ों की जानकारी होने और बाज़ार से मिली सीख के

बाद मनसुख भाई ने अपने अगले नए स्टार्टअप यानी प्रोजेक्ट नारियल तेल की तरफ़ क़दम बढ़ा दिया। उनके पास पैकिंग का सामान, ज़रूरी मशीनें पहले से थीं। बस कच्चे माल की ज़रूरत थी।

नारियल के लिए मनसुख भाई ने व्यापारियों से बात की, तो उनके मित्र बन चुके व्यापारियों ने उन्हें उधार में नारियल देने की पेशकश कर दी। बोतलों की भी व्यवस्था हो गई। ऐसा लग रहा था, जैसे कोई अदृश्य होकर उनकी मदद कर रहा हो। 1965 में मनसुख भाई ने पत्नी शारदा बेन की मदद से **सेवन अप नारियल तेल** का उत्पादन बेहद छोटे स्तर पर शुरू कर दिया। उत्पादन शुरू करने के बाद बारी थी उसे बाज़ार में स्थापित करने की। मनसुख भाई पिछले दो दशकों से बिज़नेस कर रहे थे। अनगिनत बिज़नेसमैन उनके साथी बन चुके थे। सेवनअप बाज़ार में धूमधाम से उतारा गया। इसको लोकप्रिय बनाने के लिए उन्होंने मशहूर फ़िल्म अभिनेत्री हेमामालिनी से मुंबई के अपने मित्रों के ज़रिए संपर्क किया और इस कोशिश में वे कामयाब भी रहे। ***ड्रीमगर्ल हेमामालिनी ने सेवन अप कोकोनट ऑयल का बेहद ख़ूबसूरत विज्ञापन किया।*** उनके घने काले रेशमी बालों को लहराने के अंदाज़ का लोगों पर ख़ासा असर पड़ा। सेवन अप कोकोनट ऑयल कुछ ही दिनों में बाज़ार में हिट हो गया। शुरू में सेवन अप नारियल तेल बिका भी, हालाँकि वह कामयाबी हासिल नहीं कर सका, जिसकी मनसुख भाई को उम्मीद थी, लेकिन मनसुख भाई इससे परेशान नहीं हुए।

सेवनअप को बाज़ार में लाने से मनसुख भाई ने वस्तुओं के प्रचार-प्रसार के नए तरीक़े सीखे। पोस्टर, बैनर लगवाने, जनसंपर्क करने, पुराने बिज़नेसमैन मित्रों से लगातार संपर्क बनाने और रिक्शे में लाउडस्पीकर लगाकर प्रचार करने की कला भी उन्होंने जानी। उन्होंने तय कर लिया कि वे आगे भी स्वतंत्र बिज़नेस ही करते रहेंगे, भले पूरी कामयाबी न मिले। किसी और का माल बेचने से बेहतर अनुभव ख़ुद के बिज़नेस से ही मिलता है। मनसुख भाई को सेवनअप के उत्पादन और विपणन से इतना पता चल गया था कि कोई भी नई चीज़ बाज़ार में लाई जाए, तो उसे बेचना आसान भले न हो, लेकिन असंभव भी नहीं होता है। पर्याप्त समय देकर उसमें मेहनत की जाए और सही दिशा में काम हो, तो कामयाबी मिलनी तय है। उनको घर के साथ बिज़नेस में भी एक अनमोल सहयोगी

मिल चुका था। उनकी पत्नी शारदा बेन ही वे 'अनमोल रत्न' थीं। वे पूरा हिसाब-किताब रखतीं थीं।

पहली कार ख़रीदने की ख़ुशी और फिर...

कड़ी मेहनत के बीच परिस्थितियाँ बदलीं और आमदनी बढ़ी, तो उन्होंने अपने और परिवार के लिए 1966 के आख़िर में एक नई चमचमाती फ़िएट कार ख़रीद ली। फ़िएट लेते ही उनके काम करने की गति बहुत बढ़ गई। उन दिनों कार ख़रीदना किसी सपने के साकार होने जैसा अनुभव हुआ करता था। उनके काम के तरीक़े, उनकी कामयाबी और साठे बिस्किट की लोकप्रियता को देखकर पारले बिस्किट बनाने वाली कंपनी ने 1969 में कानपुर में वितरण के लिए मनसुख भाई को एजेंसी देने की पेशकश की। पारले नाम के हिसाब से साठे बिस्किट से बड़ा ब्रांड था। मनसुख भाई साठे बिस्किट, ओके सोप के साथ अपने स्टार्टअप के उत्पाद सेवनअप पर भी काम कर रहे थे। घर तो बेहतर तरीक़े से चल रहा था, लेकिन इतना नक़द पैसा नहीं था कि वे पारले की एजेंसी ले पाते। पारले कंपनी के प्रस्ताव ने उन्हें दुविधा में डाल दिया। एक तरफ़ पूँजी का अभाव था, जमे जमाए बिज़नेस में निवेश लगा हुआ था और उसे चलाए रखने का दबाव था, तो दूसरी तरफ़ पारले जैसे ब्रांड की एजेंसी को हासिल करने का अवसर था। उन्होंने सोच-विचार कर तय किया कि वे पारले की एजेंसी तो लेकर रहेंगे। भले ही कुछ भी करना पड़े। उनकी आदत भी थी कि वे जिस चीज़ को करने की ठान लेते थे, तो फिर उसे करके ही छोड़ते थे। विज़नरी 'बाबूजी' ने पारले में संभावनाएँ भाँप ली थीं।

यह फ़ैसला करने के बाद उन्होंने अपनी नई फ़िएट कार तुरंत बेच दी। कोई और होता, तो कार नहीं बेचता, भले ही क़र्ज़ ले लेता, लेकिन बिज़नेस में 'बाबूजी' के अपने सिद्धांत थे। **वे जानते थे कि कार तो फिर से ख़रीदी जा सकती है, लेकिन पारले के रूप में आया अवसर फिर नहीं मिलेगा। इसीलिए उन्होंने बिना किसी मोह के कार बेच दी और उससे मिले पैसों को उन्होंने पारले की एजेंसी लेने में लगा दिया।** पारले को भी जैसे कानपुर में मनसुख भाई का इंतज़ार था। मनसुख भाई की साख, उनका बिज़नेस करने का अंदाज़, समय पर माल की उपलब्धता और माल सही

न होने पर वापसी की गारंटी ख़ुद लेने जैसे गुणों के चलते पारले देखते ही देखते बाज़ार में हिट हो गया। अति व्यस्तता के चलते उन्होंने साठे बिस्किट का स्टॉक ख़त्म होने के बाद उसका काम बंद कर दिया। पारले के साथ-साथ मनसुख भाई के गृह उद्योग के उत्पाद भी बाज़ार में धमाल मचा रहे थे। पर्याप्त आमदनी होते ही उन्होंने 1971 में कार फिर ख़रीद ली।

न्यायसंगत बँटवारे में यक़ीन था

मनसुख भाई के निवेश करने के बाद छोटा भाई बीड़ी कंपनी बेहतर करने लगी। इसके बावजूद उन्होंने न तो कंपनी में अपनी साझेदारी ख़त्म की और न ही असली मालिक को अधिक पैसे लेने दिए। वे न्यायसंगत बँटवारे में यक़ीन करते थे। *उन्होंने बीड़ी कंपनी के असली मालिक को यह एहसास भी कराया कि दोस्त के तौर पर स्नेह अपनी जगह है, लेकिन कंपनी में निवेश करके वे उस पर उपकार नहीं कर रहे हैं। यह शुद्ध बिज़नेस का मामला है और डील के हिसाब से मुनाफ़े को आधा-आधा ही रखना दोनों के हित में होगा। उन्होंने कहा कि उनकी कोशिश अपने बिज़नेस कौशल से बीड़ी कंपनी को फिर खड़ा करने की है, लेकिन इस बहाने वे किसी की ज़ागीर हड़पना नहीं चाहते। निवेश से जो आमदनी होगी, उसे वे निश्चित रूप से लेंगे।*

चूँकि मनसुख भाई के साथ कई प्रोडक्ट जुड़े थे। इसलिए अब ज़रूरी हो गया था कि कोई एक ऐसी फ़र्म या कंपनी बनाई जाए, जिसके नाम से सारे कारोबार भी हो सकें और पैसों का हिसाब भी सही रहे। इसके साथ चीज़ें भी व्यवस्थित रहें, ताकि कहीं कोई गड़बड न हो। इसी मंशा के तहत मनसुख भाई ने **'कोठारी सेल्स कॉर्पोरेशन'** की स्थापना की। इस कंपनी की स्थापना का मुख्य उद्देश्य यह था कि सेवनअप नारियल तेल, पारले बिस्किट के बिज़नेस, मार्केटिंग, टैक्स, माल की आमद, खपत, कच्चा माल लाने, बाज़ार में बिके माल के पैसे लेने के काम में आसानी हो सके। प्रचार-प्रसार का काम भी सुगम हो सके।

9

अनूठे ब्रांड 'पान पराग' का आविष्कार

''आने वाले वक़्त की भविष्यवाणी करने का सबसे अच्छा तरीक़ा इसका आविष्कार करना है।''

– एलन कर्टिस के, अमेरिकी कंप्यूटर वैज्ञानिक

सफलता रातों-रात अर्जित नहीं की जा सकती। यह तब संभव होता है, जब आप हर दिन पिछले दिन से थोड़ा बेहतर हो जाते हैं और संपूर्ण प्रक्रिया में यह सब जोड़ते रहते हैं... मनसुख भाई पर यह कथन एकदम सटीक बैठता है। तीन दशक पहले दूर क्षितिज पर कामयाबी की जिस रोशनी का सपना लेकर वे निकले थे, उस मंज़िल तक वे पहुँच चुके थे। समय का चक्र तेज़ी से चल रहा था, जिसमें वे कुंदन की तरह चमक रहे थे। मनसुख भाई के पास अब पर्याप्त पूँजी हो चुकी थी, लेकिन उन्होंने उस पूँजी से अपने या परिवार के लिए ऐशो-आराम के साधन नहीं लिए थे। यहाँ तक कि बंगला भी नहीं बनवाया था, बल्कि वे बिज़नेस को लगातार बढ़ाने के साथ एक नए बिज़नेस की खोज में लगे थे। कामयाबी का शिखर उनका इंतज़ार कर रहा था।

असली तरक़्क़ी के बीज...

वे जिस मकान में किराये पर रहते थे, उसका मारवाड़ी मालिक अपने घर पर सुपारी, कत्था और लवंग (लौंग) मिलाकर एक मिश्रण बनाता था। उसमें तंबाकू मिला कर खाता था। मनसुख भाई और बा मकान मालिक को यह सब करते देखते थे, लेकिन वे कल्पना भी नहीं कर सकते थे कि उनकी असली तरक़्क़ी के बीज उनके ही घर में पड़े थे।

एक घटना ने बदल दी तक़दीर...

एक दिन की बात है, 'बाबूजी' पान की एक दुकान पर गए। दुकान पर बहुत ज़्यादा भीड़ थी। 'बाबूजी' ने पान के दुकानदार से सिगरेट माँगी। दुकान पर पान खाने वालों की थोड़ी भीड़ थी... दुकानदार पान लगाने में व्यस्त था, सो उसने अनसुना कर दिया। दरअसल, उस ज़माने में दुकानदार को सिगरेट के शौक़ीनों से अधिक पान के शौक़ीनों की फ़िक्र रहती थी। पान के शौक़ीन एक पान खाते थे, दो से लेकर चार–पाँच तक बँधवा ले जाते थे। पान के क़द्रदानों की दुकानदार क़द्र इसलिए भी करते थे, क्योंकि पान के ग्राहक नियमित और पारिवारिक लोग होते थे, जो न केवल पान खाते थे, बल्कि वहीं खड़े होकर देश–दुनिया से लेकर आस–पड़ोस तक की बातें भी करते थे। पान की हर दुकान का अलग ज़ायक़ा होता था। पान के शौक़ीन अपनी पसंदीदा पान की दुकान से ही पान खाते थे, लेकिन सिगरेट–बीड़ी ख़रीदने वाले कहीं से भी ख़रीद कर पीते थे। उनका किसी एक दुकान से कोई लगाव नहीं होता था।

पान के दुकानदार की ओर से इस तरह 'इग्नोर' करना मनसुख भाई को खल गया। मनसुख भाई ने अपनी बात की अनसुनी होने पर दुकानदार से फिर सिगरेट माँगी...। उन्होंने सीधे–सीधे क्रोध तो प्रकट नहीं किया, लेकिन बड़ी चतुराई से अपनी नाराज़गी ज़रूर जता दी। उनका स्वर भी सामान्य से थोड़ा तेज़ था। इस बार दुकानदार ने सिगरेट तो दिया, लेकिन देखा ऐसे मानो कोई अहसान कर रहा हो...। मनसुख भाई ने सिगरेट ली और सुलगाने के बाद मन ही मन कुछ सोचते हुए घर की तरफ़ निकल पड़े... वास्तव में यह वाकया मनसुख भाई के दिल में चुभ गया था, लेकिन

उन्होंने अपने गुस्से को किसी तरह पी लिया। अचानक 'बाबूजी' को गुस्से में एक आइडिया आ गया... ''**'बाबूजी' कमाल की शख़्सियत थे। उनका दिमाग़ सामान्य आदमी से बिलकुल अलग चलता था। 'बाबूजी' ने पान के दुकानदार पर गुस्सा करने की जगह उस दुकान से वह आइडिया निकाल लिया, जो उनकी बुलंद इमारत के लिए मील का पत्थर साबित हुआ।''**

'बाबूजी' लौटते वक़्त रास्ते में सोचने लगे कि... **अगर पान का कोई विकल्प हो जाए, तो ग्राहकों की भीड़ का रुख अपनी तरफ़ मोड़ा जा सकता है...।** बस यही वह बिंदु था, जिसने उनके जीवन में सबसे बड़ा बदलाव किया। घर लौटे तो जीवनसंगिनी शारदा बेन के साथ दिल की बात साझा की।

मनसुख भाई – ''सुनो...।''

बा – ''हाँ... क्या हुआ?''

मनसुख भाई – ''हम अगर पान का विकल्प बनाएँ, तो कैसा रहेगा..?''

बा चौंकते हुए बोलीं... ''क्या...? पान का विकल्प? यह क्या है..मैं कुछ समझी नहीं...।'' इस तरह बा ने अपने पाले में आई गेंद को फिर पति मनसुख भाई के पाले में डाल दिया...।

मनसुख भाई ने विस्तार से बा को पूरी बात बताई और कहा कि अब जो भी हो जाए, पान का विकल्प बनाना ही है...चमकती हुई आँखों से उन्होंने कहा – ''...और सुनो पान का विकल्प हम बना पाए ना, तो देखना दिन बदल जाएँगे...।''

तमाम विपरीत परिस्थितियों को झेल चुकीं शारदा बेन को पति का विचार अच्छा लगा, लेकिन अब **सवाल यह था कि पान का विकल्प क्या हो, कैसे बने? इससे भी बड़ी बात कि क्या पान खाने वाले उस विकल्प को स्वीकार करेंगे? पान का विकल्प बनाने में होने वाले ख़र्च के लिए पैसे कहाँ से आएँगे...?**

मनसुख भाई असंभव को संभव करने की कला जानते थे। उन्होंने पत्नी शारदा बेन के साथ क़दम मिलाए। टेस्ट दर टेस्ट किए और आख़िर

में परिणाम यह निकला कि फ़ॉर्मूला हिट हो गया। कहानी शानदार हो, तो फ़िल्म का हिट होना तय होता है। पान जेब में हो, कहीं भी मिल जाए, कभी भी खाया जा सके, महीनों रखा जा सके, तो कहने ही क्या। ऐसा प्रोडक्ट तो हिट होना ही था।

किसी सपने को देखना और उसे साकार करना दोनों अलग-अलग बातें हैं। सपने हर कोई देख सकता है और देखता भी है, लेकिन कामयाब वही होते हैं, जो सपनों को साकार करना जानते हैं। ***इसी धारा के तहत उनके जीवन में तीसरा टर्निंग प्वाइंट तब आया, जब उन्होंने 'पान पराग' को शुरू करने का मन बनाया।*** उन्होंने अपने जीवन के पूरे अनुभव को उसमें लगा दिया। वे पान मसाले की खोज में लग गए। पान मसाले के लिए उन्होंने दिन-रात मेहनत की।

इस क्रम में महीनों लगे। अथाह मेहनत लगी, लेकिन जो फ़ॉर्मूला निकला, वह हिट हो गया। 'पान पराग' हर बारात के स्वागत में सबसे पहले आने लगा... 'पान पराग' शान बन गया... महफ़िलों की जान बन गया...। लेकिन क्या 'पान पराग' की कहानी इतनी ही सरल सीधी है, जितनी दिखती है? नहीं... बिलकुल नहीं। एक परंपरा का निर्माण, एक स्वाद की खोज एक लंबी साधना की तरह होते हैं... इसके लिए डूबना होता है, खपना होता है, तपना होता है, क्योंकि इतिहास गवाह है कि कोई भी कामयाबी किसी को अचानक नहीं मिलती, बल्कि उसके पीछे लंबे संघर्ष, कड़ी मेहनत और नाकामयाबियों की एक लंबी श्रृंखला होती है। मनसुख भाई भी इसका अपवाद नहीं थे। उनके मन में कुछ नहीं, बल्कि बहुत कुछ चल रहा था। उनके दिल-ओ-दिमाग़ पर महान वैज्ञानिक न्यूटन जैसे व्यक्तित्व हावी थे। उन्हें भी लगता था कि एक न एक दिन उनके भी जीवन में ऐसा वक़्त आएगा, जब सब कुछ बदल जाएगा और उनके पास भी दुनिया के सारे ऐशो आराम की चीज़ें उपलब्ध होंगी। ख़ूब पैसा होगा और उनकी पहचान देश के गिने-चुने नामचीन लोगों में होगी।

कहते हैं कि ***लहरों से डरकर नौका कभी पार नहीं होती और कोशिश करने वालों की कभी हार नहीं होती।*** इसी बात को 'बाबूजी' ने जीवन में हक़ीक़त में बदल दिया। वे हमेशा सोचा करते थे कि उनके भी जीवन में

ज़रूर वक़्त कभी ऐसी करवट लेगा कि देखते ही देखते उनके जीवन की दशा और दिशा दोनों बदल जाएँगी।

वे जानते थे समय होगा सबसे क़ीमती संसाधन...

मनसुख भाई में ग़ज़ब की दूरदर्शिता थी। उन्होंने सोचा कि ***''अगर पान लगाने की बजाय यदि कोई बना बनाया पान पहले से ही मौजूद हो, तो इस तरह से लोगों के व्यर्थ होते समय को बचाया जा सकता है। चूँकि वे जानते थे कि भविष्य में समय ही सबसे क़ीमती संसाधन होगा।''*** तब उन्होंने सपने में भी नहीं सोचा था कि उनका यह आइडिया आगे चलकर पान पसंद करने वालों के लिए इतना मज़बूत विकल्प बन कर उभरेगा और पान मसाला उद्योग का आधार बनेगा। मनसुख भाई को इस आइडिया ने बेचैन कर दिया।

मनसुख भाई बड़ी उधेड़बुन में थे। वे सोचते थे कि किसी से अपने आइडिया को 'शेयर' किया, तो लोग कैसे 'रिएक्ट' करेंगे। क्या कोई उनकी बात को गंभीरता से लेगा या लोग मज़ाक़ बनाएँगे। इस तरह के मिश्रण से इतर तब के ज़माने में लोग 'मैनपुरी तंबाकू' या 'मैनपुरी' को पहचानते थे। मैनपुरी की सबसे बड़ी ख़ूबी सुगंध होती थी। घंटाघर चौराहे पर छोटी–छोटी दुकानों में पीतल की थालों में लाल कपड़ों के नीचे वह मिश्रण रखा जाता था, ताकि उसकी सुगंध और उसकी ख़ासियत क़ायम रहे। वह मिश्रण या मैनपुरी तंबाकू आस–पास के लोगों और परिचितों को बेचा जाता था। लोग वह मिश्रण लेते थे और उसमें चूना मिलाकर खाते थे, लेकिन लोगों को पान का टुकड़ा और चूना अलग से लेना पड़ता था।

आसान नहीं था पान का विकल्प बनाना...

इस नए आइडिया को लेकर मनसुख भाई की रातों की नींद हराम हो गई थी। ऐसे ही कुछ दिन बीते थे कि अचानक एक रात मनसुख भाई की नींद टूट गई, दोबारा नींद ही नहीं आ रही थी। पान का विकल्प बनाने की धुन उन पर धीरे–धीरे फिर हावी हो गई। पहले तो वे बेचैनी में टहलते रहे,

फिर उनसे न रहा गया, तो उन्होंने अपनी पत्नी को जगाया। पत्नी से पान का विकल्प बनाने की बात कही...

मनसुख भाई – ''सुनो... बड़ी उलझन सी है... दिमाग़ में पान का विकल्प बनाने की बात ही गूँज रही है... नींद ही नहीं आ रही है... तुम साथ दो तो कल से ही काम शुरू कर देते हैं... देखते हैं... कुछ तो होगा...।''

बा – ''अरे... आप तो नाहक ही इतने परेशान हो रहे हैं...'' थोड़ा झुँझलाते हुए बा ने कहना जारी रखा... ''यह भी कोई सोचने की बात है... नींद क्यों ख़राब कर रहे हैं... सुबह तो होगी न... तो सुबह देख लेंगे...।''

मनसुख भाई – ''नहीं... सुबह नहीं... और देखना क्या है... कल से काम शुरू करना है...।''

बा ने बात को ख़त्म करने के लिए कहा – ''ठीक है... कल से शुरू करना है न... अभी से तो नहीं... तो फिर अभी सो जाइए... सुबह इस पर बात करेंगे...।'' यह कहते हुए बा ने करवट बदल ली।

सुबह जब बा की आँख खुली, तो वे यह देख कर चौंक गईं कि मनसुख भाई तो नहा धो कर तैयार हो चुके हैं...।

बा– ''अरे इतनी जल्दी तैयार हो गए...।''

मनसुख भाई – ''क्या करूँ... रात को नींद ही नहीं आई... दिमाग़ में पान का विकल्प और उस पान वाले की दुकान घूमती रही...।''

बा – ''ठीक है... सुनिए... नाश्ता बना देती हूँ... कर लीजिए... फिर बाज़ार जाकर सामान ले आइए...।''

सामान? मनसुख भाई ने चौंकते हुए ऐसे कहा मानो उनकी बात को समझा न गया हो...

मनसुख भाई – ''कौन सा सामान... अरे घर पर कत्था, सुपारी, सरौता और चुनौटी (चूना रखने की डिब्बी) है, तो चलो उसका मिश्रण बनाना शुरू करते हैं...।'' वे इस तरह बोल रहे थे जैसे बच्चे किसी काम को करने की बात करते हैं...।

बा – ''मिश्रण बनाना बच्चों का खेल नहीं है... आप तो सिगरेट पीते हैं...आपको क्या पता कि मिश्रण कैसे बनाया जाता है... मैं जो सुपारी,

कत्था, लौंग काट कर देती हूँ, उसे आप खा लेते हैं... कभी सुपारी तक तो काटी नहीं... बस पान खाना जानते हैं... कभी बनाया थोड़े न है...।''

मनसुख भाई जानते थे कि पत्नी सही कह रही हैं, लेकिन वे बा की बातों को काटते हुए बोले... ''ठीक है... इसमें बहस की ज़रूरत नहीं... तुम बनाना जानती हो, तो बनाओ, मैं देखूँगा... फिर मैं बनाऊँगा भी... लेकिन आज मिश्रण बनाना ही है, चाहे कैसे भी हो...।'' पति का जुनून देख बा को समझ आ गया था कि मनसुख भाई अब तय कर चुके हैं, तो उन्हें रोक पाना असंभव है...।

इस तरह अगले दिन से पति-पत्नी ने मिल कर पान के विकल्प पर काम शुरू कर दिया। मिश्रण बनाने का काम पहले दिन तो सुबह ही हुआ... लेकिन बाद में मनसुख भाई अपने दूसरे कामों के लिए घर से यह कहकर निकल जाते थे कि तुम बनाओ मैं रात को आकर देखूँगा...।

और रात को घर लौटते, तो पहले मिश्रण के बारे में पूछते, तब जाकर खाने पर बैठते।

चूँकि वे ख़ुद पान खाने और सिगरेट पीने के शौक़ीन थे, इस कारण पान के विकल्प के लिए ज़रूरी सामग्री पहले से ही घर की अलमारी में मौजूद थी। यह अलग बात है कि बा ही पान बनातीं थीं... मनसुख भाई केवल खाते थे...। दरअसल, उस ज़माने में ही नहीं, बल्कि सदियों से भारतीय संस्कृति में पानदान रखने की परंपरा रही है। बड़े लोग तो चाँदी का पानदान रखते थे। उसमें सुपारी, कत्था, लौंग-इलाइची और सरौता होता था। इसी तरह की व्यवस्था मनसुख भाई के घर पर भी थी। उन्होंने उसमें से एक-एक करके सभी ज़रूरी चीज़ों का चूर्ण बनाना शुरू किया। लवंग, इलाइची, पान, सुपारी, कत्था आदि का उन्होंने कई बार अलग-अलग मिश्रण बनाया। उनके इस काम में बा ने भी सहयोग करना शुरू किया। वे जब मिश्रण बना रहे थे, तो उनके चेहरे पर ख़ुशी देखने लायक़ थी। वे मन में इतने ख़ुश थे मानो कोई ख़ज़ाना तलाश रहे हों... जो उन्हें मिलने ही वाला हो...। उन्होंने कई बार यह कार्य किया, लेकिन मनचाही कामयाबी से अभी वे दूर थे। वे जैसा चाह रहे थे, उस तरह का परिणाम उन्हें नहीं मिल रहा था।

हर बार लंबी मेहनत के बाद मनसुख भाई और उनकी पत्नी पान के विकल्प के मिश्रण को चखते और उसमें महसूस हुई कमियों को दूर करने का प्रयास करते। कभी स्वाद में कुछ कमी रह जाती, तो कभी पान मसाले में नमी की मात्रा अधिक होती। कभी-कभी तो मिश्रण में भी कुछ कमी खटकती, फिर भी मनसुख भाई का परिवार अनोखा था। कभी न हार मानने वाला। कभी न निराश होने वाला। पूरा परिवार तमाम नाकामयाबियों के बावजूद हर मौक़े पर मनसुख भाई के इस नए कुटीर उद्योग या गृह उद्योग (जिसे आजकल की भाषा में 'स्टार्टअप' भी कहा जाता है) के साथ खड़ा दिखता था। मनसुख भाई का दिन अपने पुराने व्यवसाय में गुज़रता, तो सारी रात उस अनूठे फ़ॉर्मूले की तलाश में बीता करती थी, जिसका अभी उदय भी नहीं हुआ था। उसमें अभी अंकुर भी नहीं फूटा था। उनका पूरा परिवार भी इसमें जुटा था। कोई मिश्रण बनाता, तो कोई उससे संबंधित अन्य कार्यों को पूरा करता। यहाँ कामयाबी की इबारत लिखी जा रही थी। **जिस तरह से यह दंपती 'एक साथ-एक सोच' को लेकर चल रहे थे, उसे देखकर ही निश्चित था कि कामयाबी आस-पास ही है**, हालाँकि यह किसी को नहीं पता था कि कामयाबी कैसे मिलेगी और कितने समय बाद मिलेगी, इन सवालों के जवाब से अनजान मनसुख भाई अपनी धुन में हर रात बा के साथ इस मिशन में लगे रहते थे।

दिलचस्प थी ख़ुशबू की तलाश...

इस बीच, मनसुख भाई को एक बात और पता चली कि मैनपुरी में ख़ुशबू भी होती है। एक दिन वे मैनपुरी मिश्रण बेचने वाले के पास घंटाघर पहुँचे। उससे पूछा- ''भाई यह बताओ कि इसमें जो ख़ुशबू है, वह कहाँ मिलती है... कैसे मिलाते हो... या मिली मिलाई आती है।'' मैनपुरी बेचने वाले ने उन्हें टरकाने के लिए बोल दिया कि वह ख़ुशबू कन्नौज से आती है। बस, मनसुख भाई ने तय कर लिया कि वे कन्नौज जाएँगे और ख़ुशबू लेकर आएँगे।

एक दिन मनसुख भाई ने बा से कहा -'' सुनो मैं कल कन्नौज जाऊँगा...।''

मनसुख भाई बात पूरी कर पाते, इससे पहले ही बा बोल पड़ीं – ''अरे... क्यों? कन्नौज क्यों...?''

मनसुख भाई – ''अरे भाई... मिश्रण में ख़ुशबू भी तो होनी चाहिए... जानती हो पान वाला अनेक क़िस्म की ख़ुशबू पान में डालता है...मैनपुरी वाला भी ख़ुशबू डालता है... और वह ख़ुशबू कन्नौज में मिलती है... इत्र की नगरी है... मैं वहाँ जाऊँगा... और सबसे बेहतर ख़ुशबू लेकर आऊँगा... तब देखना हमारा मिश्रण हिट न हो तो कहना...।'' इस तरह मनसुख भाई ने उत्साह में भरकर ख़ुश होते हुए पूरी बात बा से कह डाली। बा भी जानती थीं कि मनसुख भाई बहुत ज़िद्दी हैं। वे जो तय कर लेते हैं, उसे करके ही दम लेते हैं, तो बा ने इस पर केवल हाँ कहते हुए अपनी सहमति जता दी।

अगले दिन मनसुख भाई सारे काम छोड़ कर कन्नौज के लिए निकल गए। कई दुकानों में घूमे, ख़ुशबू के चक्कर में कई लोगों से बात की। कई पान वालों से भी बात की, पर उन्हें बहुत कुछ समझ नहीं आया। मनसुख भाई जब कभी दुविधा में होते थे या कहीं उन्हें कुछ समझ नहीं आता था, तो वे अपने पिता की उस बात को याद रखते थे, जिसमें उनके पिता ने कहा था कि तुम सबसे महँगे और सस्ते के बीच का अंतर देखो, गुणवत्ता देखो और फिर भरोसा अपने दिल पर करो, यानी मन की सुनो। मनसुख भाई की नाक का तो इस मामले में कोई जवाब ही नहीं था। उन्हें भगवान ने सूँघने की विलक्षण शक्ति दी थी। मनसुख भाई कई बार कहा भी करते थे, ''हल्की सी ख़ुशबू भी मुझे तुरंत पता चल जाती है।'' बा भी उनकी नाक की क़ायल थीं।

मनसुख भाई ने कई दुकानों में घूमने के बाद पान की एक दुकान पर पान खाया, फिर उसमें से ख़ुशबू को महसूस किया और फिर इत्र की एक दुकान पर जा पहुँचे।

मनसुख भाई इत्र के दुकानदार से – ''क्या खाने और लगाने की ख़ुशबू अलग-अलग होती है?''

इत्र वाला – ''हाँ, बिलकुल।'' फिर उसने 'बाबूजी' को विस्तार से समझाया कि दोनों में क्या अंतर होता है।

मनसुख भाई – ''भाई साहब आपकी दुकान में जो खाने वाले इत्र हैं, उनमें जो सबसे विशेष हो, वह इत्र दिखाइए...।'' इत्र वाले ने उन्हें कई ख़ुशबू के इत्र दिखाए, पर उन्हें कोई समझ नहीं आया, लेकिन एक ख़ुशबू उन्हें सबसे अलग लगी और वे उसे लेकर कानपुर वापस लौट आए...।

घर आकर मनसुख भाई ने बा को पूरी बात बताई और चहकते हुए कहा – ''इस इत्र को अपने मिश्रण में डालेंगे, फिर देखना इसका कमाल...।''

उन्होंने अपने मिश्रण में कन्नौज से लाए इत्र को डाला, फिर ख़ुद खाया, तो झूम उठे। उन्हें उसका स्वाद बहुत बेहतर लगा। बा को भी उन्होंने खाने को कहा। बा ने भी मिश्रण की तारीफ़ की, तो मनसुख भाई को अपनी पसंद पर संतोष हुआ। इस तरह पहली बार उन्होंने अपने मिश्रण में ख़ुशबू मिलाई और उसे जब अपने जानने वालों को खिलाया, तो सबने तारीफ़ की। इससे मनसुख भाई का हौसला बढ़ा। इस तरह लंबे संघर्ष के बाद आख़िरकार वह दिन आ ही गया, जब अच्छे मिश्रण और ख़ुशबू के साथ एक स्वादिस्ट पान मसाले का फ़ॉर्मूला बनकर तैयार हो चुका था। मनसुख भाई और बा तमाम मेहनत के बाद पहले उस मसाले को खाते और जब संतुष्ट हो जाते, तो पैकिंग करके बाज़ार में ले जाने की तैयारी करते, लेकिन एक संतोषजनक नुस्ख़ा तैयार हो जाने के बावजूद बाज़ार का डर उनके अंदर भी था। किसी भी नई चीज़ को बाज़ार क्यों स्वीकार करेगा? कैसे बिकेगा? लोग पसंद करेंगे या नहीं? मनसुख भाई बाज़ार के माहिर खिलाड़ी बन चुके थे, इसलिए वे बाज़ार की बारीकियों को बहुत बेहतर तरीक़े से जानते थे, लेकिन फिर भी वे हर पहलू पर विचार कर रहे थे।

शुरू में मुफ़्त में बाँटा, पर हताश नहीं हुए...

जो उनके हाथ में था, उसके लिए पूरा परिवार दिन-रात एक किए हुए था, लेकिन अब बात बाज़ार के हाथ में थी। बाज़ार की नब्ज़ पकड़ने के लिए **उन्होंने दुकानों में अपने इस नए नुस्ख़े को मुफ़्त में बाँटने का फ़ैसला किया, लेकिन इससे भी वह परिणाम नहीं निकला, जिसकी उन्हें उम्मीद**

थी। लगभग सभी दुकानदारों ने उनके इस नए नुस्ख़े को नकार दिया, लेकिन मनसुख भाई बाज़ार के ठंडे रुख से निराश नहीं हुए। जीवन संघर्ष को चुनौती के रूप में लेने वाले मनसुख भाई से इस तरह से निराश हो जाने की उम्मीद भी नहीं थी। उन्होंने अपने प्रयासों को जारी रखा। अपने नुस्ख़े पर नए–नए तरीक़े से 'एक्सपेरिमेंट' करते रहे। वे ख़ुद बेहतर ख़ुशबू की खोज में अक्सर इत्र नगरी कन्नौज जाते थे। वहाँ से संदल (चंदन) और गुलाब के साथ केवड़ा का लिक्विड लाते थे। इसके बाद सभी चीज़ों को मिलाकर उनका मिश्रण बनाते, उसे चखते और जब स्वाद ख़ुद को भाता, तो उसकी पैकिंग में लग जाते। सारी रात इस तरह से नुस्ख़े और पैकिंग पर काम होता था। दिन में उसे पान की विभिन्न दुकानों पर अक्सर बदल–बदल कर कुछ पुड़िया मुफ़्त में और बाक़ी बिक्री के लिए वितरित कर दिया करते थे, लेकिन नतीजा वही ढाक के तीन पात ही होता, फिर भी मनसुख भाई ने न तो अपने प्रयासों में कोई कमी आने दी और न ही अपने भरोसे में।

'बाबूजी' का यह अटूट भरोसा उनके इस विचार से ओत–प्रोत था कि ***''कामयाबी के दरवाज़े का आकार बहुत छोटा होता है, पर उसका आँगन बहुत बड़ा होता है। उसमें प्रवेश करने के लिए अनगिनत प्रयास करने होते हैं, धीरज रखना होता है। बस,एक बार दरवाज़े के अंदर पहुँच जाएँ, तो फिर आगे बढ़ने के लिए अपार संभावनाएँ मिलने लगतीं हैं और खुले रास्ते मिलने लगते हैं।"*** वे इसी भरोसे के साथ कामयाबी के लिए लगातार मेहनत करते जा रहे थे। वे बहुत दिनों तक पान की एक के बाद दूसरी, दूसरी के बाद तीसरी दुकान पर अपने पान के मिश्रण को देते रहे, परंतु उन्हें कहीं से कोई अच्छा 'रिस्पांस' नहीं मिल रहा था। कोई बड़ा ऑर्डर नहीं मिल रहा था, कोई दुकानदार उत्साह भी नहीं बढ़ाता था। दुकानदारों का कहना था कि उनके प्रोडक्ट की बाज़ार में कोई डिमांड ही नहीं है, लेकिन मनसुख भाई हार मानने को तैयार नहीं थे।

मनसुख भाई इसी तरह अपने 'ड्रीम प्रोजेक्ट ' को लेकर बहुत दिन तक लगे रहे। बहुत से दिन और बहुत सी रातें रेडीमेड पान मसाले का

मिश्रण बनाते–बनाते और मुफ़्त में देने में बीत गए। घर की पूँजी भी उसमें ख़र्च होती चली गई। नौबत क़र्ज़ लेने जैसी आ गई, लेकिन नज़दीकी लोगों की बेरुखी, पारिवारिक ज़िम्मेदारियों और उनके नैतिक मूल्यों ने क़र्ज़ लेने से उन्हें हमेशा रोके रखा।

ऐसे ही एक रात, लगभग आधी रात का समय था, उनकी नींद टूट गई। वे उठकर अचानक टहलने लगे। ऐसे लगा जैसे उनके लिए सुबह हो गई और वे घर की चहारदीवारी के अंदर ही मार्निंग वॉक कर रहे थे। अंदाज़ फ़िल्मों जैसा ही था, वे अपने में ही बुदबुदा रहे थे कि जैसे विचारों की बाढ़ आ गई हो।

कहाँ हमसे चूक हो रही है?
क्या मैं सही रास्ते पर नहीं चल रहा हूँ?
अगर मैं नाकामयाब हो गया, तो क्या होगा?
क्या मेरी जगहँसाई होगी।

ऐसे न जाने कितने विचारों के भँवर में फँसे मनसुख भाई को पहली बार अपने आइडिया पर गुस्सा आ रहा था और उस पर संदेह भी होने लगा था। खटके के कारण बा भी उठ गईं थीं और बा पति को देख भी रहीं थीं। आज उनका मन न तो पान मसाले के सामान में लग रहा था और न ही मिश्रण और पैकिंग के काम में। अमूमन ऐसा होता नहीं था। उस दिन 'बाबूजी' अपने 'ड्रीम प्रोजेक्ट' को लेकर कुछ ज़्यादा ही परेशान थे। उनके मन में था कि कुछ अपना और बड़ा करना है। उन्होंने जो सपना देखा था, उसे किसी भी तरह साकार करना है। देखा जाए, तो मनसुख भाई का संघर्ष दो तरफ़ा होता था– एक संघर्ष तो वे अपने प्रोडक्ट के लिए किया करते थे और दूसरे उसकी राह में आने वाले निराशाजनक और विपरीत विचारों को भगाने के लिए भी ख़ुद जूझते थे। आख़िरकार, एक समय ऐसा भी आया, जब उन्होंने मन से अपने नाकामयाब होने या नुक़सान होने के डर को निकाल फेंका। उन्होंने अपने प्रोडक्ट पर कार्य जारी रखने का फ़ैसला किया। वे अक्सर कहा करते थे कि **''जब उनके विचार उन्हें संदेह और अविश्वास की तरफ़ धकेलते हैं, तो वे उस वक़्त निराश होने के बजाय दिल की सुनते हैं। वे पहले से अधिक ऊर्जा और**

लगन के साथ कार्यों के प्रति समर्पित हो जाते हैं।'' वे ख़ुद को ऐसा महसूस कराते थे, जिससे नकारात्मक बातें दोबारा उनके दिमाग़ में घर न कर सकें। वे अपने अंदर की सारी नकारात्मकता को ख़ारिज कर चुके थे। वे अपने प्रोजेक्ट को आगे बढ़ाने के निर्णय पर अडिग थे, उन्हें ऐसी आवाज़ उनके अंतर्मन से आ रही थी कि वे सही ट्रैक पर हैं और उन्हें निश्चित रूप से कामयाबी मिलेगी।

''हम...म...म...। छोड़ो यार... जो होगा, देखा जाएगा... कामयाबी मिलेगी कैसे नहीं... देखता हूँ...।'' इसी तरह के कई शब्द बुदबुदाते हुए मनसुख भाई ने ख़ुद को न केवल मज़बूती प्रदान की, बल्कि दिलासा भी दे दिया। इसके बाद उनके चेहरे के भाव ही बदल गए।

कामयाबी की आहट...

जो 'बाबूजी' कुछ देर पहले बेचैनी से टहल रहे थे, अब सामान्य और ख़ुशमिज़ाज नज़र आने लगे थे। उन्होंने फिर मुड़कर नहीं देखा, अब उनका यह कार्य नुक़सान और पूँजी की चिंता की जगह शौक़ बन चुका था। कहते हैं **''जहाँ चाह, वहाँ राह।''** यही भाव उनके जीवन में बदलाव लाने के लिए दस्तक देने लगा था। उसके बाद से जब भी कभी नकारात्मक भाव आते, निराशा घेरने लगती, तो वे उसे नए अवसर के रूप में लेते थे। उन्हें लगता था कि उनके लिए कामयाबी का कोई न कोई मार्ग उनका इंतज़ार कर रहा है। ये शब्द और विचार उनके जीवन के पसंदीदा बन चुके थे। वे इन्हें बार-बार दोहराया करते थे। इन्हीं बातों और सकारात्मक ऊर्जा का प्रभाव यह था कि धीरे-धीरे ही सही, लेकिन अब उनके प्रोडक्ट यानी मिश्रण की माँग बाज़ार में होने लगी थी। वह थोड़ी बहुत मात्रा में बाज़ार में बिकने लगा था, इसलिए अब 'बाबूजी' ने अपने प्रोडक्ट को मुफ़्त में देना बंद कर उसकी बिक्री शुरू कर दी।

'बाबूजी' अक्सर हँसी-मज़ाक़ में अपने दोस्तों के बीच कहा करते थे कि **''कामयाबी हर किसी के हिस्से थोड़े न आती है और वैसे कामयाबी किसी की बपौती भी नहीं होती है।''** अपने वाक्य को आगे बढ़ाते हुए वे तुरंत यह भी जोड़ा करते थे कि **''जब लोग थका सा महसूस करते हैं,**

अपने ही काम पर अविश्वास करने लगते हैं, हार मानने लगते हैं, तो ऐसे माहौल में उन्हें कामयाबी मिलनी मुश्किल हो जाती है, लेकिन जब कोई आदमी इन बातों को अपने अंदर से निकाल फेंकता है। उसे लगने लगता है कि वह कामयाबी से सिर्फ़ चंद क़दमों की दूरी पर खड़ा है, तो मंज़िल भी उसके क़दम चूमने के लिए बेताब हो जाती है।''

वे अब पान की दुकानों पर नए उत्साह और ऊर्जा के साथ जाने लगे थे। हर दिन वे दुकानदारों से कहा करते थे कि आज का उनका पान मसाला बिलकुल अलग है, स्वाद और सुगंध में बेजोड़ है। यदि आप इसे खाते हैं, तो यह आपके जीवन में 'नई ताज़गी' देने वाला साबित हो सकता है। ऐसा विश्वास उन्हें ख़ुद भी था और यही बात वे अपने ग्राहकों और दुकानदारों से भी कहा करते थे। यही वह अवसर था, जब एक लेज़ेन्डरी ब्रांड का आगमन होने वाला था। **लंबे संघर्ष और तमाम उतार–चढ़ावों के बाद वास्तविक रूप से उनके जीवन को भी एक 'नया सवेरा, नई ऊँचाई' मिलने वाली थी और सवेरा भी कुछ ऐसा था कि उसे देखते ही बरबस दिल से आवाज़ निकल जाए, 'धूम मचा दे, रंग जमा दे'।**

वे अक्सर कहा करते थे, **''ज़िंदगी की कठिन घड़ी में, अपने संघर्ष के समय में जब हम अपने को असहाय और नाकामयाब महसूस करते हैं, उस समय सबसे महत्त्वपूर्ण होता है कि हम किसी भी स्थिति में अपने मनोभावों को ज़ाहिर न होने दें, बल्कि अपनी टीम और क़रीबी लोगों से पूरी तरह नम्र व्यवहार करें, क्योंकि वे ही आपकी असली ताक़त होते हैं।''**

कहते हैं कि संघर्ष की रात जितनी ज़्यादा अंधेरी होती है, कामयाबी का सूरज उतना ही तेज़ चमकता है। यह बात 'बाबूजी' के जीवन में सच साबित होने वाली थी। इस सच का सवेरा तब हुआ, जब पहली बार उन्हें पान की एक दुकान से उनके बनाए पान मसाले का ऑर्डर मिला।

एक दुकानदार ने कहा – ''मनसुख भाई जो पुड़िया है, उसकी सप्लाई दे दो... यार, कई लोग उसे माँगने आ चुके हैं... एक–दो लोग तो यह भी पूछ चुके हैं कि यह बनाता कौन है...। यार, अब तुम्हारे मिश्रण की

माँग हो रही है, तो ऐसा करो कम से कम 20-25 पुड़िया बनाकर कल ही दे दो... ग्राहक ख़ाली हाथ लौटें, यह ठीक नहीं है...।'' मनसुख भाई उसकी बातों के एक-एक शब्द को ध्यान से सुनते रहे। समझते रहे। कई रातों और दिनों की तपस्या के बाद ये वे शब्द थे, जिनको सुनने के लिए मनसुख भाई के कान तरस रहे थे।

जैसे ही उन्हें पहला ऑर्डर मिला, वे छोटे बच्चे की तरह चहक गए, हालाँकि दुकानदार के समक्ष वे संजीदा बने रहे। उनकी ख़ुशी का कोई ठिकाना नहीं था। वे तुरंत घर की तरफ़ भागे और अपनी अर्द्धांगिनी को यह ख़ुशख़बरी सुनाई, जो उनके साथ दिन-रात इस मिशन में क़दम-क़दम पर सहभागी बनीं थीं।

मनसुख भाई - ''सुनो... सुनो... अरे, जल्दी आओ... जब काम की बात होती है, तब जल्दी आया करो...।''

घर के कामों में लगीं बा ने पति को कई दिनों बाद इस तरह चहकते हुए देखा था, तो वे सारे काम छोड़कर उनके पास आ गईं...।

मनसुख भाई - ''सुनो..., हमारे मिश्रण की डिमांड आई है... अब जल्दी से पहले मिश्रण बनाओ, फिर बाक़ी काम करना... लाओ सामान...'' इतना कहते हुए वे ख़ुद सामान लेने के लिए घर के एक कोने की तरफ़ चले गए... बा उनको देखती रह गईं, फिर बा जैसे नींद से जागीं...। बा ने भी सामान एक जगह रखा और पति-पत्नी दोनों मिश्रण बनाने में लग गए। वैसे तो दोनों मिलकर रोज़ ही पान मसाला बनाया करते थे और रोज़ाना मुफ़्त में पान की दुकानों पर रख कर आते थे, लेकिन आज की बात कुछ और थी। दोनों ने मिलकर लगभग आधे दिन में 20 पुड़िया तैयार कर दीं। बा को कुछ सूझा, तो उन्होंने एक सवाल कर दिया...।

बा - ''सुनिए... इसकी क़ीमत क्या रखेंगे... कितने की बिकेगी पुड़िया...?''

मनसुख भाई अचानक सोच में पड़ गए। उन्होंने मिश्रण तो बना लिया था, लेकिन क़ीमत के बारे में तो सोचा ही नहीं था, फिर कुछ सोचकर बा से बोले...।

मनसुख भाई – ''मैं सोच रहा हूँ कि जैसे मैनपुरी की पुड़िया बिकती है, इसी तरह यह भी बिकेगी। पान वाले को बोल दूँगा, जितने में मैनपुरी बेचते हो, उससे थोड़ा कम में ही इसे भी बेचना... देखते हैं क्या होता है... फिर बाद में इसकी क़ीमत तय करेंगे...।'' यह कहते हुए वे तैयार माल को लेकर पान वाले के यहाँ पहुँचे और उसे पुड़िया देने के साथ क़ीमत बताकर लौट आए।

मनसुख भाई घर तो लौट आए, लेकिन पान मसाले की पैकेजिंग और क़ीमत तय करने को लेकर उनके मन में विचारों का मंथन जारी था। उन्हें अब यह भी लगा कि इस पुड़िया का कोई आकर्षक नाम भी ढूँढना होगा। उनके स्वभाव के अनुरूप ख़ुशख़बरी मिलने के बाद एक साथ कई चुनौतियाँ उनके सामने खड़ी हो गईं थीं। जैसे–तैसे वे अगली कई रातों को जागकर स्वाद और सुगंध के साथ पान मसाले का मिश्रण तैयार करते रहे और बाज़ार में सप्लाई करते रहे। इस कार्य में सजगता रखने की ज़रूरत थी और यह एक चुनौती भी थी कि पान मसाले में कोई कमी न रह जाए। बेहतर तरीक़े से बनाकर थोड़ी सी मात्रा में पान मसाले की आपूर्ति तो मनसुख भाई कर रहे थे, परंतु उनका दिमाग़ अब कई मोर्चों पर एक साथ जूझ रहा था। क़ीमत और मात्रा के बारे में वे गहनता से सोच रहे थे। 'बाबूजी' ने बा से भी इस बारे में चर्चा की, क्योंकि घर में उनके इस उत्पाद के सफ़र में वे ही सबसे महत्त्वपूर्ण सहभागी थीं।

कैसे हुआ 'पान पराग' का नामकरण...

मिश्रण बन रहा था और वह बाज़ार में चल भी रहा था, लेकिन अब सवाल उसके नाम का था, क्योंकि कोई भी प्रोडक्ट ब्रांड तभी बनता है, जब वह नाम से मशहूर होता है। नाम को लेकर सवाल हुआ, तो बा ने तुरंत कह दिया कि पान है, तो पान ही कहलाएगा, परंतु 'बाबूजी' को यह बात कुछ जमी नहीं। वे 'पान' शब्द से कुछ अलग और आसान चीज़ ईजाद करना चाहते थे। उन्होंने पान का विकल्प बनाया था, न कि पान। **दरअसल, उन्हें लगता था कि उनके उत्पाद का नाम कुछ अलग और अनूठा होना चाहिए।** उन्होंने अपने घनिष्ठ मित्रों से भी नाम के लिए सुझाव माँगे। इन्हीं में

से एक ***आचार्य चांडक*** थे, जो ज्योतिष के भी जानकार थे। उन्होंने किसी नाम का सुझाव तो नहीं दिया, परंतु इतना ज़रूर कहा कि 'बाबूजी' का जो भी नया स्टार्टअप है और जिसके लिए वे प्रयासरत हैं, वह कामयाबी की नित नई बुलंदियाँ चूमेगा।

'बाबूजी' कर्मयोगी होने के साथ-साथ धर्म और अध्यात्म के प्रति भी बहुत झुकाव रखते थे। उन्हें विज्ञान के साथ ज्योतिष पर भी पूरा भरोसा था। इसी कारण आचार्य चांडक की बातें उनके दिमाग़ में घर कर गईं। तभी उन्होंने निर्णय लिया कि अब चाहे जो हो जाए, इस पान मसाले को बड़े पैमाने पर दुनिया के सामने लाकर रहेंगे। इसके लिए चाहे उन्हें जितनी भी मेहनत करनी पड़े। इसके बाद उन्होंने पान की कई दुकानों से नाम के सुझाव माँगे, परंतु कोई अच्छा नाम उन्हें जम नहीं रहा था। थक-हारकर बात फिर वापस बा के पास पहुँची। सारे माजरे और 'बाबूजी' के मनोभाव को ध्यान में रखते हुए इस मामले में उन्होंने राह दिखाई और कहा कि "पान है, तो पान ही कहलाएगा, हाँ, इसमें सुगंध है, तो इसके नाम में 'पराग' शब्द को जोड़ा जा सकता है।'' ***बा के मुँह से 'पराग' शब्द सुनते ही 'बाबूजी' उछल पड़े.. अंततः दोनों को जोड़कर एक नाम 'पान पराग' बना,*** जो 'बाबूजी' को ख़ूब जचा और अंततः इसे ही ब्रांड का नाम रख दिया गया। **आख़िरकार, मनसुख भाई कोठारी ने *1973* में अपने पान मसाले के मिश्रण को 'पान पराग' नाम दिया। इस तरह इस लेज़ेन्डरी ब्रांड का नामकरण हुआ। 'पान पराग' किसी सपने के सच होने जैसा था। यह मनसुख भाई का वह सपना था, जिसे उन्होंने अथक परिश्रम और लगन के दम पर कठिन चुनौतियों पर विजयश्री हासिल करके साकार किया था।**

नाम तो तय हो गया था, लेकिन दाम और मात्रा को भी तय किया जाना बाक़ी था। पैकेजिंग भी एक समस्या थी। चूँकि वे ख़ुद भी पान के शौक़ीन थे, इसलिए उन्होंने ख़ुद ही मात्रा के लिए निर्णय लिया कि 250 ग्राम और 500 ग्राम की पैकिंग लोगों के लिए काफ़ी आसान होगी और बार-बार पान की दुकान तक जाने की ज़रूरत भी नहीं रहेगी। रही बात पैकेजिंग की, तो उस दौर में टिन धातु की पैकेजिंग काफ़ी

लोकप्रिय हुआ करती थी, इसलिए उन्होंने अपने इस नए उत्पाद 'पान पराग' को टिन पैकेजिंग में बाज़ार में व्यापक पैमाने पर उतारने का मन बनाया। हाँ, इन सबके बीच भी वे रोज़ाना अपने घरेलू पुराने बिज़नेस के साथ-साथ रात में 'पान पराग' का मिश्रण बनाने का काम करते रहे। दिन में पान मसाले को पान की दुकानों पर माँग के अनुसार सप्लाई भी करते रहे।

हर काम परफ़ेक्शन से...

मनसुख भाई हमेशा परफ़ेक्शन पर बहुत ध्यान दिया करते थे। इस कारण अपने नए उत्पाद में भी वे स्वाद और पैकेजिंग से कोई समझौता नहीं करना चाहते थे। उन्होंने उस दौर की पैकेजिंग की मशहूर बहुराष्ट्रीय कंपनियों, जैसे कि 'मेटेल बॉक्स इंडिया' और 'पोयशा' आदि से संपर्क किया, लेकिन बात नहीं बनी। इस कारण उन्हें एक स्थानीय कंपनी को अपने उत्पाद की टिन पैकेजिंग का कांट्रैक्ट देना पड़ा। 'बाबूजी' पैकेजिंग की वैल्यू भी बढ़ाना चाहते थे। उन्होंने 'पान पराग' को विशेष आकर्षक बनाने के लिए उसमें एक छोटी चम्मच भी डालने का सुझाव पैकेजिंग कंपनी को दिया, जो उस ज़माने में 'पान पराग' को लोकप्रिय बनाने में काफ़ी सहायक साबित हुआ।

पैकेजिंग की समस्या का समाधान होने के बाद 'पान पराग' के LOGO और पैकेज़िंग की डिज़ाइनिंग पर उनका ध्यान गया। उन्होंने कुछ स्थानीय लोगों से इस पर राय माँगी, लेकिन कुछ जमा नहीं। यह इस ब्रांड के प्रति उनकी दीवानगी ही थी कि वे इसके लिए दिल्ली चले गए। तमाम विज्ञापन एजेंसियों से संपर्क किया। वहाँ कई विशेषज्ञों से भी चर्चा की। इसमें क़रीब सप्ताहभर लग गया। वे परफ़ेक्ट संयोजन के लिए अथक प्रयास करते रहे। तमाम डिज़ाइन और LOGO उन्हें दिखाए गए, लेकिन वे संतुष्ट नहीं हो पा रहे थे। उन्हें 'किंग ऑफ़ पान मसाला' और हज़ारों की पसंद जैसे शब्दों का सुझाव दिया गया, फिर भी वे उनकी संतुष्टि से कोसों दूर थे। उनकी इस यात्रा का अंतिम पड़ाव उस समय की एक मशहूर विज्ञापन एजेंसी पर जाकर ख़त्म हुआ और ***18 अगस्त 1973 को अपने***

उत्पाद 'पान पराग' को उन्होंने बाज़ार में पूरी तरह लॉन्च कर दिया, जो आगे चलकर नंबर-वन ब्रांड बना।

अगस्त यानी बरसात के दिनों में 'पान पराग' लॉन्च हुआ, तो उनके बेटे दीपक भाई भी इसकी सप्लाई लेकर जाने लगे, लेकिन कोई एक सप्ताह के भीतर ही एक नई समस्या खड़ी हो गई। दरअसल, पान मसाले की पैकिंग तो टिन के डिब्बे में हो रही थी, लेकिन नमी उसकी दुश्मन बन गई थी। बारिश के दिनों में हल्की सी नमी होने पर पान मसाला लाल हो जाता था। दीपक भाई और अन्य लोग जितना पान मसाला लेकर जाते थे, उससे दोगुनी मात्रा में पान मसाला वापस लेकर आने लगे। मनसुख भाई ने पान मसाले का आविष्कार किया था। नया अनुभव था, तो इसमें समस्याएँ आना स्वाभाविक था, लेकिन वे ख़तरों के खिलाड़ी बन चुके थे। उन्होंने बारिश के दिनों में पान मसाला लॉन्च कर दिया था। माँग तो बढ़ रही थी, लेकिन नुक़सान भी बहुत हो रहा था। इन हालात में भी 'बाबूजी' ने हार नहीं मानी। उन्होंने इसका तोड़ निकाल लिया। जब तक मौसम ख़राब रहा, तब तक उन्होंने उत्पादन कम कर दिया और सप्लाई भी कम कर दी। 'बाबूजी' जानते थे कि जिन्हें उनके 'पान पराग' का स्वाद लग चुका है, वे इसे ज़रूर माँगेंगे, लेकिन आपूर्ति कम होने से यह लाल होने के बाद भी बिकेगा। इस तरह नुक़सान भी कम होगा और सप्लाई कम होने से लोगों के बीच माँग भी बनी रहेगी। उस ज़माने में कोई और पान मसाला था भी नहीं, तो उन्हें किसी अन्य पान मसाले के बाज़ार में जमने का डर भी नहीं था।

बारिश के दिन ख़त्म हुए, तो 'बाबूजी' ने फिर से पान मसाले के उत्पादन को गति दे दी, लेकिन आपूर्ति के सापेक्ष माँग की अधिकता होने लगी। इसके लिए फिर उन्हें बड़ी जगह और गोदाम की ज़रूरत महसूस हुई। इस मामले में भी घर से उनको भरपूर सहयोग मिला और घर ही में कुछ चीज़ों को समेटकर कुछ जगह को ख़ाली कर दिया गया। उत्पाद बनाने के लिए मशीनरी की भी आवश्यकता होने लगी थी। उन्होंने जैसे-तैसे इन सबका प्रबंधन किया, लेकिन वे बाज़ार की माँग के सापेक्ष उत्पाद की आपूर्ति नहीं कर पा रहे थे। इसके लिए उन्हें और अधिक जगह, रूपये

और कामगारों की आवश्यकता पड़ने लगी। बा ने और अधिक जगह घर में ख़ाली कर दी। मिश्रण और पैकेजिंग के लिए दिन–रात एक कर दिया। 'बाबूजी' तैयार उत्पाद को बाज़ार में पहुँचाया करते थे। धीरे–धीरे उन्होंने इसके लिए एक अलग जगह लेकर बाक़ायदा एक फ़ैक्टरी की शुरुआत की, जहाँ वे अपने प्रोडक्ट का बड़े पैमाने पर उत्पादन करने लगे।

ख़ुशबू और स्वाद की दीवानगी...

धीरे–धीरे इस प्रोडक्ट की लोकप्रियता नज़दीकी जिलों और क़स्बों तक पहुँचने लगी थी। अब पान की दुकानों में भी इसका स्टॉक रखा जाने लगा था, जहाँ से वे बाहरी जिलों और क़स्बों के लोगों को गिफ़्ट के तौर पर 'पान पराग' ले जाने का ऑफ़र दिया करते थे। ख़ुद कानपुर में भी जब वे कहीं जाते, तो रिश्तेदारी या क़रीबी लोगों को 'पान पराग' देने लगे। स्थिति यह हो गई कि ***जिसने भी एक बार 'पान पराग' खाया, वह उसकी ख़ुशबू और स्वाद का दीवाना हो गया, इसकी आपूर्ति के लिए पैसेंजर ट्रेनों का सहारा लिया जाने लगा।*** *'बाबूजी' को कई वितरकों को रखना पड़ा।* इस समय अकेले 'बाबूजी' एक साथ कई मोर्चों जैसे उत्पादन, पैकेजिंग, प्रचार, विज्ञापन और वितरण पर जूझ रहे थे, लेकिन कहते हैं कि ***बहादुर लोगों पर क़िस्मत भी मेहरबान होती है। 'बाबूजी' के साथ भी कुछ ऐसा हो रहा था।***

अब वे 'पान पराग' को बड़े पैमाने पर देशभर में लॉन्च करने की योजना बनाने लगे थे। उनको इसके लिए एक विशेष पंच–लाइन की भी तलाश थी, जो कि 'पान पराग' की पहचान को और अधिक बुलंद करे। उन्होंने कई एजेंसियों से संपर्क किया, कई पंच–लाइनें भी मिलीं, लेकिन 'बाबूजी' की कुछ अलग ही चाह थी। अंततः एक पंच लाइन मिली – ***'धूम मचा दे, रंग जमा दे'।*** इस लाइन को सुनते ही 'बाबूजी' के चेहरे पर विजयी मुस्कान तैर गई। उनको 'पान पराग' की पंच–लाइन मिल चुकी थी। यह 'पान पराग' के साथ जुड़ गई। 'बाबूजी' की वह पसंद ऐसी थी कि आज भी टॉप 10 पंच–लाइनों में उसको गिना जाता है। 'बाबूजी' अब 'पान पराग' के साथ पूरी तरह से रम गए थे। कह सकते हैं कि 'पान

पराग' उनका ओढ़ना-बिछौना हो चुका था। अब उनका सपना देशभर में 'पान पराग' के साथ धूम मचाने और रंग जमाने का बन चुका था। उन्होंने इसकी योजना भी बनानी शुरू कर दी थी। उसी साल मनसुख भाई के दूसरे पुत्र दीपक भाई कोठारी भी मुंबई से ग्रेजुएशन कर वापस कानपुर लौट चुके थे और उनके दोनों सुपुत्र 'बाबूजी' के प्रोडक्ट 'पान पराग' से जुड़ चुके थे। 'पान पराग' अब देशभर में धूम मचाने के लिए तैयार था। उसकी ख़ुशबू और स्वाद लोगों को दीवाना बनाता जा रहा था।'पान पराग' की कामयाबी की कहानी दिन दूनी-रात चौगुनी बढ़ती ही जा रही थी। मनसुख भाई कामयाबी के शिखर को स्पर्श कर रहे थे। बा इसमें बराबर की सहयात्री थीं। सेल्फ़-हेल्प और न्यू थॉट आध्यात्मिक पुस्तकों के अमेरिकी लेखक रॉबर्ट कोलियर के शब्दों में-***''कामयाबी छोटे-छोटे प्रयासों का योग है, जिन्हें हर दिन दोहराया जाता है।''*** मनसुख भाई की असाधारण कामयाबी को भी इन्हीं शब्दों में परिभाषित किया जा सकता है। गाँव से वे एक बेहतर जीवन का सपना लेकर निकले थे, लेकिन हर दिन आगे बढ़ने का निरंतर प्रयास करने के बलबूते वे कामयाबी के शिखर पर पहुँच गए,जिसकी कल्पना तक उन्होंने नहीं की थी।

'बाबूजी' उस ज़माने में भी पीआर की अहमियत समझते थे। उनका मानना था - ***''कामयाबी पाने लिए हर व्यक्ति से संपर्क बढ़ाते रहना चाहिए।''*** उनके पास कच्चे माल के आपूर्तिकर्ताओं, पैकेजिंग करने वालों, डिस्ट्रीब्यूटर्स, रिटेलर्स, विज्ञापन एजेंसियों और कंपनी के कर्मचारियों आदि सभी के लिए समय रहता था। **उनका यह भी मानना था कि अपने उत्पाद को हर उस जगह तक ले जाने की ज़िद होनी चाहिए, जहाँ तक आदमी जा सकता हो। 'पान पराग' की कामयाबी के पीछे भी उनकी इसी सोच का बड़ा हाथ था।** *'पान पराग' 1973 से 1985 तक टिन के बॉक्स में ही बाज़ार में छाया रहा।*

ख़ास बात यह थी कि मनसुख भाई ने 'पान पराग' की अपार कामयाबी के बाद भी अन्य व्यवसायों को करना बंद नहीं किया। 1979 में उन्होंने *'पारले फ्लैश डेंटल क्रीम'* की एजेंसी ले ली। 'बाबूजी' ने इस क्रीम को कानपुर और आस-पास के बाज़ारों में उतारा, लेकिन कई कारणों से

यह क्रीम पारले का नाम होने के बाद भी नहीं चल पाई। 'पान पराग' में हर दिन भारी व्यस्तताओं के चलते 'बाबूजी' ने अंततः 1981 में पारले के सभी उत्पादों के बिज़नेस को छोड़ दिया।

पास में पर्याप्त पैसे होने और समाज में प्रतिष्ठा हासिल होने के बाद मनसुख भाई को उनकी चिंता हुई, जिनकी चिंता करने वाले अमूमन नहीं होते, यानी उन्हें अपने समाज के लिए कुछ करने का मन हुआ। इसके लिए 'बाबूजी' ने 1980 में ***'शारदा मनसुख भाई कोठारी चैरिटेबल ट्रस्ट'*** की स्थापना की।

किसी काम को छोटा नहीं माना...

मनसुख भाई पर पिता के संघर्षों की अमिट छाप पड़ी। पिता से उन्होंने ईमानदारी सीखी और ख़ुद पर भरोसा करना भी सीखा। एक पत्र में मनसुख भाई लिखते हैं – ''माता–पिता से मिले संस्कारों का ही कमाल था कि मैंने अस्सी पैसे प्रति माह के बेहद मामूली वेतन पर 1943 में पहली नौकरी सफ़ाई कर्मचारियों के सुपरवाइज़र के तौर पर की थी। इसके बाद 1944 में ***हिंदुस्तान कंस्ट्रक्शन कंपनी*** में 1 रुपये 25 पैसे प्रति माह की नौकरी से अपनी संघर्ष यात्रा शुरू की।'' मनसुख भाई कहा करते थे – ***कोई काम छोटा या बड़ा नहीं होता। व्यक्ति उसे छोटा, बड़ा समझते हैं। काम वही सही है, जिससे दो पैसे मिलें और जिसे आप अपनी सर्वश्रेष्ठ क्षमता के साथ संपूर्णता से कर सकें। किसी भी काम को आत्मविश्वास के साथ करो। अवरोधों को चुनौती के रूप में लो और उन्हें हटाने के लिए दिमाग़ लगाओ। ख़ुद को यह भरोसा भी दिलाते रहो कि मंज़िल मुझे मिलकर रहेगी।***

वे कहते भी थे कि ज़िंदगी हर किसी को एक मौक़ा ज़रूर देती है, चाहे वह किसी भी स्तर का हो। यह व्यक्ति पर निर्भर करता है कि वह उस मौक़े को पहचान कर लपकता है या उसे यूँ ही जाने देता है। जो मौक़े को पकड़ता है, वही कामयाब होता है।

(10)

'पान पराग' का नया अवतार, पाउच पैकेजिंग क्रांति

''नवाचारी सोच, यथास्थिति को तोड़ने और वहाँ से नए सिरे से विकसित होने के लिए अविश्वसनीय प्रेरणा होती है, जहाँ जाने की हिम्मत कुछ ही लोग करते हैं।''

– स्टीवन जेफ़्स, मार्केटिंग और बिज़नेस एक्सपर्ट

साल 1985 न केवल 'पान पराग' के लिए अविस्मरणीय लैंडमार्क, बल्कि पूरे एफ़एमसीजी और पैकेजिंग उद्योग के लिए भी एक उपहार था। पान पराग' को लॉन्च हुए क़रीब बारह साल हो चुके थे और यह न केवल पान के शौक़ीनों में, बल्कि समाज के हर वर्ग में लोकप्रियता की नित नई मंज़िलों को छू रहा था। इसकी माँग इतनी बढ़ रही थी कि माँग और आपूर्ति में 'संतुलन' स्थापित करने में कठिनाई आने लगी थी। मनसुख भाई की शानदार कामयाबी को देख कर जहाँ कुछ नक़ल करने वाले खिलाड़ी भी मैदान में उतरने लगे थे, वहीं 'पान पराग' अजेय स्थिति में नंबर वन ब्रांड के तौर पर लोगों के दिलों में उतर चुका था। पुरानी कहावत है कि ***''एक कामयाबी दूसरी कामयाबी को जन्म देती है।''*** 'पान पराग' भी स्वर्णिम कामयाबी का एक और अध्याय लिखने जा रहा था।

'किलर पंच', पाउच क्रांति...

'पाउच क्रांति' की यह कहानी नई पीढ़ी की नवाचारी सोच और किसी उत्पाद के प्रति उसके आविष्कारक यानी पितामह समान व्यक्तित्व के जज़्बात के बीच स्वाभाविक विरोधाभास को भी प्रतिबिंबित करती है, लेकिन इसका निष्कर्ष रेखांकित करता है कि जब विचारों में सामंजस्य स्थापित होने लगता है, तो परिणाम अकल्पनीय होते हैं। मनसुख भाई ने लगभग तीन दशक तक अथक परिश्रम करने के बाद कामयाबी के शिखर को छुआ था। लिहाज़ा, एक ओर 'पान पराग' उनके लिए सिर्फ़ एक उत्पाद नहीं, बल्कि एक साकार हो चुके स्वप्न का प्रतीक था, तो दूसरी ओर नई सोच रखने वाले उनके छोटे सुपुत्र ***दीपक भाई कोठारी*** 'पान पराग' की दूसरी पारी शुरू करने की तैयारी कर रहे थे। वे अगली पीढ़ी के विज़न का प्रतिनिधित्व करते थे। उनकी योजना थी कि उपभोक्ताओं की सुविधा के लिए 'पान पराग' को टिन के डिब्बे से बाहर निकाल कर *पाउच* में लॉन्च किया जाए। दीपक भाई का फ़ैसला जितना अभिनव था, उसको लागू करना उतना ही कठिन था, लेकिन दीपक भाई उन मनसुख भाई के बेटे थे, जिन्होंने जीवन में कभी पलट कर देखना सीखा ही नहीं था। पिता की तरह 'हार' शब्द से उनकी भी दुश्मनी थी, लेकिन यह दीपक भाई के लिए एक ऐसी परीक्षा थी, जिसे पास करना लोहे के चने चबाने जैसा था। दीपक भाई 'पान पराग' को अपने पिता की सोच से भी आगे ले जाना चाहते थे।

'नवाचार' शब्द भले ही हाल के वर्षों में अधिक प्रचलन में आया है, लेकिन दीपक भाई इसका महत्त्व चार दशक पहले समझ चुके थे। वे जानते थे कि बिज़नेस में शीर्ष पर टिके रहने के लिए ज़रूरी है कि हम नियमित रूप से अपनी कार्य शैली की समीक्षा करें। नए तरीक़ों पर विचार करके हम अपने उत्पाद में सुधार कर सकते हैं और बिक्री बढ़ा सकते हैं, यानी 'कुछ नया करना' ही लाभ बढ़ाने की कुंजी है।

मित्र से चर्चा में उभरा पाउच का आइडिया...

पाउच का आइडिया कैसे उभरा, इसका भी एक दिलचस्प क़िस्सा है। दीपक भाई 'पान पराग' को और भी आगे ले जाने के लिए आए दिन अपने मित्रों से चर्चा करते रहते थे। उनके एक ख़ास मित्र थे ***अशोक चतुर्वेदी***। अशोक शब्दों का मायाजाल फैलाने में उस्ताद थे। उनसे संवाद में कुछ न कुछ 'अमृत' अवश्य निकलता था। एक दिन संवाद के दौरान दीपक भाई ने कहा कि 'पान पराग'बाज़ार में शीर्ष पर है, इसमें कोई दो राय नहीं है, लेकिन ऐसा क्या नया किया जाए कि इस सेक्टर में क्रांति आ जाए। रचनात्मक विचारों के इस आदान-प्रदान ने एक ऐसी 'नव परिवर्तनकारी सोच' को जन्म दिया, जिसकी कल्पना भी देश में किसी ने नहीं की थी। यह सोच थी 'पान पराग' को पाउच के नए अवतार में लाने की। दोनों मित्र इस निष्कर्ष पर पहुँचे कि पाउच पैकेजिंग निश्चित रूप से 'पान पराग' की अप्रतिम कामयाबी की नई कहानी लिख सकता है।

दीपक भाई एक जिज्ञासु और उत्साही पाठक रहे हैं। नवीनतम सूचनाएँ जुटाने के लिए वे न सिर्फ़ मशहूर लेखकों की कृतियाँ पढ़ते हैं, बल्कि विभिन्न विषयों पर छपने वाले लेखों में भी उनकी गहरी दिलचस्पी रहती है। एक विज़नरी के तौर पर वे भाँप चुके थे कि आने वाला वक़्त लचीली पैकेजिंग का होगा, चाहे सील पाउच हों या स्टैंड-अप पाउच, क्योंकि पाउच के कई फ़ायदे होंगे और पैकेजिंग के अन्य रूपों की तुलना में यह अधिक संसाधन कुशल और लागत प्रभावी होगा। पाउच पैकेजिंग को लेकर दीपक भाई के अटल संकल्प को देखते हुए अशोक चतुर्वेदी ने बिना माँगे ही इस मिशन में सहयोग की पेशकश कर दी।

दरअसल, डिब्बों में 'पान पराग' को बेचने में कुछ व्यावहारिक कठिनाइयाँ आ रही थीं। इसकी वजह भी थी। डिब्बे वज़नी होते थे। इससे उनके परिवहन में भारी मुसीबतों का सामना करना होता था। उस दौर में दीपक भाई कानपुर से लखनऊ, कानपुर से कलकत्ता तक पान मसाले की डिलीवरी देने जाते थे। 'पान पराग' की माँग तो बढ़ रही थी, लेकिन

उसकी आपूर्ति के लिए ख़ासी मशक़्क़त करनी पड़ रही थी। अब तो पान के शौक़ीन भी पान में 'पान पराग' डलवाकर खाने लगे थे। इसके अलावा, पान वाले अक्सर छोटे डिब्बों की माँग करते थे। आम लोग तो पुड़िया की माँग करते थे। अशोक चतुर्वेदी प्लास्टिक की पन्नियों और काग़ज़ का बिज़नेस करते थे, इसलिए पाउच के आइडिया को उन्होंने हाथों हाथ लिया। ख़ास बात यह है कि देश–विदेश में उस समय तक कोई भी चीज़ पाउच में नहीं आती थी, फिर भी दोनों मित्रों ने खोज का सिलसिला स्थानीय स्तर यानी कानपुर से ही शुरू करने का फ़ैसला किया।

इधर, दीपक भाई के समक्ष असली चुनौती 'बाबूजी' को पाउच के लिए राज़ी करने की थी।

कानपुर शहर छान मारा...

पाउच के आइडिया को लेकर दीपक भाई के कहे अनुसार अशोक चतुर्वेदी ने सबसे पहले पूरे कानपुर शहर को छान मारा, लेकिन पाउच के बारे में कोई जानकारी नहीं मिली। यह बिलकुल अप्रत्याशित नहीं था। उस ज़माने तक पाउच बनता ही नहीं था, तो उसके बारे में कोई जानता भी क्यों। कुछ दिन बाद मुलाक़ात होने पर दीपक भाई ने अशोक चतुर्वेदी से फिर पूछा – ''पाउच का पता चला...?''

अशोक चतुर्वेदी – ''यार, पाउच आता थोड़े है, उसे तो बनवाना पड़ेगा... लेकिन कानपुर में खराद मशीन वाले बनाने को राज़ी ही नहीं हैं..।''

दीपक भाई – ''क्यों?''

अशोक चतुर्वेदी – ''अरे किसी को इसके बारे में पता ही नहीं है। अब एक ही विकल्प है कि इसके बारे में जानकारी जुटाने के लिए विदेश चला जाए।

दीपक भाई– ''पर कहाँ।''

अशोक चतुर्वेदी – ''जापान... ताइवान चलते हैं... वहाँ कुछ संभावनाएँ हो सकती हैं ।''

अब दीपक भाई को 'बाबूजी' से विदेश यात्रा की अनुमति लेने की भूमिका बनानी थी।

'बाबूजी' के सिद्धांत और दीपक भाई की ज़िद...

बिज़नेस के मामले में 'बाबूजी' बहुत सिद्धांतवादी थे। दीपक भाई इस बारे में उनसे चर्चा करने में डर रहे थे। 'बाबूजी' से कहें, न कहें, कहें तो क्या कहें, 'बाबूजी' मानेंगे या नहीं मानेंगे, इस तरह के कई सवाल उनके मन में आ रहे थे। 'पान पराग' में किसी तरह के बदलाव के 'बाबूजी' सख़्त ख़िलाफ़ थे... 'पान पराग' उनके लिए प्रतिष्ठा का प्रश्न था।

ख़ैर, दीपक भाई भी 'बाबूजी' के ही पुत्र थे। सो उन्होंने बहुत सोच-विचार के बाद डर को निकाल फेंका... और तय किया कि वे पिता से बात करेंगे। दीपक भाई ने सोचा कि जो होगा, देखा जाएगा। मना करेंगे, तो माँ से कहेंगे। माँ की बात को 'बाबूजी' नहीं टालेंगे। इसके बाद दीपक भाई ने एक दिन शाम को खाने के वक़्त 'बाबूजी' के सामने अपनी बात रखना तय किया। उस वक़्त पूरे परिवार के लोग एक साथ जुटते थे। 'बाबूजी' रोज़ शाम को परिवार के सभी सदस्यों के साथ ही खाना खाते थे, लेकिन उस शाम दीपक भाई खाना खाते तो रहे, लेकिन उनका मन खाने से अधिक 'बाबूजी' को पढ़ने में लगा था। उन्होंने कई बार सोचा कि अब बोलें, लेकिन हर बार घर का कोई न कोई सदस्य कोई बात छेड़ देता या 'बाबूजी' कुछ न कुछ बोल पड़ते... इस तरह खाने के दौरान दीपक भाई को अपनी बात कहने का मौक़ा नहीं मिला और डर के मारे वे ख़ुद भी पहल नहीं कर पाए। खाने के बाद दीपक भाई ने थोड़ी रात होने का इंतज़ार किया। रात को दीपक भाई 'बाबूजी' के कमरे में तब पहुँचे, जब बा भी वहाँ थीं। कमरे में घुसे, तो 'बाबूजी' ने सवालिया नज़रों से दीपक भाई को देखा...घबराहट में दीपक भाई ने उलझन से भरे चेहरे के साथ कहा...

दीपक भाई – ''ब...बाऊजी...,'' दीपक भाई की आवाज़ काँप रही थी। घबराहट में आवाज़ का ऐसा होना स्वाभाविक ही था...। मनसुख भाई ने कोई जवाब तो नहीं दिया, लेकिन आँखें दीपक भाई के चेहरे पर टिका दीं...।

दीपक भाई – '' 'बाबूजी'... मैं एक बात कहना चाहता हूँ...।''

मनसुख भाई रौबीली आवाज़ में बोले – ''हाँ... तो बोलो न...।''

दीपक भाई – '' 'बाबूजी' मैं 'पान पराग' की नई पारी शुरू करना चाहता हूँ। आपका आशीर्वाद चाहिए...।''

मनसुख भाई – '' बेटा बताओ, तुम क्या कहना चाहते हो...?''

दीपक भाई –'' 'बाबूजी' मैं 'पान पराग' को पाउच में भी लाना चाहता हूँ...।''

मनसुख भाई – ''नहीं... यह नहीं हो सकता... तुम्हें पता भी है कि 'पान पराग' के मायने क्या होते हैं... 'पान पराग' की एक विशेष पहचान है...।''

दीपक भाई –'' 'बाबूजी' ज़रा सोचिए... पाउच में 'पान पराग' आएगा, तो हर किसी की पहुँच में होगा... इसकी सेल भी बढ़ेगी... कारोबार भी बढ़ेगा...।'' इस तरह दीपक भाई अपनी पूरी बात कहते चले गए, लेकिन मनसुख भाई तो मनसुख भाई थे। उनसे कोई बात उनके मन के विपरीत मनवा लेना कोई आसान बात नहीं थी। मनसुख भाई ने साफ़ ना कह दिया... और साथ में मौक़े से जाने को भी कह दिया।

दीपक भाई ने जो फ़ैसला किया था, उसके लिए उन्हें उम्मीद थी कि 'बाबूजी' शाबाशी देंगे... पीठ थपथपाएँगे... उत्साह बढ़ाएँगे, लेकिन हुआ इसका उलटा। सबसे पहला ज़ोरदार विरोध 'बाबूजी' ने ही किया। उनका मानना था कि 'पान पराग' की एक परंपरा बन चुकी है, उसकी एक अलग हैसियत है। 'पान पराग' का समाज में एक सम्मान है। टिन का डिब्बा 'पान पराग' की एक पहचान भी प्रदर्शित करता है। पाउच को लोग स्वीकार नहीं करेंगे और पाउच के कारण 'पान पराग' की छवि भी ख़राब हो सकती है। 'बाबूजी' अपने बिज़नेस के शुरुआती वक़्त में हर झटके, हर उथल–पुथल और हर तरह के किन्तु–परंतु से डरे बिना आगे बढ़ते चले जाते थे, लेकिन बाज़ार में साख को लेकर अब वे काफ़ी संवेदनशील हो चुके थे। जब 'बाबूजी' ने पाउच का विरोध किया, तो भला किसकी मज़ाल कि वह 'बाबूजी' का विरोध करे, लेकिन ज़िद के मामले में दीपक भाई भी कम नहीं थे। दीपक भाई ने 'बाबूजी' को पाउच के फ़ायदे समझाए, पाउच के कारण हर घर तक 'पान पराग' की पहुँच के गणित को बताया। पाउच के कारण 'पान पराग' के चारों तरफ़ छा

जाने की बात कही और तरह–तरह से समझाया, लेकिन 'बाबूजी' जब नहीं माने, तो दीपक भाई अपना सा चेहरा लिए पिता के कमरे से बाहर आ गए। बा भी उस कमरे में मौजूद थीं, लेकिन वे केवल दर्शक बनीं रहीं। वे भी जानतीं थीं कि मनसुख भाई जो पसंद नहीं करते, उसके लिए... हाँ कभी नहीं कहेंगे...।

थोड़ी देर बाद जब बा कमरे से बाहर आईं, तो दीपक भाई ने उन्हें पकड़ा और विनती की कि कैसे भी वे 'बाबूजी' को मनाएँ। 'पान पराग' को अब पाउच में शुरू करना ही है... दीपक भाई ने विदेश यात्रा करने की योजना की पूरी बात भी माँ को बता दी। वे बेटे को आगे बढ़ते देखना चाहतीं थीं, लेकिन पति को दुखी भी नहीं करना चाहतीं थीं। उन्होंने कुछ देर बाद दीपक से कहा, ''रुको मैं बात करती हूँ... देखो शायद मान जाएँ...।''

बा फिर से 'बाबूजी' के कमरे में दाख़िल हुईं और दीपक भाई के सामने ही उन्होंने 'बाबूजी' से बात की...।

बा– ''देखिए... दीपक का पाउच आइडिया अच्छा लग रहा है... उस पर वह बहुत मेहनत कर रहा है...आपकी तरह ही वह भी बिज़नेस को आगे ले जाना चाहता है... पाउच के लिए मान जाइए... आप ही अपने बेटों का हौसला नहीं बढ़ाएँगे, तो कौन बढ़ाएगा...।'' और भी बहुत कुछ बा ने इस तरह कहा मानो वे पति को 'इमोशनल' कर रही हों... मनसुख भाई पत्नी से बहुत प्रेम करते थे। आख़िर, पत्नी के ज़ोर देने पर मनसुख भाई पाउच के लिए आधे मन से ही सही, राज़ी हो गए।

मनसुख भाई– ''ठीक है...तुम कहती हो, तो ठीक है... पर देखो... 'पान पराग' की शान में कोई कमी न आने पाए...।'' इसके साथ ही मनसुख भाई ने काफ़ी मिन्नतों के बाद दीपक भाई को पाउच को लेकर विदेश यात्रा की अनुमति भी दे दी। 'बाबूजी' ने बाद में एक बार कहा था कि उन्हें लगता था कि पाउच के मामले में विदेश जाने से भी कुछ होने वाला नहीं था। दीपक को कोशिश की अनुमति देने में कोई हर्ज नहीं था।

जापान में नहीं बना काम, तो ताइवान गए...

दीपक भाई 'बाबूजी' से विदेश जाने की अनुमति मिलने के बाद बैग्स में 10-15 किलो 'पान पराग' भरकर जापान गए। वे अपने साथ एक ट्रांसलेटर भी ले गए, लेकिन जापान में काम नहीं बना। इसके बाद वे ताइवान गए। ताइवान आ तो गए, लेकिन अब मुश्किल यह थी कि पाउच मिले कहाँ...। बहुत खोजा, लेकिन जब कहीं पाउच या उस जैसी पैकिंग नहीं मिली, तो उन्होंने ताइवान में बड़ी मशीनों के कई कंपनी वालों से बात की। एक हफ़्ते ताइवान में रहे। कहीं घूमने की जगह दिनभर दीपक भाई 'पान पराग' लिए बाज़ारों में चक्कर लगाते। शाम को होटल लौट आते, लेकिन काम नहीं हो पा रहा था। मुश्किलें भी कम नहीं हो रहीं थीं। एक तो दिनभर घूमना, दूसरे ढंग का खाना तक न मिलना... और इस तरह उन्होंने उन दिनों कई बार चीन, जापान, ताइवान और हांगकांग समेत कई देशों की यात्राएँ कर डालीं, पर नतीजा वही *'ढाक के तीन पात'* रहा।

आख़िरकार, तंग आकर उन्होंने किसी कंपनी की बजाय खराद मशीन में काम करने वालों से ताइवान में स्थानीय स्तर पर पाउच का ब्लॉक बनवाने की बात सोची और दुभाषिये की मदद से ताइवान के कई स्थानीय खुदरा कारीगरों से इस बारे में चर्चा की। काफ़ी मशक़्क़त के बाद एक ताइवानी इंजीनियर ब्लॉक बनाने को राज़ी हुआ। उसने ब्लॉक बनाया, इसमें 'पान पराग' को भरा और फिर भर कर दीपक भाई को दिखाया। दीपक भाई को अब फ़िक्र हुई मात्रा की यानी कितना बड़ा पाउच होना चाहिए... कितना मसाला उसमें होना चाहिए। फिर वे होटल लौट आए। अब तक यह ज़रूर हो चुका था कि पाउच बन चुका था और उसमें मसाला भी भरा जा चुका था, लेकिन मात्रा के बारे में समस्या आ गई थी। भारत आने से ठीक एक दिन पहले दीपक भाई ने अंदाज़े से तय किया कि 100 ग्राम का पाउच भी हो सकता है, 500 ग्राम का भी, और होने को 10 ग्राम का भी हो सकता है। अशोक इस दौरान उनके साथ थे, तो इस मामले में उन्होंने दीपक भाई की मदद की। उन्होंने कहा कि आधा किलो का मत बनवाओ। अभी 100 और 10 ग्राम का ब्लॉक बनवाओ, चल पड़ा, तो आगे देखेंगे...। दीपक भाई ने खराद मशीन वाले को 100

और 10 ग्राम का ब्लॉक बनाने और उसमें पान मसाला भर कर दिखाने को कहा। खराद वाले ने जब पाउच बनाकर दिखाया, तो अशोक और दीपक भाई की आँखें चमक गईं, लेकिन मसला इतना आसान नहीं था। अब सवाल यह था कि ब्लॉक तो बन जाएँगे, लेकिन भारत जाएँगे कैसे और भारत पहुँच भी गए, तो उन्हें असेंबल कौन करेगा... उस तरह के और ब्लॉक बनेंगे कैसे... ?

जापान में भूकंप में बाल-बाल बचे

ऐसा लगता था कि 'पाउच क्रांति' के अपने सपने को सच में बदलने का दीपक भाई का मिशन हर क़दम पर उनकी परीक्षा ले रहा था। वे विदेशों में बाज़ार-बाज़ार घूम रहे थे। ऐसी ही एक यात्रा के दौरान जब वे जापान में थे, तो उस शहर को भूकंप ने तहस-नहस कर डाला,जहाँ वे ठहरे हुए थे। भूकंप की तीव्रता रिक्टर पैमाने पर औसत से कहीं ज़्यादा थी, लेकिन ईश्वर की कृपा से दीपक भाई बाल-बाल बच गए। यही नहीं, जापान के शानदार आपदा प्रबंधन सिस्टम की वजह से वे जल्द ही वहाँ से सुरक्षित भी निकल सके। जापान में दीपक भाई को वैसे ही मनपसंद भोजन नहीं मिल पाता था, लेकिन भूकंप के बाद तो हालात और भी विकट हो गए थे। दुभाषिया होने के बावजूद संवाद में भी उन्हें परेशानी आ रही थी।

दीपक भाई ने सोचा कि इस इंजीनियर को भारत बुलाना ठीक रहेगा...वह ब्लॉक बनाकर ले आएगा... असेंबल भी कर देगा...। एक बार वहाँ बना कर दिखा देगा, तो फिर कानपुर के कारीगर जुगाड़ कर लेंगे...।''

दीपक भाई ने ताइवानी इंजीनियर को अपनी समस्या बताई और कहा कि जो भी ख़र्च होगा, उसे दिया जाएगा... बस, एक बार भारत आकर पाउच बना दो...। दीपक भाई की बात सुनकर वह आराम से भारत

आने को राज़ी हो गया। इसके बाद दीपक भाई स्वदेश लौट आ गए। भारत आने पर दीपक भाई ने 'बाबूजी' का मन जानने के लिए पाउच के बारे में कुछ बातें कीं, लेकिन मनसुख भाई के ध्यान न देने से दीपक भाई समझ गए कि अभी भी दाल आसानी से नहीं गलेगी..., फिर भी दीपक भाई ने 'बाबूजी' को बिना बताए ताइवानी इंजीनियर को भारत बुला लिया। ताइवानी इंजीनियर ने अपने साथ लाए गए ब्लॉक्स के ज़रिए कानपुर के खराद वालों की मदद से कई ब्लॉक्स बनाए और 'पान पराग' के पाउच बनाने के लिए प्रयोग शुरू किया। कोई दो-तीन दिन के प्रयोग के बाद आख़िरकर 10 ग्राम का पाउच बनकर तैयार हुआ। जुगाड़ के ज़रिए पाउच में नाम भी छपवा दिया गया...कलर भी तय हो गया... कलर वही रखा गया, जो 'पान पराग' के डिब्बों का था। इस तरह जब पाउच बनकर तैयार हुआ, तो दीपक भाई की ख़ुशी का ठिकाना नहीं रहा।

ताइवानी इंजीनियर का कमाल...

ताइवानी इंजीनियर ने कानपुर में कमाल कर दिखाया। उसने बेहतरीन आकार-प्रकार के पाउच बनाए। उनका डिज़ाइन और रंग भी तैयार किया। ताइवानी इंजीनियर ने कानपुर के कई खराद वालों को ट्रेंड किया। 'बाबूजी' की हाँ के बाद उसके लिए एक ब्लॉक चेन बनाई गई और 'पान पराग' पाउच में बनने लगा। इसकी विधिवत लॉन्चिंग की तैयारी होने लगी। पैकेजिंग के क्षेत्र में यह एक क्रांति थी, जिसका आग़ाज़ कानपुर से हो रहा था और उसके अग्रदूत थे दीपक भाई।

आइडिया बना विश्व की पहली पाउच पैकिंग का आधार

दरअसल, 80 के दशक में किसी भी खाने योग्य वस्तु का पाउच में आना अपने आप में एक अनूठी पहल थी। यह एक क्रांति की ही शुरुआत थी, हालाँकि बाज़ार की क्या प्रतिक्रिया होगी, यह किसी को पता नहीं था, लेकिन दीपक भाई का विज़न था कि भविष्य छोटी पैकिंग का है, जो ज़्यादा से ज़्यादा कस्टमर तक पहुँच सके और रखने में आसान हो।

उनका मानना था कि इस तरह प्रोडक्ट का मूल्य भी सबके वहन करने लायक़ होगा। वे परिवार और अपने सहयोगियों के साथ अपने निश्चय को साझा कर चुके थे। *आख़िरकार, दीपक भाई के जन्मदिन के मौक़े पर 26 जून 1985 को 'पान पराग' को पाउच की पैकिंग में धूमधाम से बाज़ार में उतारा गया।* देखते ही देखते दीपक भाई का आइडिया हिट हो गया। दीपक भाई कोठारी के विज़न ने न सिर्फ़ पान मसाले, बल्कि असंख्य एफ़एमसीजी प्रोडक्ट्स को बाज़ार में फैलने का अभूतपूर्व मौक़ा दिया। दीपक भाई का मानना था कि पाउच कल्चर से रोज़गार के नए अवसर पैदा होंगे और छोटे उद्योगों को बढ़ावा मिलेगा। छोटे उद्योगों को नई दिशा मिलने से यह देश की उन्नति में सहायक होगा। उनके विज़न ने चाहे उनके प्रोडक्ट के सामने कितने ही प्रतिद्वंद्वी खड़े कर दिए हों, जो सिर्फ़ पाउच आने के बाद ही मार्केट में आए हैं, लेकिन इसमें कोई दो राय नहीं है कि उनका यह क़दम 'पान पराग' व अन्य प्रोडक्ट के लिए बहुत ही क्रांतिकारी और कामयाबी की एक नई इबारत लिखने वाला सिद्ध हुआ। दीपक भाई कोठारी का आइडिया विश्व की पहली पाउच पैकिंग का आधार बना। जापान–ताइवान में भी 'पान पराग' की पाउच पैकिंग को धूमधाम से लॉन्च किया गया।

और पाउच हिट हो गया...

'पान पराग' पाउच में लॉन्च तो हो गया, लेकिन दीपक भाई को डर था कि पाउच न चला, तो 'बाबूजी' उसे बंद करने का हुक्म जारी कर सकते हैं। इससे 'बाबूजी' के समक्ष उनकी प्रतिष्ठा और विश्वसनीयता ख़त्म होने में देरी नहीं लगेगी। 'बाबूजी' की डाँट न सुननी पड़े और उनका सामना न करना पड़े, इसलिए दीपक भाई पत्नी आरती कोठारी को लेकर विदेश घूमने चले गए। तभी एक दिन 'बाबूजी' का तार आया...।

तार में उन्होंने लिखा था – ''दीपक कमाल हो गया... तुम्हारा पाउच हिट हो गया...।'' इस तरह मनसुख भाई ने अपने दिल की सारी बात लिख डाली थी...।

दीपक भाई पाउच की कामयाबी की बात सुनकर ख़ुशी से उछल पड़े...। इसके बाद जल्द दीपक भाई कानपुर लौट आए। दूसरी तरफ़ 'पान पराग' के पाउच की कामयाबी से 'बाबूजी' को बहुत संतोष हुआ और उनका यह भरोसा भी पुख़्ता हुआ कि उनके बेटे दीपक भाई उनकी विरासत और बिज़नेस को न केवल अच्छी तरह से सँभाल पाएँगे, बल्कि उसे उनकी कल्पना से भी आगे तक ले जाएँगे। पाउच के आने के बाद भी 'बाबूजी' ने किसी भी क़ीमत पर गुणवत्ता के साथ कोई समझौता न तो होने दिया, न करने दिया। 'बाबूजी' उत्पादों को अंतरराष्ट्रीय मानकों के समतुल्य ही रखते थे। ***वे हर गतिविधि को बड़े ग़ौर से देखा करते थे और लोगों की राय जानने में दिलचस्पी रखते थे। वे अपने ब्रांड को जनता से 'कनेक्ट' करना बख़ूबी जानते थे। इसी कारण वे लोगों से जुड़े शब्दों को अपने ब्रांड के साथ जोड़कर रखते थे।*** इसी की झलक उनके अपने ब्रांडों में देखने को मिलती थी, जैसे सेवन–अप कोकोनट ऑयल, 'पान पराग', बजट डिटर्जेंट, यस मिनरल वाटर, और कई अन्य उत्पाद। वे अपने कर्मचारियों पर भरोसा करते थे और टीम भावना में काम करने पर उन्हें पूरा विश्वास था। यही वजह रही कि 'पान पराग' ने टिन और पाउच में कामयाबी की सीढ़ियाँ तेज़ गति से एक बार चढ़ना शुरू किया, तो फिर पीछे पलटकर नहीं देखा। ***'पान पराग' ने बाज़ार में ऐसी धूम मचाई, जिसका रंग आज तक जमा हुआ है।***

मनसुख भाई की विशेषता थी कि उन्होंने 'पान पराग' की गुणवत्ता और उसमें लगने वाले विभिन्न कच्चे माल से कभी कोई समझौता नहीं किया। उनका मानना था कि पान और उसमें पड़ने वाले कत्था, चूना, सुपारी हमारी हिंदुस्तानी सभ्यता का अंग हैं। उसमें इस्तेमाल होने वाली विभिन्न तरह की ख़ुशबू हमारे फूलों का निचोड़ है। उन्होंने 'पान पराग' को हमेशा इसी विश्वास के साथ आगे बढ़ाया, न कि मार्केट की माँग के अनुसार। उनके जीवनकाल में ही बहुत से लोग उनसे आगे निकल गए, पर उन्होंने ख़ुद कभी सर्वोत्तम से कम पर समझौता नहीं किया।

ख़तरों से खेलने के शौक़ीन थे...

मनसुख भाई का बिज़नेस करने का तरीक़ा बिलकुल अलग था। वे ख़तरों से खेलने के शौक़ीन थे। वे एक बिज़नेस करते थे, लेकिन पहले बिज़नेस के साथ-साथ वे दूसरे बिज़नेस के बारे में सोचने भी लगते थे। एक बिज़नेस में कामयाब होने के बाद भी वे अपने काम को ख़त्म नहीं मानते थे, बल्कि वे अपने लिए नई मंज़िलें फिर से ढूँढ लेते थे, और फिर नई मंज़िलों की तरफ़ चल पड़ते थे।

एक पत्र में मनसुख भाई लिखते हैं - ''कानपुर में साठे बिस्किट के जमे जमाए बिज़नेस को छोड़ कर 1959 में ओके सोप को बिहार के बाज़ार में स्थापित करने के लिए जब पटना जाने का ऑफ़र मिला, तो मैंने पत्नी से ही सलाह ली।'' पत्नी शारदा बेन ने जैसे ही उन्हें कानपुर में सब कुछ सँभाल लेने का भरोसा दिया, वैसे ही मनसुख भाई तुरंत पटना के लिए रवाना हो गए। कोई अन्य होता, तो हफ़्तेभर उधेड़बुन में ज़रूर लगाता। सोचता कि नई जगह क्या होगा, कैसे होगा, जाऊँ या न जाऊँ। कामयाबी मिलेगी या नहीं मिलेगी। जो बिज़नेस बड़े आराम से चल रहा है, उसको छोड़ना ठीक रहेगा या नहीं, लेकिन मनसुख भाई ने नकारात्मक सोच को बचपन में ही त्याग दिया था। परिवार से उन्हें हर परिस्थिति में सकारात्मक सोच के साथ आगे बढ़ने की सीख मिली थी। उसी सीख के कारण वे पटना के लिए ख़ुशी-ख़ुशी तैयार हो गए, जबकि न केवल पटना उनके लिए नई जगह थी, बल्कि काम भी नया था। उनके पास मार्केटिंग की कोई टीम भी नहीं थी, जैसा कि आजकल होता है।

11

कामयाबी की चमक, दूसरों को भी ख़ुश देखने की चाह

''एक पेड़ अपने फल से जाना जाता है; मनुष्य अपने कर्मों से। एक अच्छा काम कभी गुमनाम नहीं रहता। जो विनम्रता बोता है, वह मित्रता की फसल काटता है। जो दया का पौधा रोपता है, वह प्रेम बटोरता है।''

–सेंट बेसिल द ग्रेट

असाधारण कामयाबी की चमक अक्सर लोगों की दिमाग़ी समरसता पर धीरे–धीरे इस तरह आक्रमण करती है कि उन्हें पता ही नहीं चलता कि विनम्रता और हृदय की निर्मलता के गुण कब उनके व्यक्तित्व से अदृश्य हो गए। कटु सत्य है कि ज़्यादातर कामयाब लोग अपनी जड़ों को भूल जाते हैं और अपनों से जान–बूझकर दूरी बना लेते हैं, लेकिन मनसुख भाई इस मामले में बिलकुल अलग थे। उनका मानना था कि ***''हवाई जहाज उड़ता भले आसमान में है, लेकिन उसकी लैंडिंग और टेकऑफ़ ज़मीन से ही होती है।''***

मनसुख भाई का यह कथन उनके संपूर्ण व्यक्तित्व को केवल दो पंक्तियों में व्यक्त कर देता है। उनके बहुआयामी व्यक्तित्व में दो गुण ऐसे थे, जो हमेशा हर किसी के लिए प्रेरणा का स्रोत रहेंगे। उनमें हर दिन,

हर पल कुछ न कुछ सीखने की इच्छा कभी ख़त्म नहीं हुई और वे हमेशा न केवल अपनों को, बल्कि दूसरों को भी खुश देखना चाहते थे। जब वे पहली बार नराली गाँव से कानपुर की यात्रा कर रहे थे, तब उनके दिमाग़ में एक बेहतर ज़िंदगी का सपना था। इसे साकार करने के लिए वे नाक, कान और आँख के साथ दिमाग़ को भी खोल कर रखते थे, फिर चाहे ट्रेन में लोगों से बातें करके कानपुर को समझने की बात हो या मूँगफली वाले से मुनाफ़ा कमाने के गुर सीखने की बात हो। वे जीवनभर हर जगह से कुछ न कुछ सीखते रहे और उसे जीवन में उतारते रहे और उससे धन कमाने के नए-नए रास्ते खोजते रहे। 'बाबूजी' ने धन के साथ यश भी अर्जित किया, लेकिन पैसों को लेकर अहंकार कभी नहीं किया। वे संबंधों को नई ऊर्जा और खाद-पानी देकर सींचते रहे।

अपनों को कभी भूलते नहीं थे...

'बाबूजी' ने मित्रों, परिवार के सदस्यों और निकट संबंधियों का पूरा ध्यान रखा। यही वजह थी कि उन्होंने 'पान पराग' की एजेंसियाँ सबसे पहले अपने जानने वालों और रिश्तेदारों को ही दीं। अपने लोगों को बढ़ावा देने के लिए की गई उनकी कोशिश बताती है कि 'बाबूजी' अपने साथ अपने नाते-रिश्तेदारों को भी फलता-फूलता देखना चाहते थे और उसके लिए कोशिश भी करते थे। दोस्तों को तो वे कभी भूलते नहीं थे। 'बाबूजी' के कई मित्र छोटे दुकानदार थे। कई मित्र सरकारी नौकर थे। कई मित्र तो मामूली काम-धाम करके अपनी ज़िंदगी गुज़ार रहे थे, लेकिन जब 'बाबूजी' ने ख़ूब पैसे कमाने शुरू किए, बड़े नामी-गिरामी लोगों के साथ उठने-बैठने लगे, कानपुर के बड़े व्यापारियों के साथ बैठकें करने लगे, ट्रेन की उच्च श्रेणी में यात्रा करने लगे, हवाई यात्राएँ करने लगे, तब भी उन मित्रों को वे कभी नहीं भूले, जिनके साथ उन्होंने मुफ़लिसी के दौरान गप लड़ाई थी। 'बाबूजी' ने माल रोड, कानपुर में अपना आलीशान दफ़्तर बनाया। वे चाहते, तो दफ़्तर से बाहर नहीं निकलते। दफ़्तर के नौकरों को ही ऑर्डर देकर काम कराते। बाहर से सामान मँगवाकर खाते-पीते, लेकिन 'बाबूजी' ज़मीन जुड़े थे और ज़मीन से ही उठे थे, तो उन्होंने ज़मीन को कभी नहीं छोड़ा। यह उस दौर की बात है, जब 'बाबूजी' के

'पान पराग' ब्रांड का बिज़नेस बढ़ता जा रहा था और उसका विस्तार हो रहा था। 'बाबूजी' अपने प्रोडक्ट के सिलसिले में विदेश यात्राएँ भी करने लगे थे। अपने दफ़्तर और फ़ैक्टरी में ज़रूरत के मुताबिक़ कर्मचारी बढ़ा रहे थे।

सादगी को कभी नहीं त्यागा...

वर्ष 1987 में 'बाबूजी' की कर्मठता, विज़न और निवेश को लेकर उनकी सोच और नए-नए स्टार्टअप्स को देखते हुए भारत सरकार ने उन्हें सम्मानित करने का फ़ैसला किया। उन्हें तत्कालीन ***राष्ट्रपति ज्ञानी जैल सिंह*** ने ***'प्रेसिडेंट नेशनल अवॉर्ड'*** से सम्मानित किया, लेकिन इस प्रतिष्ठित अवॉर्ड को पाने के बाद भी मनसुख भाई तो ज़मीन से जुड़े मनसुख भाई ही रहे। एक कामयाब बिज़नेसमैन बनने के बावजूद जब भी मौक़ा मिलता था, तब वे ख़ुद चलकर जाते थे और आम आदमी की तरह मिठाई की दुकान पर खड़े हो जाते थे। मित्रों के साथ सड़क किनारे खड़े होकर जलेबी और गोलगप्पे का लुत्फ़ उठाते थे। उन्होंने सादगी को कभी नहीं छोड़ा। वे जानते थे कि जिस वातावरण और ज़मीन तथा जिन दोस्तों और लोगों ने गर्दिश के दिनों में उनका साथ दिया है, वही उनके सच्चे हितैषी हैं।

अमीरी-ग़रीबी नहीं देखते थे...

'बाबूजी' ने विवाह के बाद रिश्तेदारों की ओर से निराशा हाथ लगने के बावजूद उनसे रिश्ता नहीं तोड़ा। उन्होंने बड़े गरिमामय ढंग से उनसे दूरी ज़रूर बनाई। उन्होंने मन में कोई खटास नहीं रखी। जब उनके अच्छे दिन आए, तब उन्होंने रिश्तेदारों की मदद भी की, हालाँकि पैसों से नहीं, बल्कि कारोबार बढ़ाने में उनकी मदद की। आख़िरी दम तक 'बाबूजी' ने रिश्तों को निभाने की पूरी कोशिश की। 'बाबूजी' मानते थे कि ***''रिश्ते उस पूँजी की तरह होते हैं, जिन्हें कभी भी सबसे ख़राब दिनों में भुनाया जा सकता है। रिश्ते ही जीवन का आधार होते हैं। सुख में ख़ुशी महसूस कराते हैं और दुख में साथ आकर पीड़ा को दूर करने में मदद करते हैं।''*** वे अपने इस उसूल कि 'न तो उधार लेना है और न ही देना है' पर भी

अपने पूरे जीवनकाल में क़ायम रहे। 'बाबूजी' की एक और ख़ासियत थी *'टी-सिटिंग' यानी चाय के साथ बैठकों के दौर।* सीखने-सिखाने का अधिकतर काम 'बाबूजी' चाय की प्यालियों से चुस्कियों का आनंद लेने के बीच ही करते थे। कोई भी बैठक हो या कोई और बात, 'बाबूजी' चाय ज़रूर मँगाते थे, लेकिन आधी प्याली। बैठक ख़त्म होते ही वे फिर आधी प्याली चाय मँगाकर और अधिक देर तक बैठ कर लोगों, कर्मचारियों और परिवार के लोगों के विचारों को समझते रहते थे।

उनकी एक और बात सभी को प्रेरणा देती है। ***'बाबूजी' दोस्तों में अमीरी-ग़रीबी नहीं देखते थे।*** सभी का सम्मान करते थे, लेकिन किसी दोस्त को बैसाखी नहीं देते थे। वे अपने दोस्तों को भी प्रेरित करते थे कि कोई ढंग का काम करो, परिश्रम करो, हाथ फैलाने की जगह देने वाले बनो। 'बाबूजी' कहते थे - ***''किसी की मदद उतनी ही करो, जितने में वह जी सके। कुछ अपने लिए करने लायक़ बन सके। किसी के लिए इतना भी मत करो कि वह आश्रित हो जाए।''*** दरअसल, मनसुख भाई ने जीवन के अनुभव से जो सीखा था, उसे जीवनभर याद रखा...। इसीलिए कामयाबी हासिल करने के बाद उन्होंने उस क्षेत्र पर सबसे अधिक ध्यान दिया, जो उनके लिए जवानी के दिनों में दूर की कौड़ी था। वह दूर की कौड़ी थी शिक्षा।

गाँव से अंत तक जुड़े रहे...

कामयाबी के सर्वोच्च शिखर पर पहुँचने के बाद भी बाबूजी गाँव और बाल सखाओं को नहीं भूले, क्योंकि यही बातें उनकी जान थीं। उन्होंने अपने सगे–संबंधियों का पूरा ख़याल रखा। गाँव से उनका जुड़ाव कभी कम नहीं हुआ। उन्होंने वहाँ मंदिर और धर्मशाला का निर्माण कराया। उन्होंने जीवन में जहाँ ख़ूब पैसे कमाए, वहीं रिश्ते भी ख़ूब बनाए। कई दशकों बाद भी जब बचपन के दोस्त उनसे मिलने आते थे, तो वे पूरी गर्मजोशी से मिलते थे। असल मायनों में दिलों को जीतने की उनकी कला ही उनकी असली पूँजी थी। 'पान पराग' को एक परंपरा बनाना उनकी असली कामयाबी थी। मनसुख भाई कहते थे – ***गाँव, परिवार और अपनों को नज़दीक रखने से प्रेम बढ़ता है, अपने लोगों की ज़रूरतें पूरी करने से मुझे बहुत आनंद मिलता है। यही मेरी असल उपलब्धि है।***

SCHOOL

12

उत्कृष्ट शिक्षा के ध्वजवाहक, नारी सशक्तिकरण के अग्रदूत

''ज्ञान ही असली शक्ति है। सूचना बंधनों से मुक्त करती है। शिक्षा हर समाज, हर परिवार में प्रगति का आधार है।''

–कोफ़ी अन्नान

मनसुख भाई ख़ुद भले ही ज़्यादा शिक्षा हासिल नहीं कर पाए थे, लेकिन उन्होंने अगली पीढ़ी के लिए उच्च शिक्षा की व्यवस्था करने में कोई कमी नहीं छोड़ी। इतना ही नहीं, उन्होंने समाज में उच्च गुणवत्ता की शिक्षा के प्रचार–प्रसार के लिए कई अग्रणी संस्थान भी खोले। शिक्षा की महत्ता को उन्होंने अपने व्यक्तिगत अनुभव से कई दशक पहले समझ लिया था।

मनसुख भाई बचपन में विद्यालयों के प्रवेश द्वार पर अक्सर लिखा देखते थे *विद्या ददाति विनयं... विनयाद् याति पात्रताम*। जब उन्होंने अपनी माँ से जिज्ञासावश इसका अर्थ पूछा, तो उन्होंने बताया, ''विद्या व्यक्ति को विनय, अर्थात विनम्रता देती है। विद्याविहीन मनुष्य में आचार एवं व्यवहार की महिमा का ज्ञान नहीं होता है। यह ज्ञान विद्या से प्राप्त किया जाता है, जिससे मनुष्य विनम्र बनता है। विनम्रता उसे पात्रता, अर्थात किसी कार्य को करने की योग्यता प्रदान करती है। इसी योग्यता के बल पर व्यक्ति धन का अर्जन एवं संचय कर पाता है।''

औपचारिक शिक्षा मात्र दस साल की उम्र में छूटने के बावजूद मनसुख भाई ने माँ के इन शब्दों को जीवन में आत्मसात कर लिया था। वे न केवल विनम्र बने रहे, बल्कि कड़ी मेहनत से धन अर्जन की योग्यता भी हासिल कर ली, लेकिन अपने संघर्ष के दिनों में ही उन्होंने तय कर लिया था कि वे यथासंभव अन्य बच्चों के लिए भी शिक्षा का बंदोबस्त करेंगे, ताकि उन्हें अनुभव की उस 'अग्नि परीक्षा' से नहीं गुज़रना पड़े, जिसका सामना उन्होंने किया था।

शिक्षा का अभाव खटकता था...

संघर्ष के प्रारंभिक दिनों से लेकर कामयाबी के शिखर पर पहुँचने तक मनसुख भाई को हर दिन यह बात बहुत खटकती रही कि वे ज़्यादा पढ़-लिख नहीं पाए। वाकया उन दिनों का है, जब वे फेरी लगाते थे। लखनऊ की गलियों में सिगरेट बेचते वक़्त उनकी मुलाक़ात एक ऐसे शख़्स से हुई, जो सरकारी सेवा से रिटायर हो चुके थे। उस शख़्स को मनसुख भाई बहुत पसंद थे।

एक दिन उस शख़्स ने कहा – "भाई तुम इस काम में कितना कमा लेते हो...? तुम कुछ और क्यों नहीं करते हो, देखने में अच्छे हो, बोलते अच्छा हो, मेहनती हो, सबसे बड़ी बात समय के कमाल के पाबंद हो और मुझे तुम बेहद भले भी लगते हो। तुम मुझसे कल मिलना। मैं कुछ देखता हूँ शायद तुम्हारी क़िस्मत से कुछ हो जाए।" मनसुख भाई – "सर, मैं ज़्यादा पढ़ा-लिखा नहीं हूँ। नौकरी भी अब नहीं करना चाहता हूँ। बहुत नौकरी कर ली। मैं बिज़नेस कर रहा हूँ। आप जैसे लोग आशीर्वाद देंगे, तो एक दिन ज़रूर कुछ बन जाऊँगा।"

उस शख़्स ने कहा – "अभी तुम्हारी उम्र ही क्या है, मैं तुम्हें दाख़िला दिला देता हूँ शहर के सबसे अच्छे संस्थान में, तुम पढ़ने को तैयार हो तो बोलो...। मुझे लगता है कि तुम पढ़ाई में भी बहुत आगे जा सकते हो... पढ़ाई कर लोगे, तो बिज़नेस में और कामयाब रहोगे।"

मनसुख भाई ने मुस्कराते हुए उन्हें बड़ी विनम्रता से मना कर दिया। बात बहुत साधारण थी। वे ख़ुद भी जानते थे कि उनकी उम्र उस वक़्त

पढ़ाई की भले ही थी, लेकिन वे पढ़ाई से तब कोसों दूर हो चुके थे। वे जो करना चाहते थे, उसमें शिक्षा की भूमिका तो थी, लेकिन वे बिज़नेस में बहुत आगे बढ़ चुके थे। उनकी फ़ितरत में पीछे मुड़ना नहीं था, इसीलिए उन्होंने विनम्रता के साथ सिगरेट लेने वाले शख़्स का प्रस्ताव ठुकरा दिया था, लेकिन ***उन्होंने मन ही मन यह ज़रूर तय कर रखा था कि वे अपने बच्चों यानी आने वाली पीढ़ी को उच्च शिक्षा ज़रूर दिलाएँगे।***

कमी की भरपाई का सपना सँजोया था...

बिज़नेस की तमाम व्यस्तताओं के बावजूद मनसुख भाई ने अपने बच्चों विक्रम, दीपक और रीता की पढ़ाई पर हमेशा नज़र बनाए रखी। ***उनका सपना था कि वे भले न पढ़ पाए, वे भले उच्च शिक्षा हासिल नहीं कर पाए, लेकिन उनके बच्चे इस तरह की तालीम हासिल करें कि उनकी पिछली पीढ़ी की कमी की भरपाई हो जाए और आने वाली पीढ़ी के लिए एक मील का पत्थर स्थापित हो जाए। वे समझ चुके थे कि भविष्य में शिक्षा का महत्त्व सबसे अधिक होगा।***

मनसुख भाई का दिमाग़ बिज़नेस में जितना तेज़ काम करता था, पैसे कमाने में उनका जितना दिल लगता था, उससे कहीं अधिक वे परिवार को प्यार करते थे। ***वे अपने पिता की ही तरह दूरदृष्टा थे। उन्हें भविष्य की चीज़ें जैसे सामने दिखतीं थीं।*** बा बच्चों को बेहतर परवरिश देने के साथ परिवार के संस्कार देने में जुटीं थीं। बा ने पूरा घर इस तरह से सँभाल रखा था कि मनसुख भाई को घर और बच्चों की तरफ़ से कोई फ़िक्र नहीं थी। मनसुख भाई बिज़नेस में डूबे थे। बा बच्चों के लिए माँ होने के साथ-साथ पिता की भी भूमिका निभातीं थीं। बच्चे थोड़ा बड़े हुए तो वे घर के कामों में हाथ बँटाने लगे, लेकिन मनसुख भाई ने बा से साफ़-साफ़ कह रखा था कि इनकी पढ़ाई में कोई रुकावट नहीं आनी चाहिए। वे कहते थे- ***''पैसों की भले ही थोड़ी कमी हो जाए, लेकिन पढ़ाई में कोई बाधा मुझे बर्दाश्त नहीं होगी।''*** बच्चे घर के काम करने के साथ-साथ पढ़ाई में भी तेज़ निकले। बा की मेहनत रंग लाई। मनसुख भाई को यह देख बहुत संतोष हुआ। एक दिन उन्होंने बा से इस बारे में कहा...

मनसुख भाई – ''मुझे लगता है हमें हमारे बच्चों को मुंबई (तब बंबई) में पढ़ाना चाहिए... पढ़ाई भी करेंगे, बिज़नेस की भाषा और तौर-तरीक़े भी सीखेंगे...। वहाँ बहुत बिज़नेसमैन हैं। बड़े कारोबारी हैं। कुछ तो सीखेंगे।''

दरअसल, मनसुख भाई तय कर चुके थे कि वे अपने सपनों को बच्चों के ज़रिए पूरा करेंगे। बच्चों को इतने अच्छे स्कूलों में भेजेंगे कि बच्चे भी गर्व करेंगे और आने वाली पीढ़ियाँ भी कहेंगी कि मनसुख भाई भले ख़ुद नहीं पढ़ पाए, लेकिन बच्चों को उन्होंने देश के सबसे बेहतरीन स्कूलों में पढ़ाया।

संघर्ष के दिन और सामाजिक दायित्व का बोध...

बच्चों की शिक्षा को लेकर मनसुख भाई बहुत संवेदनशील थे। अपने संघर्ष के दिनों में भी वे जब किसी बच्चे को स्कूल जाने की जगह सड़क पर घूमते हुए देखते थे, तो उन्हें बड़ा दुख होता था। उनके मन में आता कि काश! पैसे होते, तो वे उन सभी बच्चों के लिए स्कूल खोल देते। वे पूरे समाज के बच्चों के लिए चिंता करते थे। वे बिज़नेस में उलझे रहते थे, लेकिन उन बच्चों का ख़याल उनमें बना रहता था। इससे सामाजिक दायित्व का बोध उन्हें होने लगा था, जो धीरे-धीरे संकल्प में बदल रहा था।

कुछ दिन बीतने के बाद उन्होंने बा की सहमति से छोटे बेटे दीपक भाई को पढ़ने के लिए कानपुर से बाहर भेजा। मुंबई के नामी कॉलेज से दीपक भाई को उन्होंने ग्रेजुएशन कराया। वे कानपुर में जी-तोड़ मेहनत करके पैसे कमाने की जुगत में लगे रहते, लेकिन बच्चों के लिए उन्होंने कभी कोई कमी नहीं होने दी। वे हमेशा कहा करते थे- ***''जीवन में कुछ और ज़रूरी हो या न हो, कुछ भी स्थायी हो या न हो, लेकिन पढ़ाई सबसे अधिक ज़रूरी है और पढ़ाई जीवनभर काम आती है। पढ़ाई से ही दिमाग़ का विकास होता है। पढ़ाई से ही सही-ग़लत की पहचान करने की क्षमता आती है।''*** मनसुख भाई की तपस्या को आगे चलकर दोनों बेटों ने सही साबित किया। बेटों ने उनके बिज़नेस को आगे बढ़ाने के लिए नए-नए तरीक़े सुझाए। बिज़नेस में नयापन लाना शुरू किया। कई नए स्टार्टअप्स भी शुरू किए।

भूले नहीं संकल्प...

देश के दिग्गज उद्योगपतियों में शुमार होने के बावजूद 'बाबूजी' अपने संकल्प को भूले नहीं। उन्होंने समाज के अन्य बच्चों को शिक्षित बनाने के लिए शिक्षण-संस्थान खोलने पर विचार करना शुरू किया। ऐसे स्कूल या संस्थान, जहाँ बच्चों को पारंपरिक भारतीय-ज्ञान के साथ-साथ उच्च शिक्षा के लिए भी तैयार किया जा सके। बच्चों में नैतिकता और मानवता के मूल्यों के साथ-साथ समाज और देश के प्रति उत्तरदायित्व की भावना का बोध भी हो सके। समाज को शिक्षित करने के लिए उन्होंने अपने कौशल और विवेक का भरपूर इस्तेमाल किया। शिक्षा के मंदिर खोलने के लिए उन्होंने भूखंड लिए, लेकिन जब बेटों ने बिज़नेस में अति व्यस्त रहने की वजह से उस तरफ़ ध्यान नहीं दिया, तो मनसुख भाई को बहुत दुख हुआ। उन्होंने एक दिन बेटे दीपक से कह ही डाला...

मनसुख भाई – ''दीपक वो नोएडा का जो भूखंड है, उस पर स्कूल का क्या हुआ...?''

दीपक भाई– '' 'बाबूजी' वो... उसमें तो अब तक कुछ हुआ नहीं... टाइम मिले, तो देखते हैं... मैं बात करता हूँ... जल्द ही काम शुरू कराता हूँ...।'' दीपक भाई की ये बातें सुन मनसुख भाई गहन सोच में पड़ गए... फिर दुखी होकर उन्होंने जो कहा, वह दीपक भाई को अंदर तक हिला गया...

मनसुख भाई – ''मेरे जीते जी स्कूल खुल जाएँगे ना...?''

दीपक भाई –'' 'बाबूजी'... कैसी बातें कर रहे हैं... मैं कल ही इस पर बात करता हूँ...।'' दीपक भाई भी 'बाबूजी' के संकल्प से परिचित थे। इसके बाद दीपक भाई ने 'बाबूजी' को ख़ुश देखने के लिए आनन-फानन में संबंधित लोगों से बात की और नोएडा में 'बाबूजी' के हाथों स्कूल का शिलान्यास कराया। इसके बाद दीपक भाई ने 'बाबूजी' की इच्छा को ध्यान में रखते हुए *देश के अलग-अलग हिस्सों में 'कोठारी इंटरनेशनल स्कूलों' की श्रृंखला शुरू की।* वर्ष 2006 में नोएडा में 'कोठारी इंटरनेशनल स्कूल', 2011 में पुणे में 'मनसुख भाई नेशनल स्कूल' और 2016 में पुणे में ही दूसरे 'कोठारी इंटरनेशनल स्कूल' को शुरू किया गया। वर्ष 2016

में पूरे में देश में 'कोठारी स्टार्ज' नाम से छोटे बच्चों के लिए डे-केयर की श्रृंखला भी शुरू की गई। आधुनिक सुविधाओं से सुसज्जित इन स्कूलों में हज़ारों बच्चों को उत्कृष्ट शिक्षा प्रदान की जा रही है। ***मनसुख भाई हमेशा यह मानते रहे कि उच्च शिक्षित व्यक्ति अपना सर्वांगीण विकास कर सकता है। अच्छा इंसान बन सकता है।***

उन्होंने पैसों से अधिक मानव मूल्यों, बेहतर इंसानियत, परिवार, समाज और देश को महत्त्व दिया। मनसुखभाई चाहते थे कि बच्चे उन आदर्शों को मानें, जो मानव, समाज और देश के हित में हैं। इसलिए उन्होंने समाज को शिक्षित करने का बीड़ा उठाया। वे चाहते तो जिन पैसों को उन्होंने स्कूल बनाने में ख़र्च किया, उनसे वे दूसरे बिज़नेस भी कर सकते थे। कहीं और इन्वेस्ट कर सकते थे, लेकिन उन्होंने पैसों से अधिक महत्त्व बच्चों को बेहतर इंसान बनाने को दिया। ये सभी स्कूल मनसुख भाई कोठारी के दूरदर्शी और कठिन प्रयासों की परिणति का प्रतिनिधित्व करते हैं। उन्होंने युवा वर्ग को हमेशा एक प्रेरक के रूप में पोषित करने के सपने को सँजोया। बच्चों को प्रेरक माहौल में ऊर्जावान, आने वाले कल के लिए जीवंत, गतिशील और निर्णायक नेतृत्व देने लायक़ बनाने की भरसक कोशिश की। उनका मानना था कि जब बच्चे अपने माँ-बाप के प्रति दायित्व का निर्वाह करते हैं, उनके अधूरे कार्यों को पूरा करते हैं और उनके सपनों को साकार करते हैं, तो यह परिवार और संस्कार का सबसे बेहतरीन परिचय होता है।

नारी सशक्तिकरण के सच्चे अग्रदूत थे...

देश की आज़ादी के ढाई दशक बाद ही महिलाओं के सशक्तिकरण को केंद्रीय मुद्दे के रूप में मान्यता मिल पाई थी, लेकिन 'बाबूजी' इस मामले में समय से काफ़ी आगे थे। उन्हें नारी सशक्तिकरण का अग्रदूत कहा जाए, तो कोई अतिशयोक्ति नहीं होगी। उन्होंने पचास के दशक से ही नारी-शक्ति को न केवल बारीकी से जाना, बल्कि उसके सशक्तिकरण और उचित सम्मान को हमेशा प्राथमिकता दी। आख़िरी समय तक उन्होंने बा को हर क़दम पर अपने साथ रखा। उनसे सलाह ली और उनकी हर बात को उचित महत्त्व दिया। परिवार की प्रत्येक महिला सदस्य को बिज़नेस की बारीकियों से अवगत कराना, व्यक्ति की क्षमता को पहचानने

के गुर बताना व लाभ–हानि के विषय में उचित ज्ञान देना उनकी कार्यशैली का एक महत्त्वपूर्ण पहलू था। *अपनी पुत्रवधू यानी दीपक भाई की धर्मपत्नी 'आरती कोठारी' को भी उन्होंने ख़ुद प्रोत्साहित किया।* 'बाबूजी' ने अपनी बहू को बिज़नेस के वे सभी गुर बताए, जो वे स्वयं अपने जीवन में सीख चुके थे। बिज़नेस में किस तरह की सावधानी व सजगता की आवश्यकता होती है, कैसे कच्चे माल व सेल्स पर नज़र रखनी चाहिए, यह सब कुछ सिखाया। आज उन्हीं से पाई शिक्षा के दम पर आरती कोठारी अपने ग्रुप के सभी स्कूलों का दीपक भाई के सहयोग से बख़ूबी संचालन कर रही हैं और परिवार को उचित संस्कार व अनुशासन में बाँध कर परिवार के अन्य व्यवसायों में स्वयं सार्थक मार्गदर्शन भी दे रही हैं। उनका मानना है कि उनकी हर उपलब्धि, हर प्रयास 'बाबूजी' के आशीर्वाद की बदौलत है और 'बाबूजी' की ओर से मिला प्रोत्साहन ही उन्हें आज भी हिम्मत और जज़्बा देता है।

बच्चों में देखते थे अपना प्रतिबिंब...

मनसुख भाई का स्कूल खोलने का संकल्प जब धरातल पर उतरा, तो न केवल उनके चेहरे पर संतोष का भाव रहने लगा था, बल्कि वे स्वयं यादों में भी खो जाते थे। *नोएडा में 'कोठारी इंटरनेशनल स्कूल', और पुणे में 'मनसुख भाई नेशनल स्कूल' में वे नियमित रूप से जाते थे। इन स्कूलों में मनसुख भाई ने अपनी कुर्सी इस तरह लगवाई थी, जहाँ बैठकर वे खिड़की से आसानी से मैदान में खेल रहे बच्चों को देख सकते थे। उन्हें नराली गाँव का अपना बचपन याद आता था, फिर टीस उठती थी कि घर के विषम आर्थिक हालात के चलते वे बचपन में इतनी मस्ती नहीं कर पाए थे। जीवन में सब कुछ हासिल कर लेने और उम्र के उस पड़ाव पर पहुँचने के बाद उनके भीतर छुपा बचपन फिर जीवंत हो उठा था। बच्चों की मस्ती भरी क्रीड़ाएँ उनके हृदय में अद्‌भुत ख़ुशी* का संचार कर देतीं थीं।

13

दोस्तों की जान, हर महफ़िल की शान

''दुनिया में दोस्ती को समझना सबसे मुश्किल काम है।
यह कुछ ऐसा नहीं है, जो आप स्कूल में सीखते हैं,
लेकिन अगर आपने दोस्ती का मतलब नहीं सीखा है,
तो आपने वास्तव में कुछ भी नहीं सीखा है।''

–स्वर्गीय मोहम्मद अली, अमेरिकी पेशेवर मुक्केबाज़

मनसुख भाई जब मित्र मंडली के साथ मिल बैठते थे, तो उनके दोस्तों को उनमें ग़ज़ब का आकर्षण महसूस होता था। पैसों की दिक़्क़त हो या स्वास्थ्य का मामला हो, समाज की कोई बात हो या त्योहारों का कोई मौक़ा हो, लेकिन बिज़नेस की व्यस्तता के बावजूद वे दोस्तों के लिए वक़्त निकाल कर पूरी मौज़–मस्ती करने में कभी पीछे नहीं रहते थे। एक बार जिसे दोस्त बना लिया, उसके साथ जीवनभर दोस्ती निभाते थे। जब कभी दोस्ती की परीक्षा की घड़ी आई, तो वे इसमें हमेशा खरे उतरे। संघर्ष के दौर में मनसुख भाई ने हमेशा दोस्तों का भरपूर साथ दिया और दोस्तों ने भी उन्हें पूरा स्नेह दिया।

वे बिज़नेस के कार्य निपटाने के बाद जब भी घर लौटते या बाहर से कानपुर वापस आते, तो दोस्तों से या तो ख़ुद मिलने चले जाते थे या फिर

किसी नुक्कड़ या सड़क पर दोस्तों के साथ मस्ती करते थे। उनकी मस्ती में भी ग़ज़ब की मिठास होती थी। वे दोस्तों से मिलते, मनचाहा खाते–पीते और आपस में सुख–दुख की बातें करने के साथ ही बिज़नेस, देश–दुनिया के मसलों पर चर्चाएँ भी करते थे। ***उनके मित्रों में वे सबसे तेज़ बुद्धि वाले, सबकी मदद करने वाले, हर परिस्थिति का रेडीमेड हल रखने वाले और काम हो, न हो, लेकिन मित्रों के साथ जमकर हँसने वाले, कभी दुख और पैसों की तंगी को ज़ाहिर न करने वाले और हर परिस्थिति में सकारात्मक सोच रखने वाले इंसान के रूप में मशहूर थे।***

कामयाबी के दौर में तो बाकायदा मनसुख भाई के मित्रों की महफ़िलें जमा करतीं थीं। माल रोड के दफ़्तर में शाम को मित्र मंडली जुटती, चाट–पकौड़ों के साथ गपशप के दौर चलते। दीन–दुनिया के साथ ही बिज़नेस की बातें भी होतीं थीं। बिरहाना रोड़ से जलेबी और कचौड़ी के साथ चाट आती थी। काम बाक़ी हो, तो मनसुख भाई किसी को भी अपने पास ख़ाली नहीं बैठने देते थे, लेकिन काम पूरा हो जाए, तो उनसे बड़ा खुशदिल इंसान दूसरा नहीं दिखता था। दोस्तों के बीच शान और यारों के यार थे मनसुख भाई कोठारी।

नए काम खोज लेते थे...

वे उत्पादकता में भरोसा करते थे, लेकिन किसी साथी के जल्दी काम कर देने या ख़ाली बैठने पर वे उसे दूसरा काम देने में तनिक भी देर नहीं करते थे। सभी के लिए वे जैसे आए दिन नए काम भी खोज लेते थे। कोई सहयोगी काम करने को अनिच्छुक हो, तो भी वे उससे काम करवा लेते थे, वह भी प्यार से, लेकिन कभी किसी कर्मचारी को उन्होंने न तो प्रताड़ित किया और न दुखी होने का मौक़ा दिया। एक बार का वाकया है –

मनसुख भाई अपने दफ़्तर में काम में व्यस्त थे। काम पूरा होने पर उन्होंने अपने सचिव को दूसरा काम सौंप दिया। इस बीच, वे अपने दफ़्तर का मुआयना कर रहे थे, तो उन्होंने देखा कि अकाउंट सेक्शन में काम करने वाला एक वरिष्ठ कर्मचारी ख़ाली बैठा है। उसके पास कोई काम नहीं

है। मनसुख भाई ने उस कर्मचारी से बात की, तो पता चला कि वे जो काम करते थे, वह जल्दी हो जाता था, इसलिए वे छुट्टी होने तक ख़ाली बैठते थे। मनसुख भाई ने इतना सुना, क़रीब दो मिनट सोचा, फिर वहाँ से अपने केबिन में चले गए। केबिन में पहुँचने के बाद उन्होंने उस कर्मचारी को बुलाकर बड़े ही सरल शब्दों में कहा...

मनसुख भाई – ''आप कल से शाम चार से छह बजे तक मेरा काम करेंगे...।''

कर्मचारी – ''हकलाते हुए... जी... जी'' (बमुश्किल थूक गटकते हुए कर्मचारी के मुँह से केवल इतना ही निकला)।

मनसुख भाई – ''आप रोज़ जितने भी अख़बार दफ़्तर में आते हैं, उन सभी की हेडलाइन पढ़ेंगे, उन्हें नोट करेंगे और फिर मुझे सुनाएँगे...।''

कर्मचारी– ''जी... सर...।''

कर्मचारी को रोज़ दफ़्तर में आने वाले समाचार–पत्रों को पढ़ने और मुख्य ख़बरों को नोट कर मनसुख भाई को सुनाने का काम दिया गया था, हालाँकि कर्मचारी अब भी जैसे सदमे में था...ना कहने का सवाल ही नहीं था... लेकिन वह सोच रहा था कि यह भी कोई काम हो सकता है क्या...। लेकिन मनसुख भाई के दिमाग़ की नर्सरी में नए विचार पनपते ही रहते थे। मनसुख भाई उन विचारों को लागू करने के लिए सही वक़्त के इंतज़ार में रहते थे। जैसे ही मौक़ा मिलता था, वे नए विचारों पर काम शुरू कर देते थे। उन पर अमल कर देते थे। उन्होंने उस कर्मचारी के ख़ाली समय का शानदार सदुपयोग किया। वे कहते थे कि उनके इस तरह के आदेश से दो फ़ायदे होते थे। पहला, ख़ाली बैठे कर्मचारी को नए तरीक़े का काम मिल जाता था, तो वह कुछ नया सीखता था। दूसरा, ऐसा कर्मचारी पहले से ज़्यादा उत्पादक हो जाता था। वह ख़ुद सूचनाओं को समझना शुरू कर देता था। इस घटना के बारे में वे बताते थे कि उन्हें अख़बार पढ़ने के मौक़े कम मिलते थे, तो वे उस कर्मचारी के ज़रिए रोज़ जान पाते थे कि दुनिया में क्या चल रहा है। इसमें न तो कोई पैसे ख़र्च होने थे और न ही कोई काम प्रभावित होना था। मनसुख भाई की यह सोच बताती है कि वे भले ही ज़्यादा पढ़े–लिखे नहीं थे। मानव–संसाधन प्रबंधन की पढ़ाई से

तो उनका दूर का भी वास्ता नहीं था, लेकिन वे अपने साथ काम करने वालों के विकास के लिए उन्हें नए विचार देने और उनसे ख़ाली वक़्त में उत्पादक कार्य लेने में माहिर थे। इस तरह उन्होंने अपने साथ काम करने वालों का भला भी किया। उन्हें यह भी बताया कि सूचनाओं तक पहुँच के मायने क्या हैं। सूचनाओं को लेकर मारा–मारी और सूचनाओं को एकत्र करके बेचने का काम तो अब शुरू हुआ है, लेकिन मनसुख भाई ने सूचनाओं की अहमियत को बहुत पहले ही भाँप लिया था कि पर्याप्त सूचना उपलब्ध होने पर व्यक्ति कैसे अपना, समाज और देश का भला कर सकता है।

गपशप के बीच निकलते थे नए–नए आइडियाज़...

वे जब भी दोस्तों के साथ बैठे, आराम की मुद्रा में कभी नहीं बैठे। दोस्तों के संग ख़ूब गपशप की, लेकिन इस दौरान भी नए–नए आइडियाज़ पर बातें कीं। देश और समाज के साथ बिज़नेस को लेकर बातें कीं। दोस्तों के कारोबार पर सलाह दी। अपने कारोबार को लेकर सलाह ली। भावनाओं में मनसुख भाई कभी नहीं बहे, लेकिन उन्होंने हमेशा दूसरों की भावनाओं की भरपूर क़द्र की। किसी पर कभी काम को लेकर नाराज़ हुए, तो अगले ही पल समझाने के बाद उसके प्रति प्यार भी जताया। दोस्तों की महफ़िलें भी देर शाम तक चलती थीं, लेकिन किसी दिन काम आ जाने पर वे इनसे परहेज़ करने में कभी हिचकिचाते नहीं थे। ***उनके लिए कर्म ही पूजा थी। मनसुख भाई ने दोस्तों के संग पक्की यारी की, लेकिन अपने प्रतिद्वंद्वियों के साथ भी उन्होंने दुश्मनी नहीं की। वे कभी गला काट प्रतिस्पर्द्धा में शामिल नहीं हुए। दूसरों को बढ़ता देख कभी परेशान नहीं हुए। उन्होंने अपने किसी प्रतिद्वंद्वी का कभी अपमान नहीं किया। उन्होंने कारोबार में हमेशा स्वस्थ प्रतिस्पर्द्धा को बढ़ावा दिया।***

पैसा बनाने की मशीन कभी नहीं बने

मनसुख भाई *पैसा बनाने की मशीन कभी नहीं बने, लेकिन मंज़िल तक पहुँचने के लिए उन्होंने कर्म ज़रूर मशीन की गति से किए। उन्होंने रिश्तों की गरिमा को हमेशा समझा और उन्हें पूरी संजीदगी के साथ निभाया। उनके कर्म इतने अच्छे थे कि उन्हें अपने जीवन में पाँच पीढ़ियाँ देखने को मिलीं और उन्होंने इस तरह की परंपरा डाली कि आने वाली पीढ़ियाँ भी उनकी विरासत को आसानी से आगे बढ़ाती रहें।* उन्होंने पैसे कमाए, लेकिन जीवन में हमेशा उदार रहे।

परिवार को उन्होंने हमेशा ध्यान में रखा। गर्दिश के दिनों में भी वे ख़ूब दौड़-भाग करते रहे। फेरी लगाते रहे। गली-गली घूमते रहे, लेकिन शाम को घर आने के बाद वे सभी के बारे में पूरी जानकारी ही नहीं लेते थे, बल्कि सभी से बात करके उनकी समस्याएँ भी सुनते थे। इसके बाद बा के साथ मिलकर दिनभर की बातें बताने के बाद घर का हाल जानते थे। कोई चीज़ कम हो, तो उसे तुरंत पूरा करते थे। आमतौर पर लोग बाहर से काम करके आने के बाद थक कर सो जाते हैं या फिर मनोरंजन में समय बिताते हैं। घर में कोई समस्या होने पर लोग झुँझलाते हैं, लेकिन मनसुख भाई का स्वभाव इस मामले में बिलकुल अलग था। वे घर आने के बाद भी आराम करने की जगह घर की ज़रूरतों पर बात करने और उन्हें पूरा करने में जुट जाते थे।

14

असंभव को संभव बनाने की अद्‌भुत क्षमता

''केवल एक चीज़ किसी सपने को हासिल करना असंभव बनाती है और वह है असफलता का डर।''

– पाओलो कोएलो, ब्राजील के उपन्यासकार

नेपोलियन बोनापार्ट का मशहूर कथन है– ***''असंभव मेरे शब्दकोश में नहीं है।''*** *वैसे* इस बारे में मनसुख भाई को कोई ज्ञान नहीं था। उन्होंने तो कभी नेपोलियन के बारे में सुना और पढ़ा भी नहीं था, लेकिन वे ख़ुद अपने अनुभव से यह जान चुके थे कि ***''दुनिया में कुछ भी असंभव नहीं है। बस ज़रूरत है तो सच्ची लगन, ईमानदारी और निरंतर जी तोड़ मेहनत करने की इच्छाशक्ति की, जो काम को अंजाम तक पहुँचा सके।''*** कुछ भी असंभव नहीं है, इसे उन्होंने एक बार नहीं, बल्कि कई बार सच साबित करके भी दिखाया। चाहे वह सेवन अप नारियल तेल का मामला हो, 'पान पराग' का मामला हो या फिर वाशिंग पाउडर का। यह हमेशा एक राज़ रहा कि उनके दिमाग़ में जो चल रहा होता था, वे उसे वैसे ही हक़ीक़त में कैसे बदल देते थे।

टाटा संस के रतन टाटा ने *2022* में एक इंटरव्यू में कहा था कि उन्हें उस काम को करने में सबसे अधिक आनंद आता था, जिसे हर कोई

मना कर देता था। रतन टाटा की कही वह बात मनसुख भाई ने जीवन में *2022* से बहुत पहले *1980* में यानी *43* साल पहले ही उतार ली थी। मनसुख भाई ने जीवन संघर्ष के कठिन अनुभव से जो सीखा था, उनके लिए वही सत्य था। उन्हें नए-नए काम करना और नई-नई चुनौतियों का सामना करना बहुत *अच्छा लगता था।* वे परेशानियों के सामने पस्त होने की जगह परेशानियों को एक चैलेंज के रूप में लेते थे।

'बजट' की कामयाबी की कहानी...

जब बाज़ार में एक प्रसिद्ध वाशिंग पाउडर की गूँज सुनाई दे रही थी, तो मनसुख भाई को भी उसी तरह के प्रोडक्ट का ख़याल आया। उन्होंने सोचा कि गुजरात का प्रोडक्ट जब कानपुर और पूरे प्रदेश में धूम मचा सकता है, तो वे अगर ऐसा प्रोडक्ट निकालें, तो वह भी बाज़ार में दौड़ सकता है। कानपुर में श्रम सस्ता है। माल की भी दिक़्क़त नहीं होगी। उन्होंने अपने इस आइडिया पर बा से चर्चा की। बा को पता था कि उनके ना कहने पर भी मनसुख भाई वही करेंगे, जो उन्होंने सोच रखा है। बा ने उन्हें ख़ुशी-ख़ुशी वाशिंग पाउडर का उत्पादन करने की सहमति दे दी। बा के सहमति देने से मनसुख भाई का उत्साह दोगुना हो गया। मनसुख भाई ने आनन-फानन में अपनी पूँजी का हिसाब-किताब देखा। इसके बाद ज़रूरी रिसर्च की। बाज़ार की नब्ज़ भी जानी। बाज़ार में व्यापारियों से बातें करते हुए उन्हें समझ आया कि गुजरात के वाशिंग पाउडर को हराना मुश्किल ज़रूर है, लेकिन असंभव नहीं है।

मनसुख भाई ने ठान लिया था कि वे वाशिंग पाउंडर तो बाज़ार में लाकर रहेंगे। एक नामी ब्रांड का वाशिंग पाउडर काफ़ी महँगा पड़ता था। छोटी आय के लोग उसका इस्तेमाल नहीं कर पाते थे। आम बिज़नेसमैन उससे बचते थे। वाशिंग पाउडर के ख़रीदार भी थे, लेकिन उपभोक्ताओं का एक बड़ा वर्ग महँगा होने के चलते स्थानीय स्तर पर मिलने वाले बट्टे के सोप को अधिक लेता था। यही वजह थी कि बिज़नेसमैन भी गुजरात के वाशिंग पाउडर को बाज़ार में पूरी तरह खपा नहीं पाते थे। उन्होंने क़रीबी दोस्तों से चर्चा की। दो-तीन दिन ख़ूब सोच-विचार किया। अचानक एक दिन उनके दिमाग़ में नाम कौंध गया - *बजट।* उन्होंने तय कर लिया कि

अपने वाशिंग पाउडर का नाम वे 'बजट' ही रखेंगे। उन्होंने बा को पूरी बात बताई, तो हमेशा पति का साथ देने और उत्साह बढ़ाने वाली बा ने भी 'बजट' नाम को हरीझंडी दे दी। इसके बाद कानपुर से ही उन्होंने *18 अगस्त 1988 को* ***'बजट वाशिंग पाउडर'*** *को शुरू किया।* उसकी शानदार ढंग से समारोह कर लॉन्चिंग की गई। 'बजट वाशिंग पाउडर' को लेकर एक शानदार विज्ञापन भी बनवाया गया। 'बजट वाशिंग पाउडर' को लोकप्रिय बनाने के लिए उन्होंने बाज़ार का भरपूर इस्तेमाल किया। *'कम दाम में अधिक धुलाई'* यह बजट वाशिंग पाउडर की ख़ासियत बताई गई। दूसरा जो नामी ब्रांड था, उसका वाशिंग पाउडर एक किलो के पैक में ही आता था। मनसुख भाई ने *बजट* को लोकप्रिय बनाने के लिए उसके एक किलो के साथ आधा किलो, 200 ग्राम के पैक भी बनवाए। *बजट* कम समय में ही ख़ूब लोकप्रिय हो गया। उसने बाज़ार में पहले से मौजूद नामी ब्रांड के वाशिंग पाउडर को न केवल कड़ी टक्कर दी, बल्कि बाज़ार में अपनी जगह भी पक्की कर ली। *बजट* की कामयाबी की यह कहानी बताती है कि वे किसी भी कार्य को कठिन नहीं मानते थे। 'पान पराग' की कामयाबी के बाद भी मनसुख भाई के अंदर बिज़नेस करने, नए स्टार्टअप्स को शुरू करने और बिज़नेस को नई ऊँचाइयों पर ले जाने की भूख बरकरार थी। ***'असंभव' शब्द का उनके जीवन में कोई स्थान नहीं था, बल्कि वे किसी एक काम में कामयाब होने के बाद दूसरा नया काम या नई चुनौती अपने हाथ में ले लेते थे।*** *वे चुनौतियों से जूझने में आनंद का अनुभव करते थे।*

चार दशक पहले समझ लिया 'कोलैबरेशन' का महत्त्व...

आज से 43 साल पहले उस ज़माने में ही 'बाबूजी' ने 'कोलैबरेशन' के महत्त्व को भली–भाँति समझ लिया था। 'बाबूजी' ने इसीलिए बिज़नेस करने के लिए न केवल पूरा संगठन खड़ा किया, बल्कि अन्य प्रतिष्ठानों के साथ व्यापारिक समझौते भी किए। 'बाबूजी' का मानना था कि वे भले ही अकेले अपने दम पर कामयाबी के चरम पर पहुँच गए हों, लेकिन आने वाला वक़्त एक दूसरे की मदद से आगे बढ़ने का है।

MMK

15

एमएमके यानी मनी, मार्केटिंग और नॉलेज

''असली प्रतिभा चमकती है,
चाहे आपके आस-पास कितने भी लोग हों।''

– पालोमा फेथ, ब्रिटिश गायिका

एमएमके यानी मनसुख भाई महादेव भाई कोठारी अपने नाम के अनुरूप काम भी करते थे। वे बेजोड़ प्रतिभा और व्यक्तित्व के धनी साधारण इंसान थे। उनके साथ काम करने वाले और उनके मित्र उनके नाम के छोटे रूप 'एमएमके' का फुल फ़ॉर्म बताते हुए कहा करते थे–

M = Money
M = Marketing
K = Knowledge

पहले 'एम' के मायने मनी, दूसरे 'एम' के मायने मार्केटिंग और 'के' के मायने नॉलेज यानी ज्ञान। 'बाबूजी' के अनुसार जिस किसी के पास ये तीनों चीज़ें मौजूद होती हैं, उसे दुनिया की कोई ताक़त कामयाबी हासिल करने और बिज़नेस में लाभ कमाने से नहीं रोक सकती। मनसुख भाई ने

कम पढ़े–लिखे होने के बावजूद पिता से बिज़नेस करने के जो गुण सीखे थे, उनको वे निरंतर आगे बढ़ाते रहे। उनमें और भी चीज़ों को जोड़ते रहे। ***सफ़ाई के काम की निगरानी करने, ईंटें गिनने, कैंटीन चलाने, फेरी लगाने, कलकत्ता से सामान लाकर लखनऊ और कानपुर में बेचने के दौरान उन्हें मार्केटिंग के वे सूत्र मिले, जो सैद्धांतिक किताबों में नहीं थे। किताबी ज्ञान की जगह ज़मीन पर मार्केटिंग करके उन्होंने मार्केटिंग के वास्तविक गुर सीखे और समय के अनुकूल उन गुणों में निरंतर वृद्धि करते रहे और सीखते भी रहे।***

मनसुख भाई के पाँच बिज़नेस सूत्र...

कलकत्ता से सामान लाकर लखनऊ–कानपुर में बेचना कोई आसान काम नहीं था। एक तो उस वक़्त के लोगों के पास पैसे नहीं होते थे, दूसरा फ़ैशन का इतना चलन नहीं था, लेकिन उसके बाद भी वे कलकत्ता से सौंदर्य प्रसाधन सामग्री और रोज़मर्रा इस्तेमाल होने वाली चीज़ों के अलावा सबसे महँगी सिगरेट भी लाते थे। ट्रेन में पैसे बचाने के लिए वे जनरल क्लास में सफ़र करते थे। टीटी से मनुहार करके अपने सामान को कानपुर तक लाते थे। इसके बाद शुरू होता था उनका असली संघर्ष। मनसुख भाई मानते थे कि ***''आप के पास अच्छा और कई तरह का सामान होना ही पर्याप्त नहीं है। बात तो तब बनती है, जब आप अपने सामान के ख़रीदार तलाशते हैं, बनाते हैं, और लोगों को यह भरोसा दिलाते हैं कि जो आप बेच रहे हैं, वह कहीं और नहीं मिलेगा। लोगों को यह भरोसा भी दिलाना होता है कि जो सामान आप बेच रहे हैं, उसकी उन्हें ज़रूरत है या पड़ सकती है। लोगों को यह भरोसा भी दिलाना होता है कि जो सामान वे ले रहे हैं, वह सबसे सस्ता है और अनोखा है।''*** यह कोई आसान काम नहीं है। मार्केटिंग की डिग्री लेकर फ़ील्ड में उतरने वाले वर्तमान दौर के लोगों को किसी नई चीज़ के लिए मार्केट बनाने में बेहिसाब पैसे ख़र्च करने पड़ते हैं। विज्ञापन करने पड़ते हैं। खुदरा व्यापारियों को माल उधार में देना होता है। स्टॉकिस्ट और डीलर बनाने होते हैं और सबसे बड़ी बात कि सामान के लिए माँग पैदा करनी होती है, लेकिन मनसुख भाई

ने उस दौर में जब लोग अपनी ज़रूरत को भी कम करके काम चलाते थे, तब भी उन चीज़ों की शानदार और कामयाब मार्केटिंग की, जो लोगों की ज़रूरतों से मेल नहीं खातीं थीं या फिर जिनके बिना भी लोगों का काम चल रहा था। मनसुख भाई ने उस दौर में लोगों की जेब से पैसे ख़र्च कराए, जिस दौर में लोग पैसे बचाने को ही अपनी कामयाबी मानते थे। अपनी शानदार मार्केटिंग के ज़रिए मनसुख भाई जो भी सामान जहाँ से भी लाए, वह न तो कभी बाक़ी बचा और न ही उसे उधार देने की नौबत आई। ***मनसुख भाई बिज़नेस के पाँच प्रमुख बिंदुओं पर साथियों से चर्चा करते हुए अक्सर कहते थे कि कोई भी उत्पाद तभी बाज़ार में कामयाब हो सकता है, जब वह पहला– ख़ूबसूरत हो, दूसरा –वह उच्च गुणवत्ता का हो, तीसरा– वह समान अन्य उत्पादों के मुक़ाबले सस्ता भले न हो, पर उसी रेंज में हो, चौथा– वह बाज़ार में हर जगह उपलब्ध हो और पाँचवाँ– उसके बारे में लोगों को सही जानकारी हो।*** उन्होंने हर तरह के बिज़नेस में ख़ूब पैसे बनाए। वर्तमान दौर में लोग थोड़े पैसे आने के बाद संतुष्ट हो जाते हैं। बिज़नेस ठीक से चलने पर उसमें ही रम जाते हैं। बिज़नेस स्थापित होने के बाद नए बिज़नेस में जाने में हिचकिचाते हैं, लेकिन मनसुख भाई पास में पूँजी न होने के बाद भी जो भी नया बिज़नेस उन्हें समझ आया, वे करते चले गए, क्योंकि मनसुख भाई असली और पारखी बिज़नेसमैन थे।

वे जिन लोगों से मिलते थे, उनकी बातें ख़ूब ध्यान से सुनते थे। चर्चा देश की हो, दुनिया की हो, बिज़नेस की हो, चाहे समाज की हो, वे चर्चा में शामिल होते थे। बिज़नेस से थोड़ा वक़्त निकल कर वे दोस्तों से बातें करते और सभी की बातों को ध्यान से सुनकर उसमें अपने लिए काम की बातों को दिमाग़ में बैठा लेते थे, यानी ज्ञान हासिल करने का वे कोई मौक़ा नहीं छोड़ते थे। यही वजह रही कि उन्हें बिज़नेस के बारे में हमउम्र के लोगों से कहीं अधिक जानकारी थी। जब वे कर्नाटक के अवाड़ी में कैंटीन में काम करते थे, तो उस वक़्त वे ख़ुद साइकिल से सब्ज़ियाँ लेने बाज़ार जाते थे। जमकर मोल–भाव करते थे। व्यापारियों से बातें करके चीज़ों के थोक और खुदरा क़ीमतों में अंतर को समझते थे। ये सिलसिला उन्होंने कलकत्ता से कानपुर तक बिज़नेस करने के दौरान

भी बनाए रखा। वे कलकत्ता में किसी एक जगह से पूरा सामान लेने की जगह घूम–घूम कर मोल–भाव करके अच्छा सामान लेते थे। यह परंपरा मनसुख भाई ने 'पान पराग' के उत्पादन तक और उसके बाद भी जारी रखी। अपनी इस आदत के चलते मनसुख भाई ने जो जानकारी हासिल की, वह पूरी ज़िंदगी उनके काम आई। इन आदतों के बलबूते मनसुख भाई को बिज़नेस क्षेत्र में कमाल का ज्ञान प्राप्त हो गया था। उसी ज्ञान के सहारे वे अपने को, अपने बिज़नेस को और अपनी पूँजी को लगातार बढ़ाते रहे। इसका नतीजा सामने था। उनके अथक परिश्रम, उनके अपार ज्ञान और मार्केटिंग के उनके कौशल के चलते वे समाज में सम्मान हासिल कर पाए।

कमाल के पारखी थे...

मनी, मार्केटिंग और नॉलेज के दम पर उन्होंने 'पान पराग' को उन बुलंदियों पर पहुँचाया, जहाँ आज भी वह शान से राज कर रहा है। 'पान पराग' के साथ उन्होंने जिस किसी भी बिज़नेस में हाथ लगाया, वह बुलंदियों तक ज़रूर पहुँचा। चाहे वह साठे बिस्किट हो, ओके सोप हो, पारले हो, या फिर छोटा भाई बीड़ी। मनसुख भाई कोई पारस नहीं थे, जो हाथ लगाते थे, तो चीज़ें सोना हो जातीं थीं, लेकिन ***वे कमाल के पारखी, बेजोड़ शिल्पकार, ईमानदार, काम को लेकर जुनूनी और ज़बरदस्त मेहनत करने वालों में से थे।*** इसी का नतीजा था कि वे निरंतर आगे बढ़ते रहे। अपने बिज़नेस को, प्रतिष्ठानों और उत्पादों को बाज़ार की दौड़ में सबसे आगे बरकरार रखने में कामयाब रहे। पैसे कमाते रहे, निवेश करते रहे और पैसों से पैसे बनाते रहे। उन्होंने अपने नाम के अनुरूप मनी, मार्केटिंग और नॉलेज का भरपूर और शानदार इस्तेमाल किया। कई दशकों के लंबे संघर्ष के बाद ही सही, लेकिन जो कामयाबी उन्होंने हासिल की, वह पूरी दुनिया के लिए मिसाल बन गई, जो आज भी क़ायम है। यह मिसाल तब तक क़ायम रहेगी, जब तक उनका मनी–मार्केटिंग–नॉलेज का फ़ॉर्मूला अस्तित्व में रहेगा।

काफ़ी पहले देख लेते थे भविष्य की तस्वीर...

मशहूर लेखक मैल्कम ग्लैडवेल का एक कथन है– ***''एक दूरदर्शी लीडर काग़ज़ की एक साफ़ शीट से शुरुआत करता है, और दुनिया की फिर से कल्पना करता है।''*** मनसुख भाई ने भले ही ऐसी किताबें नहीं पढ़ी थीं, लेकिन उनका विज़न इतना स्पष्ट था कि वे अगले दस साल की तस्वीर देख लेते थे और स्वयं के बिज़नेस को उसके अनुरूप ढाल लेते थे। समय के साथ क़दम मिलाते हुए उन्होंने नब्बे के दशक में बिज़नेस के अन्य सेक्टरों में प्रवेश किया। उन्होंने रियल एस्टेट क्षेत्र में निवेश करने के लिए एक महत्वाकांक्षी योजना शुरू की। मेट्रो शहरों जैसे बेंगलुरु, हैदराबाद, कोच्ची, कोलकाता, मुंबई और पुणे में अपनी विशिष्ट उपस्थिति दर्ज कराई। आज ग्रुप के पास बेंगलुरु, मुंबई और पुणे में वाणिज्यिक बिल्डिंग हैं, जिन्हें उसने आईटी क्षेत्र की शीर्ष बहुराष्ट्रीय कंपनियों को लीज़ पर दिया है। ग्रुप कोलकाता और लवासा में विभिन्न होटल/सर्विस अपार्टमेंट भी विकसित कर रहा है। यही नहीं, ग्रुप विभिन्न वस्तुओं जैसे कोयला, इलेक्ट्रिक और इलेक्ट्रॉनिक आइटम, निर्माण सामग्री यानी पॉलिश की हुई टाइल्स, सेनेटरी आइटम, रसायन और कृषि आधारित उत्पाद आदि के अंतरराष्ट्रीय व्यापार से भी जुड़ गया है। इसके शेयरों का बॉम्बे स्टॉक एक्सचेंज और नेशनल स्टॉक एक्सचेंज में कारोबार किया जा रहा है। ग्रुप लगातार कई वर्षों से लाभांश की घोषणा कर रहा है। इस तरह अपने हितधारकों के लिए भी धन का सृजन कर रहा है। यह सब 'बाबूजी' के विज़न का ही परिणाम है।

16

फ़ितरत में नहीं था क़दम पीछे खींचना

''बड़े परिणामों के लिए बड़ी महत्वाकांक्षाओं की आवश्यकता होती है।''

– हेरक्लिटस, यूनानी दार्शनिक

पैसे कमाने के लिए कम उम्र में निडर होकर घर से निकलना यह बताता है कि मनसुख भाई जिस काम को करने का प्रण कर लेते थे, उसके लिए कोई किन्तु–परंतु उनके मन में नहीं होता था। वे बस सोचते थे और सफ़र को शुरू कर देते थे। वे इतने निर्भीक थे कि सफ़र में आने वाली कठिनाइयों को लेकर ज़्यादा सोच–विचार नहीं करते थे। बस, मन में ठान लेते थे और काम शुरू कर देते थे। उन्होंने पहली यात्रा के लिए भले ही 18 साल की उम्र तक इंतज़ार किया, लेकिन जब वे कानपुर के लिए घर से निकल पड़े, तो फिर उन्होंने पीछे मुड़कर कभी नहीं देखा।

'बाबूजी' मानते थे कि – ***''ज़िंदगी का साथ निभाइए, ज़िंदगी का आनंद लीजिए, ज़िंदगी को बोझ मत समझिए।''*** कमाने की दौड़–भाग में उन्होंने पहले दिन से कानपुर को अपनी कर्मस्थली बना लिया था, हालाँकि उनके जज़्बात गाँव से जुड़े थे। घर में मनसुख भाई अच्छे से खाते–पीते थे। दुकान में लोगों को सम्मान से सामान देते थे। शाम को घर लौटने पर बेहतर खाना माँ की ममता के साथ मिलता था, लेकिन

कानपुर में यह सब न होते हुए भी मनसुख भाई ने नराली की तरफ़ वापस रुख़ नहीं किया, हार नहीं मानी, कभी मायूस नहीं हुए। वे जानते थे कि औपनिवेशिक काल के गाँव में आगे के बढ़ने के विकल्प सीमित थे। इसलिए वे जज़्बात को नियंत्रण में रखते थे। उनका मानना था कि – ***जब हम किसी काम को छोटा या बड़ा मानने लगते हैं, तो हम उसी के अनुरूप अपने को ढालने लगते हैं। यहीं से हमारे लिए समस्याएँ खड़ी होना शुरू होती हैं।''***

इसीलिए शुरुआती दौर से ही मनसुख भाई एक काम के साथ दूसरे काम को करते चले गए। मनसुख भाई हर काम को पूरी लगन और ईमानदारी से करते गए। उनका यह तरीक़ा बताता है कि ***वे भविष्य की सोचते तो थे, पर भविष्य को लेकर आशंकित या भविष्य को लेकर ख़याली पुलाव पकाने की जगह वे केवल वर्तमान में ही जीते थे। वे वर्तमान को ही बेहतर बनाने पर पूरा ज़ोर देते थे।*** कितनी रातें ऐसी गुज़रीं, जब उन्हें आधे पेट भूखे रहकर सोना पड़ा। वे बुरी तरह विषम परिस्थितियों से जूझ रहे थे, लेकिन मनसुख भाई ने हालात को अपनी कमज़ोरी नहीं बनने दिया। उन्होंने अपने काम को जल्दी पूरा करके समय बचाया और उसे दूसरे काम की तलाश में लगाया। 'बाबूजी' कहते थे – ***''हालात कितने भी प्रतिकूल हों, समस्याएँ कितनी भी विकट हों, लेकिन असली मज़ा और असली बात तो तब है, जब आप हालात के वश में होने की जगह हालात को ही अपने वश में कर लें।''***

ईंटें गिनते–गिनते ही उन्हें फेरी लगाने के काम के बारे में जानकारी हुई। यह उनके लिए नए अवसर की तरह साबित हुआ। उन्होंने फेरी वालों को, उनके अंदाज़ को, काम करने के उनके तरीक़ों और सामान बेचने के ढंग को देखा। अगले दिन उन्होंने तय कर लिया कि वे फेरी ज़रूर लगाएँगे। तमाम अभावों के बावजूद फेरी लगाने को वे मानसिक और शारीरिक रूप से बिलकुल तैयार थे, क्योंकि उनका मानना था कि – ***''अभावों के दौरान ही शारीरिक और मानसिक क्षमता की असली परीक्षा होती है। संपन्न होने पर तो कोई कुछ भी कर सकता है। बात तो तब है, जब आपके हाथ ख़ाली हों और आप उसे भरने की कोशिश जी जान से करें।''***

बराबर की सहयोगी थीं बा

बा उनकी जीवनसंगिनी ही नहीं थीं, बल्कि बराबर की सहयोगी और अंतरंग मित्र भी थीं। सुबह घर से निकलने से पहले ही वे मनसुख भाई को दिन के लिए भोजन बनाकर दे देतीं थीं। सारे काम इस तरह करतीं थीं कि कहीं कोई उलझन न हो। कहीं कोई परेशानी होने पर बा ख़ुद ही उसे हल करने में जुट जातीं थीं। वे जानतीं थीं कि उनके पति किन परिस्थितियों से जूझ रहे थे। ऐसे में वे उनकी जितनी संभव हो सकती थी, उतनी मदद करतीं थीं। मनसुख भाई के शाम को घर आने के बाद झोलों से सामान निकालना, उनकी गिनती करना, जो कमा कर मनसुख भाई लाते थे, उसका हिसाब करना और फिर अगले दिन की तैयारी करना उनकी दिनचर्या का हिस्सा थे। मनसुख भाई भी जानते थे कि **बा के होने का मतलब घर की तरफ़ से निश्चिन्त होना है।**

मनसुख भाई ने बच्चों के घर में आने के बाद भी अपना संघर्ष जारी रखा, लेकिन उन्होंने घर में भी कुछ अधिक वक़्त देना शुरू किया। उनके रहन-सहन का स्तर आलीशान या शाही नहीं था, लेकिन खाने-पीने की चीज़ों की मनसुख भाई कमी नहीं होने देते थे। बच्चे जब बड़े होने लगे, तो बा ने उनकी देखभाल का पूरा ज़िम्मा ख़ुद उठाया। मनसुख भाई ने भी उसमें सहयोग दिया, लेकिन **संस्कार देने, परवरिश करने में सबसे अधिक योगदान बा का ही रहा।**

17

"हंगामा मेरा मक़सद नहीं... ये सूरत बदलनी चाहिए..."

''जब तक आप नई चीज़ों को आज़माने के लिए
अपने दिमाग़ को नहीं खोलते, आप वह नहीं पा सकते,
जो आप वास्तव में चाहते हैं।''

– अज्ञात

जीवन संघर्ष की तपिश में मनसुख भाई कुंदन की तरह निखर चुके थे। उन्होंने जो भी किया, एक अलग हंगामेदार अंदाज़ में किया। ***जैसे वे दुनिया को बताना चाहते थे कि जो भी करो, उसमें सराबोर होकर करो। मज़े लेकर करो। पूरी मस्ती के साथ करो। काम ऐसा करो कि ज़माने के लिए नज़ीर बन जाए, क्योंकि जुनून के बिना जीवन औसत दर्जे का होता है।''*** चाहे बात 'सेलिब्रेशन' की हो, बिज़नेस की बारीकियों को सीखने की हो या बाज़ार में एंट्री की हो, अपने प्रोडक्ट की लॉन्चिंग की हो या विज्ञापन बनवाने की हो, वे सभी कुछ अपनी ख़ास शैली में ही करते थे।

कैसे बना आइकोनिक विज्ञापन...

मनसुख भाई ने 'पान पराग' की शुरुआती कामयाबी के बाद इसे राष्ट्रीय स्तर पर ले जाने पर विचार किया। इसके लिए ज़रूरत थी एक बेहद

ख़ूबसूरत और दिल को छू लेने वाले विज्ञापन की। एक ऐसे विज्ञापन की, जो 'पान पराग' की ख़ुशबू को न केवल पान के शौक़ीनों, बल्कि आम लोगों तक पहुँचा सके। विज्ञापन इतना दमदार हो कि 'पान पराग' के ज़ायक़े की तलब दिलों में उतर जाए। वे 'पान पराग' को उन लोगों तक भी पहुँचाना चाहते थे, जो पान खाने के आदी तो नहीं थे, लेकिन ख़ास मौक़ों पर इसका लुत्फ़ लेने से मना भी नहीं करते थे। 'बाबूजी' ने मायानगरी मुंबई, सूरत, अहमदाबाद और राजधानी दिल्ली की यात्राएँ कीं। इन शहरों में अपने पुराने दोस्तों से मिले। दोस्तों ने विज्ञापन की दुनिया के धुरंधरों से उनकी बात कराई। 'बाबूजी' का कहना था,'' जो मैं चाहता हूँ, वैसा ही विज्ञापन मुझे चाहिए।'' किसी और की नक़ल या किसी अन्य कंपनी के उत्पाद के जैसा विज्ञापन नहीं चाहिए। विज्ञापन की दुनिया के महारथियों ने कई 'स्क्रिप्ट्स' लिख कर मनसुख भाई को दिखाईं। उन्होंने विज्ञापन बना कर भी दिखाए, लेकिन उन्हें कोई पसंद नहीं आया। मनसुख भाई की एक ख़ूबसूरती यह भी थी कि वे बड़े से बड़े प्रभावशाली और नामचीन लोगों के प्रभाव में नहीं आते थे। वे जब तक संतुष्ट नहीं होते थे, तब तक किसी भी काम को हाँ नहीं कहते थे। जिन लोगों ने बड़ी–बड़ी कंपनियों के लिए विज्ञापन बनाए थे, उनके आइडियाज़ को मनसुख भाई एक झटके में ना बोल देते थे। वे कहते थे– ''जब मुझे समझ नहीं आया, तो मेरे प्रोडक्ट के चाहने वालों को कैसे पसंद आएगा।'' उनका कहना था कि ***''विज्ञापन ऐसा हो कि लोगों को पहली नज़र में भा जाए। समाज से जुड़ा हो, लोगों को उसमें अपनापन लगे। प्रोडक्ट की बिक्री विज्ञापन के बाद भले न बढ़े, लेकिन प्रोडक्ट के बारे में देश के हर कोने में लोगों को पता चल जाए।''***

विज्ञापन बनाने वाली एक बड़ी एजेंसी ने जो स्क्रिप्ट बनाई, वह मनसुख भाई को बहुत पसंद आई, लेकिन उन्होंने उसमें कई सुझाव दे डाले, फिर उनके सुझाव पर कहानी बनाई गई, लेकिन वह उन्हें पसंद नहीं आई, फिर नई कहानी बनाई गई। इस तरह तक़रीबन 10 से 12 मीटिंग्स के बाद स्क्रिप्ट फ़ाइनल हुई, फिर सवाल हुआ कि इसके लिए विज्ञापन की जो फ़िल्म बनेगी, उसमें अभिनय कौन करेगा। 'बाबूजी' *शम्मी कपूर* को पसंद करते थे। उन्होंने विज्ञापन बनाने वाली एजेंसी से कहा कि इसमें

शम्मी कपूर और ***अशोक कुमार*** जैसे कलाकार हों, तो मज़ा आ जाएगा। विज्ञापन एजेंसी के मालिक ने कहा कि वे बहुत मोटी फ़ीस लेंगे। इस तरह के नए प्रोडक्ट का विज्ञापन करना वे शायद ही पसंद करेंगे, लेकिन मनसुख भाई अपनी बात के पक्के थे। वे जो कहते थे, वह करके दिखाते थे। वे हार मानने वालों में से नहीं थे। इसलिए उन्होंने कहा कि उनको राज़ी करना आपका काम है। पैसों की चिंता नहीं करनी है, लेकिन काम बढ़िया और लीक से हटकर होना चाहिए।

सितारों पर 'बाबूजी' का जादू...

बॉलीवुड के दो दिग्गज सितारों शम्मी कपूर और अशोक कुमार ने अपने पूरे कॅरियर में कभी साथ अभिनय नहीं किया था और 'बाबूजी' उन्हें विज्ञापन की फ़िल्म में साथ लाना चाहते थे। वैसे भी उस समय, किसी ब्रांड का समर्थन करने के लिए फ़िल्मी सितारों को शामिल करना बड़ी बात हुआ करती थी। विज्ञापन एजेंसी ने जब शम्मी कपूर और अशोक कुमार से संपर्क किया, तो दोनों महान अभिनेताओं ने विज्ञापन करने में हिचकिचाहट दिखाई। वे बात को टाल गए। यह सूचना जब मनसुख भाई को दी गई, तो वे निराश नहीं हुए। उन्होंने दोनों अभिनेताओं से मुलाक़ात करने का निर्णय लिया, लेकिन मायानगरी में अभिनेताओं से मुलाक़ात इतनी आसान भी नहीं होती। किसी तरह 'बाबूजी' की भेंट दोनों अभिनेताओं से कराई गई। मुलाक़ात में 'बाबूजी' ने जैसे उन पर जादू कर दिया। उन्होंने शम्मी कपूर और अशोक कुमार को अपनी कहानी से इतना प्रभावित किया कि दोनों अभिनेता ख़ुशी-ख़ुशी उनके विज्ञापन में अभिनय करने के लिए राज़ी हो गए। जब यह विज्ञापन बन कर तैयार हुआ, तो उसकी रचना करने वालों को भी उसके प्रभाव का अंदाज़ा नहीं था। जब यह विज्ञापन टीवी और सिनेमाघरों के स्क्रीन पर चला, तो सप्ताहभर के अंदर ही 'पान पराग' की बिक्री में उम्मीद से अधिक उछाल आ गया। इस विज्ञापन से मनसुख भाई ख़ुश तो बहुत हुए, लेकिन संतुष्ट नहीं हो पाए। मनसुख भाई को असली संतोष तब हुआ, जब उन्होंने दोस्तों की महफ़िलों और अपने सम्मान समारोहों में उस विज्ञापन को चलते देखा और आते-जाते लोगों को उसे गुनगुनाते हुए देखा और सुना। वे साफ़ कहा करते थे कि ***''धूम***

धड़ाका, ग्लैमर और गाजे-बाजे के साथ हंगामा खड़ा करना, शोर मचाना मेरा मक़सद नहीं है। मेरी कोशिश ये सूरत बदलने की है।'' उनके शब्दों में- ''पान मसाले बहुत हैं, मार्केट में बहुत आएँगे, कोई सस्ता होगा, तो कोई महँगा होगा। सबके अपने-अपने दावे होंगे, लेकिन मुझे इन सबसे अलग पहचान चाहिए। वो पहचान जो 'पान पराग' को परिवारों का हिस्सा बना दे। परंपराओं का वाहक बना दे। इसीलिए उन्होंने 'बारात' और 'बारातियों' जैसे शब्दों का चयन किया। बारात और स्वागत की रस्मों को 'पान पराग' से जोड़ा। ***उस ज़माने की भावना-प्रधान फ़िल्मों की मशहूर अभिनेत्री सारिका से भी उन्होंने विज्ञापन कराया।*** उनसे अपना और कंपनी का जुड़ाव भी बनाए रखा। यही जुड़ाव पीढ़ियाँ बदलने के बाद भी अनवरत जारी है।

75 वीं बर्थडे और आशाजी की आवाज़ का जादू...

''ज़िंदगी एक खुशनुमा एहसास है, यही जीवन जीने का अंदाज़ है,'' तमाम संघर्षों के बावजूद 'बाबूजी' का व्यक्तित्व निराला था। ज़िंदगी को ज़िंदादिली से जीने और बिज़नेस की दौड़-भाग के बीच वे शानदार संतुलन बैठाते थे। वर्ष 2000 में जब 'बाबूजी' ने अपनी 75वीं बर्थडे मनाई, तो बॉलीवुड की मशहूर पार्श्व गायिका आशा भोसले को प्रस्तुति देने के लिए आमंत्रित करके उन्होंने सभी को चौंका दिया। आशाजी ने अपनी आवाज़ के जादू से अतिथियों को मुग्ध कर दिया। उस 'सेलिब्रेशन' में शामिल लोगों के लिए 'बाबूजी' की वह बर्थडे अविस्मरणीय बन गई। आज भी इसका ज़िक्र होता रहता है।

अनूठा हुआ करता था 'सेलिब्रेशन' का अंदाज़...

एक बार का वाकया है – 'पान पराग' को बाज़ार में पाँव जमाए कुछ ही दिन हुए थे कि दिवाली का त्योहार आ गया। 'बाबूजी' ने ठान लिया था कि उस बार दिवाली इस तरह मनाएँगे कि पूरा कानपुर जान जाए कि मनसुख भाई ने दिवाली मनाई है। उनका जो अंदाज़ होगा, वैसा कानपुर शहर ने पहले कभी नहीं देखा होगा। उन्होंने 'पान पराग' के सभी कर्मचारियों, उनके परिवार के सदस्यों और उनके बच्चों को दफ़्तर में बुलाया। सभी के साथ जमकर जश्न मनाया। उन्हें कपड़े, खिलौने, मिठाइयाँ और आतिशबाज़ी का ख़ूब सामान दिया, कई तरह के उपहार दिए। उनकी दिवाली देख आस-पास के लोग, दुकानदार और दफ़्तर वाले आश्चर्यचकित रह गए। शाम को उन्होंने माल रोड के अपने दफ़्तर के सामने ख़ूब रोशनी कराई। रात होते-होते जमकर आतिशबाज़ी की गई। आतिशबाज़ी से पूरे सिविल लाइंस इलाक़े में पटाखों की आवाज़ गूँज उठी। इस घटना से पूरे इलाक़े के लोगों के दिल-ओ-दिमाग़ पर 'बाबूजी' की दिवाली छा गई। उनकी दिवाली के नज़ारे देखने लायक़ होते थे।

18

सुनो सबकी, करो मन की...

''जिस तरह शतरंज में विवेचनात्मक सोच सबसे महत्त्वपूर्ण कारक होती है, उसी तरह जीवन में भी निर्णय लेने से पहले गहराई से सोचने की ज़रूरत होती है।''

– हिकारू नाकामुरा, ग्रैंडमास्टर

वे शायद अपने ज़माने के सबसे अच्छे श्रोताओं में से एक थे। वे सबकी सुनते थे। सबको बराबर इज़्ज़त देते थे, लेकिन जब करने की बारी आती थी, तो वे करते वही थे, जो उनका मन कहता था। चीज़ों, ख़ासकर अपने प्रोडक्ट को समाज, समाज की ख़ुशियों से जोड़ने में उनका कोई मुक़ाबला नहीं था। उनका दिमाग़ कंप्यूटर जैसे चलता था। वे सब कुछ इतने 'कैलकुलेटिव' तरीक़े से करते थे कि उनके साथ रहने वाले और काम करने वाले भी अचंभित रह जाते थे।

दोस्ती के प्रेरक क़िस्से...

दिवाली में 'बाबूजी' शगुन मनाने के लिए दोस्तों के साथ ताश खेलते थे। इस खेल को भी वे डूब कर खेलते थे। क्या मज़ाल कि कोई दोस्त पत्तेबाज़ी में शामिल होने से बच जाए। 'बाबूजी' आधी रात तक मस्ती में डूब कर पत्ते खेलते और दोस्तों के संग रमे रहते थे। दोस्तों के साथ

उनके रिश्तों की अनेक कहानियाँ ऐसी हैं कि कई बार 'बाबूजी' की शख़्सियत पर विश्वास करना मुश्किल हो जाता है। आज भी लोग उन दिनों को याद करते रहते हैं। वे जिस रिक्शे पर एक बार भी चढ़े, उस रिक्शे वाले को उन्होंने मन में जैसे बसा लिया। 'बाबूजी' धनी भले बन गए, लेकिन माता-पिता से मिले इंसानियत के गुणों को उन्होंने हमेशा बनाए रखा। एक बार उन्हें उस रिक्शेवाले की बीमारी का पता चला, जिसके रिक्शा में वे अक्सर बैठा करते थे, तो वे उसके हाल-चाल बराबर लेते रहे। उन्होंने यथासंभव मदद भी की।

चलती-फिरती संस्था थे...

'बाबूजी' एक चलती-फिरती संस्था जैसे थे। वे जिसके साथ जुड़ते थे, उसके साथ जीवनभर का रिश्ता क़ायम कर लेते थे। यही संस्कार उन्होंने अपने बच्चों में डाले, ताकि वे भी समाज और देश के काम आ सकें।

वे ख़ुद पर सबसे अधिक भरोसा करते थे। कोई भी कह सकता है कि इसमें कौन सी अनोखी बात है? लेकिन 'बाबूजी' तो पूरी तरह अनोखे थे। 'बाबूजी' जितना ख़ुद पर भरोसा करते थे, उससे कहीं अधिक वे साथ काम करने वालों पर विश्वास करते थे। 'बाबूजी' कहते थे- ***''मेरे साथ क़दम-दर-क़दम चलने वाले लोग ही मेरी पूँजी हैं। प्रगति के सोपानों को पार करने के लिए मुझे उन पर भरोसा करना ही होगा।''*** उनकी कुबेर की कहानी उनके भरोसे की ऐसी मिसाल है, जिसे सुनकर कोई भी दाँतों तले उंगली दबाने को विवश हो सकता है।

धैर्य की पूँजी और कुबेर की कहानी...

एक बार का वाकया है... 'बाबूजी'ने अपनी कंपनी की तिजोरी में कुछ पैसे रख दिए। वे रोज़ ही हिसाब करने के बाद तिजोरी में पैसे रखते थे और इसकी जानकारी उनके अलावा पुत्र दीपक भाई और एक विश्वासपात्र कर्मचारी कुबेर को ही होती थी। कंपनी के बाक़ी लोगों को इसकी जानकारी नहीं होती थी। अगले दिन एक काम के सिलसिले में उन्हें पैसों की ज़रूरत पड़ी। उन्होंने तिजोरी से पैसे निकाले। 'बाबूजी'की आदत थी

कि वे तिजोरी में पैसे रखते समय और निकालते समय उन्हें गिनते ज़रूर थे। 'बाबूजी' ने तिजोरी से पैसे निकालने के बाद गिने, तो उसमें एक नोट कम था। 'बाबूजी' ने फिर से पैसे गिने, पैसे कम थे, तो कम ही निकले। 'बाबूजी' परेशान हो गए। उस तिजोरी को 'बाबूजी' के अलावा कभी-कभी कुबेर भी खोलते थे और कभी-कभी दीपक भाई भी खोलते थे। 'बाबूजी' ने कुबेर को बुलाया। कुबेर 'बाबूजी' के सामने पँहुचे। कोई और होता, तो तुरंत शक कर लेता, क्रोध करता और हंगामा मचा देता। तिजोरी से पैसे ग़ायब होना कोई छोटी बात तो नहीं थी।

मनसुख भाई शांत भाव से बोले – ''कुबेर मेरे बाद किसी ने तिजोरी खोली थी क्या?''

कुबेर – ''नहीं, 'बाबूजी' मुझे पता नहीं है...।''

मनसुख भाई – ''तुम तो तिजोरी से पैसे निकाल कर मुझे देते हो... इसलिए पूछा। जो पैसे रखे थे, उनमें से एक नोट कम है...।''

कुबेर को काटो तो ख़ून नहीं... वह परेशान हो गया...।

कुबेर – '' 'बाबूजी' मुझे इस बारे में जानकारी नहीं है... इतना कह कर कुबेर चुप हो गए। कुबेर के मन में अजीबो-ग़रीब ख़याल आने लगे। कुबेर काफ़ी डर भी गए। मनसुख भाई ने कुबेर को ग़ौर से देखा और बोले- ''परेशान न हो...याद करो...याद आए तो बताना... ठीक है... जाओ...।''

इतना सुनने के बाद कुबेर मौक़े से निकल गए। वे बेहद डरे हुए थे, लेकिन दूसरी तरफ़ मनसुख भाई कुबेर पर शक करने की जगह सोच-विचार कर रहे थे कि एक नोट आख़िर कौन ले सकता है। कहाँ गया होगा यह नोट। कोई और होता तो कर्मचारी के ऊपर टूट पड़ता, नौकरी से निकाल देता, लेकिन मनसुख भाई कुबेर पर बहुत भरोसा करते थे। कुबेर कई बार उनके भरोसे पर खरा उतरे थे। इसलिए मनसुख भाई ने उन पर शक नहीं किया, बल्कि सोचते रहे कि आख़िर एक नोट गया कहाँ होगा। उन्हें याद आया कि दीपक भाई भी तिजारी में पैसे रखते हैं, तो हो सकता है उन्होंने पैसे निकाले हों। मनसुख भाई ने तुरंत पुत्र दीपक भाई को फ़ोन लगा दिया...।

मनसुख भाई बेहद सपाट लहज़े में – ''दीपक..., तुमने तिजोरी से पैसे निकाले क्या?''

दीपक भाई–'' 'बाबूजी' मैंने तो नहीं निकाले... आपका तो उसमें ताला लगा रहता है...चाबी भी आपके पास ही होती है...।''

इतना सुनते ही मनसुख भाई ने बेटे दीपक से कहा – ''ठीक है।''

मनसुख भाई बेहद परेशान थे, लेकिन उन्होंने धैर्य नहीं खोया। वे लगातार सोचते रहे कि 500 का नोट गया किधर... उन्होंने एक बार फिर तिजोरी खोली...पूरे पैसे गिने... लेकिन 500 का नोट अब भी नहीं मिला। इसी उधेड़बुन में पूरा दिन निकल गया। शाम को अचानक उनका दिमाग़ काम कर गया। उन्होंने तिजोरी की ऊपर की दराज़ के नीचे हाथ लगाया, तो 500 का नोट फँसा हुआ मिल गया। नोट मिलने के बाद 'बाबूजी' को संतोष तो हुआ, लेकिन उससे अधिक भरोसा कुबेर और दीपक भाई पर हो गया। यह घटना बताती है कि मनसुख भाई हर चीज़ भले ही नाप-तौल कर करते थे, लेकिन ईमानदारी और भरोसा उनकी असली दौलत थी। इस लिहाज़ से वे अपने लोगों पर भरोसा भी बेहिसाब करते थे। वे चाहते तो सभी कर्मचारियों से बात कर सकते थे। सभी से पूछताछ कर सकते थे। अपना आपा खो कर हर किसी को डाँट सकते थे, लेकिन धैर्य ही वह पूँजी थी, जो मनसुख भाई के पास बचपन से थी। उसी धैर्य के कारण उन्हें विश्वास था कि पैसे कहीं गए नहीं होंगे। 'बाबूजी' कहते थे–***''कोठारी प्रोडक्ट से जुड़ा हर कर्मचारी, अधिकारी, वितरक और कोठारी प्रोडक्ट के सामानों का उपभोग करने वाला हर व्यक्ति कोठारी परिवार का हिस्सा है। लोगों के जुड़ाव और कर्मचारियों की निष्ठा पर उन्हें पूरा भरोसा है।''***

जो फ़ैसले वे अपने मन की आवाज़ सुन कर लेते थे, उनका आधार दरअसल यह 'भरोसा' ही होता था।

परिवार और काम के बीच ग़ज़ब का संतुलन था...

कवि ओम व्यास 'ओम' की एक मशहूर कविता की पंक्तियाँ हैं,

पिता जीवन है, संबल है, शक्ति है,
पिता सृष्टि के निर्माण की अभिव्यक्ति है।

मनसुख भाई बिज़नेस में चाहे कितने भी व्यस्त रहें, लेकिन परिवार और काम के बीच संतुलन बनाए रखना उन्हें बहुत अच्छे ढंग से आता था। उनका वात्सल्य भाव बच्चों में उत्साह का संचार कर देता था। लोगों के प्रति स्नेह उन्हें सभी से अपनत्व के साथ जोड़े रखता था। बात उन दिनों की है, जब मनसुख भाई एक कमरे के घर में किराए पर रहते थे। बा को बच्चों की फ़िक्र तो रहती ही थी, लेकिन वे मनसुख भाई की चिंता भी करती रहतीं थीं। बिजली चले जाने पर बा रात-रातभर जाग कर बच्चों के लिए हाथ से पंखा झलतीं थीं, लेकिन मनसुख भाई को सुबह सामान के झोले हमेशा तैयार मिलते थे। मनसुख भाई भी शाम को आते, तो दो बोल प्यार के बोलने की जगह बिज़नेस पर ही बातें करना शुरू कर देते थे, लेकिन वे एक नज़र पूरे घर पर ज़रूर डाल लेते थे। बा मनसुख भाई की भावनाओं को समझ लेतीं थीं। मनसुख भाई ने गर्मी में बच्चों की हालत देख कर दुखी होने की जगह और भी अधिक मेहनत की, ताकि परिवार को पहले से और बेहतर जीवन दे सकें। मनसुख भाई की जान परिवार में बसती थी। इन्हीं सारे संघर्षों के बीच वे निरंतर मौक़ा मिलते ही अपने माता-पिता को भी पत्र लिख कर पोस्ट करते थे। पत्र आने पर उनके जवाब भी देते थे। वे जब भी घर लौट कर आते थे, तो कोई न कोई मिठाई ज़रूर लाते थे। बच्चों को प्यार करने के बाद ही मनसुख भाई खाने पर बैठते थे।

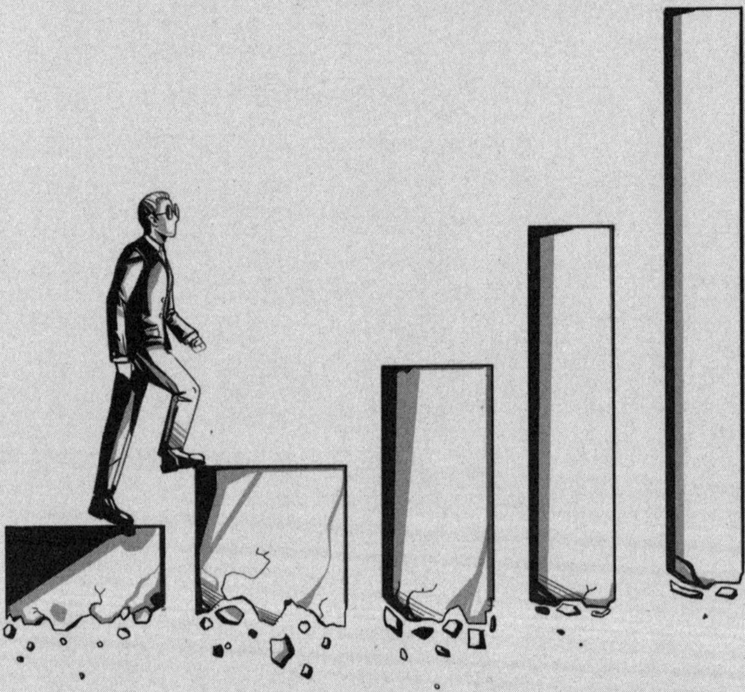

19

अभावों के अंधेरे में तलाश ली जीने की रोशनी

''कामयाबी संयोगवश नहीं मिलती। यह कड़ी मेहनत, संकल्प, निरंतर सीखने, अध्ययन करने, त्याग की भावना रखने और सबसे बढ़कर, आप जो कर रहे हैं या करना सीख रहे हैं, उससे प्यार का प्रतिफल होती है।''

– पेले, फ़ुटबॉल के जादूगर

मनसुख भाई के विचार बहुत साफ़ थे। वे बार–बार कहते थे – ***''जब कुछ पास न हो, तो खोने का डर कैसा!''*** लक्ष्य चुनिए ज़रूर, चाहे वे छोटे ही क्यों न हों, सपने बुनिए ज़रूर, भले ही वे अकल्पनीय लगते हों। जुट जाइए ईमानदारी, लगन, तन्मयता और निष्ठा से। लक्ष्य की तरफ़ लगातार अग्रसर रहिए। हार से भयभीत मत होइए। जीत की तरफ़ जोश के साथ क़दमों को निरंतर आगे बढ़ाते रहिए। यक़ीन मानिए, अंत में जीत आपकी ही होगी। दुनिया आपकी जीत का आनंद लेगी, लेकिन आपको उस वक़्त भी अपने लिए नए लक्ष्यों को तय करना होगा। यही असली कामयाबी है। यही जीवन का परम आनंद है।

'बाबूजी' का दर्शन था – ***''मेहनत का कोई छोटा रास्ता नहीं होता। मंज़िल दूर भले हो, लेकिन निरंतर कोशिश उस तक पहुँच को आसान***

बना देती है। मंज़िल पर पहुँचने पर जो परम सुख मिलता है, व्यक्ति उसमें मगन न हो, तो मन में एक संतुष्टि का भाव भी पैदा हो जाता है। संतुष्टि का यही भाव मंज़िल पर पहुँचने के दौरान रास्ते में होने वाले कष्टों को भुला देता है। ऐसा होने पर व्यक्ति आनंद के क्षणों में भी समभाव में बना रहता है। यही लक्षण किसी व्यक्ति को कामयाब बनाते हैं, उसे औरों से विशिष्ट बनाते हैं।''

मनसुख भाई कोठारी इन्हीं सोपानों को पार करते हुए मंज़िल तक पहुँचे। ख़ुशी में वे उन क्षणों को नहीं भूले, जिन क्षणों में वे चिंतन करते थे। उनमें ख़ुशी से लगाव का भाव नहीं आया। वे उन महान तपस्वियों की परंपरा के वाहक बने, जो गीता में भगवान श्रीकृष्ण के उपदेश *'कर्मण्येवाधिकारस्ते मा फलेषु कदाचन'* का अक्षरशः पालन करते थे,यानी कर्म पर उन्होंने अपना अधिकार माना, लेकिन फल पर कभी भी अपना अधिकार नहीं जताया, उसकी तरफ़ सोचा भी नहीं।

मनसुख भाई के चौदह रुपये आज के संदर्भ में...

मनसुख भाई की कामयाबी को यूँ ही बेमिसाल नहीं कहा जाता। वे 1943 में जब अपने गाँव नराली से निकले थे, तब उनकी जेब में केवल चौदह रुपये थे। इस राशि की गणना यदि आज के संदर्भ में की जाए, तो सोने की क़ीमत को इसका आधार बनाना उपयुक्त रहेगा। उपलब्ध आँकड़ों के अनुसार 1943 में चौबीस कैरेट सोने की क़ीमत लगभग 51 रुपये प्रति दस ग्राम थी। इस हिसाब से उस वक़्त चौदह रुपये में लगभग तीन ग्राम सोना ख़रीदा जा सकता था। 2023 में चौबीस कैरेट का तीन ग्राम सोना लेने के लिए लगभग अठारह हज़ार रुपये चुकाने पड़ेंगे, यानी तब के चौदह रुपये, सोने की क़ीमत की गणना के आधार आज केवल अठारह हज़ार होते। आज के संदर्भ में भी कोई इस राशि में बिज़नेस साम्राज्य स्थापित करने की नहीं सोच सकता। मनसुख भाई की कहानी दरअसल कड़ी मेहनत के दम पर सितारों को छूने की दास्तान है।

सच्चे अर्थों में मानवतावादी थे...

विलियम शेक्सपियर का मशहूर कथन है– ''*कोई भी विरासत ईमानदारी जितनी समृद्ध नहीं होती।*'' मनसुख भाई ऐसी ही विरासत छोड़ कर गए हैं। वे इतने अधिक उदार और सत्यनिष्ठ थे कि अपने प्रतिस्पर्द्धियों से भी मिलकर हाल–चाल लेते रहते थे। प्रतिस्पर्द्धियों को बर्बाद करने की जगह उनकी मदद करने के लिए तैयार रहते थे। मनसुख भाई के जीवन की एक घटना बेहद रोचक है...

मनसुख भाई के पान पराग के प्रतिद्वंद्वी पान मसाले के मालिक का धंधा कुछ नरम चल रहा था... वे बेहद परेशान थे। कई सरकारी बाधाओं के साथ आर्थिक समस्याएँ भी थीं। वे इन सबके चलते बीमार हो गए थे। मनसुख भाई को जब इस बात का पता चला, तो वे वक़्त मिलते ही तुरंत उनके पास जा पहुँचे। उनका हाल जाना और उन्हें स्वास्थ्य–संबंधी तमाम हिदायतें दीं। जल्द सेहतमंद होने को लेकर शुभकामनाएँ भी दीं। मनसुख भाई ने यह भी कहा कि उन्हें बिज़नेस को लेकर परेशान नहीं होना चाहिए। पहले स्वास्थ्य को देखना चाहिए। सेहत ठीक रहेगी, तो बिज़नेस बाद में भी बेहतर किया जा सकता है। ***मनसुख भाई के व्यक्तित्व यह पहलू दर्शाता है कि बिज़नेस में हिसाब–किताब को लेकर भले ही वे सख़्त थे और बहुत परिश्रम भी करते थे, लेकिन सच्चे अर्थों में वे मानवतावादी थे। वे बिज़नेस और संबंधों को एक–दूसरे में मिलाते नहीं थे, बल्कि संबंधों को पूरी निष्ठा से निभाते थे।***

PAN PARAG

(20)

पान मसालों के पितामह

''उत्कृष्ट लीडर अपने समूह और कर्मचारियों के आत्म-सम्मान को बढ़ाने के लिए घिसे-पिटे मार्ग से हट कर काम करते हैं। जब लोग खुद पर विश्वास करने लगते हैं, तो यह देखना आश्चर्यजनक होता है कि वे क्या हासिल कर सकते हैं।''

-अज्ञात

मनसुख भाई कोठारी को पान मसाला उद्योग का पितामह ऐसे ही नहीं कहा जाता। ऐसा इसलिए नहीं था कि उन्होंने ही पान मसाले का आविष्कार किया था और 'पान पराग' के तौर पर इसकी ब्रांडिंग करके लोगों को पहली बार पान मसाले से परिचित कराया था, बल्कि इस इंडस्ट्री को लेकर उनका जो समर्पण भाव था, उसे कभी भुलाया नहीं जा सकता। लगन, बुद्धिमत्ता, साहस और लीडरशिप के गुण आदि सभी मामलों में वे अद्वितीय थे। उन्होंने अपने प्रयासों से पान मसाला उद्योग को न सिर्फ़ स्थापित किया, बल्कि उसे 'कॉर्पोरेट स्टेटस' दिलवाने में भी कोई कोर-कसर नहीं छोड़ी।

विज्ञापन–जगत में भी ट्रेंड–सेटर थे ...

जब देश में विज्ञापन उद्योग परवान नहीं चढ़ा था, तब उन्होंने बड़े और लोकप्रिय विज्ञापनों की लंबी श्रंखला शुरू की थी। देश की जानी–मानी शख़्सियतों को अपने उत्पादों की ख़ूबियाँ बताने के लिए राज़ी किया था। टेलीविज़न इंडस्ट्री की लोकप्रियता, जब लोगों की सोच में भी नहीं थी, तभी उन्होंने इसके महत्त्व को समझ लिया था। उन्होंने टेलीविज़न के लोकप्रिय कार्यक्रमों के बीच में अपने 'पान पराग' के विज्ञापनों को जगह दिलवाई। उन्होंने विज्ञापन–जगत में भी ट्रेंड–सेटर के रूप में अपनी अलग पहचान बनाई। मनसुख भाई ने साढ़े चार दशक पहले ही टीवी की ताक़त, उसकी पहुँच और उसके प्रभाव की पहचान कर ली थी। इसीलिए वे पहली बार एफ़एमसीजी को टीवी के पर्दे पर लाए।

क़ायम है उनके विज्ञापनों का जादू...

मनसुख भाई सिर्फ़ उत्कृष्टता में यक़ीन रखते थे। गुणवत्ता के मामले में वे किसी क़ीमत पर समझौता नहीं करते थे। उन्होंने विज्ञापनों की कॉपीराइटिंग से लेकर डिज़ाइनिंग तक की प्रक्रिया पर तमाम व्यस्तताओं के बावजूद भरपूर नज़र रखी। तभी तो विज्ञापनों की जिस 'स्क्रिप्ट' को उन्होंने चुना, उनकी एक–एक पंक्ति आज भी लोगों की ज़बान पर चढ़ी हुई है। ऐसा उन्होंने अपने तमाम उत्पादों की लॉन्चिंग तथा मार्केटिंग के अनुभवों से सीखा था। वे ख़ुद हर कार्य को करने और हर काम में ख़ुद अगुवाई करने में विश्वास करते थे। *साठे बिस्किट, ज्योति ब्राह्मी आँवला तेल, सेवनअप कोकोनट ऑयल, ओके सोप, पारलेजी बिस्किट, छोटाभाई बीड़ी, बजट डिटर्जेंट पॉउडर, यस नमकीन, यस मिनरल वाटर और उनका ड्रीम प्रोडक्ट 'पान पराग' उन्हें इस इंडस्ट्री में पितामह का दर्जा दिलाने के लिए काफ़ी था। उनकी पैकेजिंग लाजवाब रहती थी। उनका मानना था–* ***''पब्लिक के सामने कोई भी उत्पाद अपनी गुणवत्ता के साथ ख़ूबसूरती से पहुँचना चाहिए, भले ही इसमें समय लग जाए, लेकिन उसमें 'परफ़ेक्शन' हो।***

विज्ञापन गुरु से भी बढ़कर थे...

वे अपने विज्ञापनों में दो-दो जानी-मानी शख़्सियतों को भी एक साथ आने के लिए राज़ी कर लिया करते थे। उनके उत्पादों के लिए ***जलाल आगा, विजयेंद्र घाटगे, हेमामालिनी, सारिका, आयशा जुल्का, सईद जाफ़री, अशोक कुमार, शम्मी कपूर, आलोक नाथ, रीमा लागू, रोनित रॉय और सचिन खेडेकर*** जैसे दिग्गज सितारों ने लंबे वक़्त तक काम किया। ये सभी ब्रांड-ऐम्बैसडर के रूप में मनसुख भाई कोठारी से जुड़े रहे। उन्होंने विज्ञापनों की हर विधा को आज़माया। वे कभी भी 'रिस्क' लेने से नहीं चूकते थे। वे हमेशा नई-नई चीज़ों के माध्यम से प्रयोग किया करते थे। वे क्रिकेट टूर्नामेंट के प्रायोजक के तौर पर भी सामने आए। फ़िल्म के प्रमोशन में भी उन्होंने अपना हाथ आज़माया। वे प्रिंट मीडिया इंडस्ट्री की लोकप्रियता को जानते थे, इसी कारण वे *स्टारडस्ट* से लेकर *फ़िल्म फेयर* समेत अनेक पत्रिकाओं में अपने उत्पादों के विज्ञापन दिया करते थे। आउटडोर विज्ञापनों के मामले भी मनसुख भाई कोठारी बड़े पारखी थे। जब कोई प्राइम लोकेशन विज्ञापन के लिए चुनी जाती थी, तो उसका आँकलन करने वे ख़ुद मौक़े पर जाया करते थे। वे वहाँ मोटर साइकिल से जाकर सर्वे करते थे। विज्ञापन के साइज़ के साथ-साथ उसके स्वरूप को लेकर भी चर्चा करते थे, ताकि लोगों की नज़रों से उनका विज्ञापन छूटने न पाए।

वे देश के गौरवशाली क्षणों को भी उत्सव की तरह मनाते थे जैसे इंडिया-पाकिस्तान के बीच तब हुआ क्रिकेट मैच। ऐसी चीज़ों की झलक उनके उत्पादों के विज्ञापनों में भी देखने को मिलती है। मशहूर हिंदी मैगजीन *इंडिया टुडे* के फ्रंट पेज में मनसुख भाई का दिया विज्ञापन शानदार था। वह आज भी एक मिसाल माना जाता है। उन्होंने देश में शुरू की गई 'समझौता एक्सप्रेस' को एनीमेटेड टीवी प्रोग्राम के ज़रिये लोगों के साथ सेलिब्रेट किया। वे अपने विज्ञापनों की पंच लाइनों के अनूठेपन के लिए भी जाने जाते हैं। उनके विज्ञापनों की कुछ पंचलाइनें आज भी पसंद की जाती हैं और लोगों के बीच काफ़ी लोकप्रिय हैं –

द च्वॉइस ऑफ़ मिलियंस	*The Choice of Millions*
धूम मचा दे, रंग जमा दे	*Dhoom Macha De, Rang Jama De*
एक से मेरा क्या होगा	*Ek Se Mera Kya Hoga*
बारातियों का स्वागत 'पान पराग' से कीजिए	*Baratiyon Ka Swagat Pan Parag Se kijiye*
प्यारा सा स्वाद, बाँधे सबको साथ	*Pyara Sa Swad, Bandhe Sabko Sath*
द च्वॉइस ऑफ़ यंग इंडिया	*The Choice of Young India*
'पान पराग' खाया क्या?	*Pan Parag Khaya Kya*

इस तरह की पंच लाइनों ने ख़ूब धूम मचाई और लोग आज भी इन लाइनों को याद करते हैं... गुनगुनाते हैं।

'बाबूजी' अपनी इन्हीं ख़ूबियों के चलते *'पान मसाला इंडस्ट्री के पायनियर पर्सन'* बनकर उभरे। उन्होंने न सिर्फ़ एक व्यवसायी के रूप में अपनी अलग और अनूठी पहचान बनाई, बल्कि वे पैकेजिंग से लेकर विज्ञापन जगत की बारीकियों को जानने और समझने के लिए भी याद किए जाते रहेंगे। उन्होंने खान-पान के नए-नए प्रोडक्ट्स को नई दिशाएँ दीं। विज्ञापन बनाने वालों को, विज्ञापन में काम करने वालों को खान-पान के नए प्रोडक्ट्स की ख़ूबियों से न केवल परिचित कराया, बल्कि उनके प्रचार के महत्त्व की भी उन्हें जानकारी दी। 'बाबूजी'ने खेलों को बढ़ावा देने के लिए अपने प्रोडक्ट 'पान पराग' का भरपूर इस्तेमाल किया। विभिन्न खेलों में आजकल जो स्पांसरशिप चल रही है, इस तरह के काम 'बाबूजी' 40 साल पहले ही कर चुके थे। ***इन्हीं खूबियों के चलते उन्हें 2 अगस्त 1989 को तत्कालीन प्रधानमंत्री राजीव गाँधी ने 'नेशनल सिटीजन अवॉर्ड' से सम्मानित किया था।*** *1992* में उन्हें अप्रवासी भारतीयों के बैंकॉक सम्मेलन में ***'गौरव रत्न पुरस्कार'***, *2004* में ***'जी सिने अवॉर्ड'*** से सम्मानित किया गया था। मनसुख भाई कोठारी को देश-विदेश के अनेक अन्य सम्मानों से भी अलंकृत किया गया।

मनसुख भाई ने उपभोक्ताओं तक सर्वश्रेष्ठ उत्पाद पहुँचाने की जिस उत्कृष्ट परंपरा की नींव रखी थी, उसके दम पर 'पान पराग' दुनियाभर में आज भी धूम मचा रहा है। 'पान पराग' की गोल्डन जुबली मनाई जा रही है। मनसुख भाई कोठारी – सही अर्थ में पहली पीढ़ी के उद्यमी थे, जिन्होंने अपनी असाधारण दूरदर्शिता से पान मसाला उद्योग में पितामह का दर्जा हासिल किया। उनके योगदान को कभी भुलाया नहीं जा सकता।

विज्ञापन रणनीति का चमत्कार, 'पान पराग' बना सामाजिक उत्पाद...

वे बिज़नेस के साथ सामाजिक दायित्व को भी बख़ूबी समझते थे। अपने उत्पादों के विज्ञापनों के माध्यम से वे सामाजिक कुरीतियों को दूर करने के संदेश भी देते थे। लोगों के दिलों पर छाया विज्ञापन 'बारातियों का स्वागत 'पान पराग' से कीजिए...' दहेज विरोधी अभियान का सर्वश्रेष्ठ उदाहरण है। मनसुख भाई की विज्ञापन रणनीति इतनी कमाल की थी कि उन्होंने वह चमत्कार कर दिखाया, जो प्रारंभ में बिलकुल असंभव लगता था। उन्होंने 'पान पराग' को सामाजिक उत्पाद बना दिया। 'पान पराग' सामाजिक समरसता को बढ़ाने का माध्यम बन गया। महफ़िलों और शादी–पार्टियों में ख़ातिरदारी में 'पान पराग' पेश करना एक रिवाज बन गया। इसने जाति, धर्म और अमीरी–ग़रीबी की सारी सीमाओं को तोड़ दिया। यह बहुत अद्‌भुत था।

21

आख़िरी दम तक दिमाग़ में चलता रहा, बिज़नेस, बिज़नेस और बिज़नेस...

''सागर की अपनी क्षमता है,
पर माँझी भी कब थकता है।
जब तक साँसों में स्पंदन है,
उसका हाथ नहीं रुकता है।''

– अज्ञात

मनसुख भाई की उम्र उस वक़्त कोई 85 बरस के आस-पास रही होगी... अहमदाबाद के अपने आलीशान आशियाने में वे व्हीलचेयर पर बैठे-बैठे अचानक घर के सेवादार से बोल पड़े...''वो... ज़रा दीपक को फ़ोन लगाना...''

''जी... जी...'' कहते-कहते सेवादार ने उनके बेटे दीपक को फ़ोन लगाया...

दीपक भाई-''हैलो... बाऊजी...'' (प्यार से उन्हें 'बाबूजी' की जगह 'बाऊजी' बोलते थे सब)

मनसुख भाई - ''तुम आ जाओ, ज़रूरी बात करनी है... जल्दी से...जल्दी...।''

दीपक भाई– '''बाऊजी' कोई ख़ास बात...!''

मनसुख भाई– ''तुम आ जाओ न... फिर बताता हूँ...।''

कानपुर में दीपक भाई उस वक़्त किसी और ज़रूरी काम में व्यस्त थे... लेकिन वे यह भी जानते थे कि अगर 'बाऊजी' ने बुलाया है, तो कुछ ज़रूरी ही होगा। उधर, अहमदाबाद के घर पर मनसुख भाई की पत्नी शारदा बेन को भी इस बात की भनक तक नहीं थी कि उनके पति ने बेटे को बुलाया है... घर में सब सामान्य था... लेकिन मनसुख भाई के मन में बहुत कुछ चल रहा था... वे अपनी आदत के मुताबिक़, जिससे जो बात करनी होती थी, उसी से करते थे, बाक़ी लोगों से दोस्ती–रिश्ते ख़ूब दिल से निभाते थे, लेकिन बिज़नेस के सिद्धांतों पर उन्हें पंचायत पसंद नहीं थी। इधर, कानपुर में दीपक भाई ने अपने सारे अप्वाइंटमेंट कैंसल किए... फ़्लाइट से अहमदाबाद पहुँच गए... सुबह का वक़्त था... दीपक भाई ने पिता की तरफ़ देखा, उन्हें ठीक–ठाक पाकर दिल में तसल्ली हुई कि 'बाऊजी' तो ठीक हैं... तबियत ठीक है... ज़रूर कोई और बात होगी... उधर, मनसुख भाई ने बेटे दीपक को देखा ज़रूर, पर उन्होंने अपनी कोई मंशा ज़ाहिर नहीं की। दिल की बात भी तुरंत नहीं बताई।

दीपक भाई – ''थोड़ा परेशान होते हुए... जी, 'बाऊजी'... आपने याद किया, बताइए... क्या बात है...?''

मनसुख भाई – ''तुम आ गए हो... तो बताऊँगा... सब्र करो... नाश्ता–पानी करो... आराम करो... थक गए होगे... दोपहर के खाने के वक़्त बात करेंगे...।''

अब चौंकने की बारी दीपक भाई की थी...वे चौंक तो गए, लेकिन वे यह भी जानते थे कि पिता से उनकी मर्ज़ी के बग़ैर कुछ कहलवाना और कुछ करवाना असंभव सा है...सो वे अंदर गए...माँ शारदा बेन उन्हें देखते ही चौंक गईं...।

शारदा बेन– ''तुम! अचानक... कब आए...।''

दीपक भाई– ''आपको नहीं पता... 'बाऊजी' ने बुलाया है...।''

शारदा बेन – हैं? ''अच्छा... ठीक है... तुम फ्रेश हो लो...।''

इतना कहकर शारदा बेन ने कुछ याद करने की कोशिश की, लेकिन ज़ोर डालने पर भी याद न आया कि आख़िरकार क्यों दीपक भाई को उनके पति ने बुलाया होगा...।

लंच का समय हुआ... मनसुख भाई और दीपक भाई का आमना-सामना हुआ... नज़रें भी मिलीं, इधर-उधर की बातें भी हुईं... दीपक भाई ने पिता से एक बार फिर पूछा कि 'बाऊजी' कोई बात है क्या... बताइए... अब तो लंच भी हो गया... लेकिन मनसुख भाई कच्चे खिलाड़ी नहीं थे। उनके मन की वे ही जानते थे...।

शाम हुई तो फिर परिवार के लोग इकट्ठे हुए। दीपक भाई ने फिर कहा- '' 'बाऊजी' अब तो बताइए...।''

मनसुख भाई - ''बताता हूँ... पहले चाय पी लो...।'' बात फिर ख़त्म हो गई।

जो परिस्थितियाँ बन रहीं थीं, उनमें दीपक भाई का सब्र जवाब दे रहा था...।

वे लगातार सोचते, फिर बात का कोई सिरा समझ न आने पर वे फिर दूसरी बातों में लग जाते... रात के खाने पर कुछ नहीं हुआ... शारदा बेन जानतीं थीं कि मनसुख भाई ने बेटे को बुलाया है, तो कुछ होगा... वे जानती थीं कि बिज़नेस की बातें होंगी, बाक़ी तो ठीक है। इसलिए उन्होंने इस मसले पर कोई ख़ास दिलचस्पी या उत्सुकता नहीं दिखाई।

रात के खाने के बाद मनसुख भाई ने दीपक भाई को अपने कमरे में बुलाया...

मनसुख भाई- ''दीपक...।''

दीपक भाई - ''जी, 'बाऊजी'...।''

मनसुख भाई ने चेहरे पर कोई विशेष भाव नहीं आने दिया...हल्की सी मुस्कान लाते हुए बोल पड़े...

''दीपक...मैं पान मासले का एक नया बिज़नेस शुरू कर रहा हूँ... तुम मेरे साथ पार्टनर बनोगे...?''

दीपक भाई चौंके...लेकिन वे कुछ बोल पाते, इससे पहले ही मनसुख भाई फिर बोल पड़े... "सुनो मैं एमएमके (MMK) नाम से नया ब्रांड शुरू करने जा रहा हूँ... तुम पार्टनर बन जाओ...।" इतना कहकर मनसुख भाई चुप हुए, तो दीपक भाई बोल पड़े...

" 'बाऊजी' यह आप क्या कह रहे हैं... आप नया ब्रांड शुरू करेंगे...?"

"हाँ...? क्यों? नहीं शुरू कर सकता...।"

दीपक भाई सोचते रहे...जवाब भी देते रहे...।

फिर वही हुआ, जो नहीं होना था...।

दीपक भाई ने 'बाऊजी' को साफ़-साफ़ तो नहीं कहा, लेकिन घुमा-फिरा कर मना कर दिया।

दीपक भाई ने बोलना शुरू किया...।

दीपक भाई – " 'बाऊजी', तो फिर 'पान पराग' का क्या होगा, क्या 'पान पराग' आपका नहीं है... आप 'पान पराग' से प्रतिस्पर्द्धा करेंगे... 'एमएमके' चलाने का मतलब है 'पान पराग' का ख़त्म होना... अगर आप यही चाहते हैं तो और बात है... 'पान पराग' आपने मुझे दे दिया, इसका यह मतलब नहीं कि 'पान पराग' से आपका नाता ख़त्म हो गया...।" दीपक भाई भावनाओं में बहते हुए और भी बहुत कुछ कहते चले गए। मनसुख भाई दीपक भाई को ग़ौर से सुनते रहे... लेकिन न तो वे भावुक हुए और न ही उन्होंने कोई ख़तरनाक ढंग की प्रतिक्रिया दी। दीपक भाई जब बोल कर रुके, तो मनसुख भाई अपने चेहरे पर चिर-परिचित मुस्कराहट लाते हुए केवल इतना ही बोले...

"दीपक मेरा ख़ाली वक़्त कटता नहीं है... दिनभर दिमाग़ में बिज़नेस, बिज़नेस को आगे बढ़ाने की नई-नई तरक़ीबें घूमती रहती हैं... माना कि मेरी उम्र हो गई है... मैं ख़ुद चल नहीं सकता, लेकिन बिज़नेस के लिए शारीरिक रूप से चलना-फिरना ज़रूरी तो नहीं, मेरा दिमाग़ न केवल चल रहा है, बल्कि दौड़ भी रहा है... तुम्हें पता है... मेरे पास नए बिज़नेस के लिए रोज़ कम से कम दो से चार आइडियाज़ आते हैं... मेरा मन करता है कुछ नया करूँ... लेकिन तुम्हें लगता है कि मैं फ़िज़ूल सोच

रहा हूँ... या तुम्हें लगता है कि मैं जमे-जमाए बिज़नेस को ख़राब करना चाहता हूँ, तो यह सोच ग़लत है.. तुम नहीं चाहते तो 'एमएमके' नहीं होगा... पर ज़रा सोचो... सोचो... एक ही कंपनी समूह के दो-दो पान मसाले होंगे, तो कैसा होगा... मार्केट में जो जगह बची है, उसे भी हम 'कैप्चर' कर सकते हैं... बाज़ार में लोकल लेवल के बहुत से पान मसाले चल रहे हैं... 'एमएमके' के पीछे 'पान पराग' के ब्रांडनेम की ताक़त होगी... दाम कम होगा, तो लोकल की छुट्टी हो जाएगी... लेकिन तुम नहीं चाहते तो... छोड़ो...'' इतना कहकर वे रुक गए, उनका रुकना दीपक भाई के लिए जाने का इशारा जैसा था। दीपक भाई पिता के सामने उठे और माँ शारदा बेन के कमरे में जाकर सभी से मिले।

इसके बाद दीपक भाई ने माँ शारदा बेन से इज़ाज़त ली और अहमदाबाद से कानपुर लौट चले। लौटते हुए रास्ते में दीपक भाई सोचते रहे कि 'बाऊजी' आख़िर किस जीवट के आदमी हैं... जो उन्होंने चाहा किया, सब कुछ हासिल किया, उनका 'पान पराग' आसमान में कामयाबी से अपना परचम लहरा रहा है... जिस उम्र में उन्हें शांति से जीवन का आनंद लेना चाहिए, उसमें भी उनके दिमाग़ में चौबीस घंटे बिज़नेस चल रहा है। दीपक भाई ने मन ही मन 'बाऊजी' की हिम्मत की दाद दी, मन ही मन कहा कि 'बाऊजी' भी कमाल के इंसान हैं। कितनी ऊँचाई को स्पर्श करना चाहते हैं और कितना नाम कमाना चाहते हैं... 'बाबूजी'। यह कोई साधारण बात नहीं थी। 85 वर्ष की उम्र में भी कुछ कर दिखाने की भूख बरकरार ही नहीं थी, बल्कि जवाँ भी थी। उम्र साथ नहीं दे रही थी, लेकिन काम करने और नए आइडियाज़ को 'इम्प्लीमेंट' करने को लेकर मनसुख भाई हमेशा तैयार रहते थे। यह अलग बात है कि उनके बेटों ने उम्र का ध्यान रखते हुए उनके जीवन के आख़िरी पड़ाव पर उन्हें वह सब नहीं करने दिया, जो वे करना चाहते थे, लेकिन मनसुख भाई जैसी पैनी सोच, कुछ नया कर गुज़रने का जुनून और अभिनव विचार किसी भी साधारण इंसान को कामयाब बनाने के लिए 'स्पार्क' की तरह काम कर सकते हैं। मनसुख भाई कहते थे- ***''अगर कोई दिन-रात काम करने को तैयार हो, तो मैं उसे पैसे कमाने के गुर बता सकता हूँ... क्योंकि सही दिशा में काम करके पैसा आसानी से कमाया जा सकता है।''***

हर दिल अज़ीज़ मनसुख भाई महादेव भाई कोठारी बाज़ार, बिज़नेस, और स्टार्टअप्स के बेताज बादशाह थे। उन्होंने 'पान पराग' की शानदार परंपराओं की नींव रखी। वे गुजराती समाज की शान, हमेशा दूसरों की प्रगति के लिए भी काम करने वाले, बिज़नेस के नए-नए नुस्ख़े देने वाले, ज़रूरतमंदों की पूरी मदद करने वाले और अपने से बड़े घरानों से ईर्ष्या की जगह स्वस्थ प्रतिस्पर्द्धा करने वाले बेजोड़ इंसान थे। वे वास्तव में असाधारण रूप से अनोखे व्यक्तित्व के धनी थे। ***उनके विचार, उनका मधुर व्यवहार और उनके कर्म आज भी प्रेरणा देते हैं कुछ नया करने की, कर्म को प्रधान मानने की, साधना को पूरी लगन से करने की और काम पूरा होने तक कभी न थकने की, मंज़िल पर पहुँचने से पहले कहीं न रुकने की, कभी किसी भी परिस्थिति में हार नहीं मानने की और हर रुकावट से पूरी ताक़त से लड़ने की।***

संघर्ष पथ के एक शानदार योद्धा, कभी हार न मानने वाले, कामयाबी के लिए हर वक़्त जुनून रखने वाले, यारों के महायार, रिश्ते-नातों में सदाबहार, जीभर के ज़िंदगी को जीने वाले, दुख और पीड़ा के क्षणों में भी चेहरे पर मुस्कान बिखेरने वाले सच्चे कर्मयोगी मनसुख भाई 27 नवंबर 2015 को अपनी अनंत-यात्रा पर निकल गए।

उनका यूँ चले जाना, 'पान पराग', पान-मसाला उद्योग, संपूर्ण एफ़एमसीजी जगत और उनकी वजह से लाखों घरों में जल रहे चिराग़ों के लिए कभी न ख़त्म होने वाला नुक़सान था। नुक़सान कितना बड़ा था, इसका अंदाज़ा उस दृश्य से लगाया जा सकता है, जो उस वक़्त कानपुर की सड़कों पर मातम के रूप में दिखा, भैरव घाट पर लाखों की भीड़ में हर चेहरे पर ग़म के रूप में दिखा, पान मसाला उद्योग से प्रत्यक्ष और परोक्ष रूप में जुड़े उद्योगों में ठहराव के रूप में दिखा। उनके रिश्तेदारों, मित्रों, कर्मचारियों के आँसुओं के रूप में दिखा।

'बाबूजी' चले गए, लेकिन अपने पीछे छोड़ गए परिवार, दोस्तों, रिश्ते-नातों में मिठास घोलने वाली स्वर्णिम इतिहास के पन्नों में अमिट हो चुकी समृद्ध और शानदार परंपरा। अप्रतिम 'पान पराग' की वह विरासत, जिसका स्वाद 'पान पराग' परिवार का हर एक कर्मचारी, उनके परिवार-

जन, वितरक, खुदरा व्यापारी और 'पान पराग' का आनंद लेने वाले लगातार आज भी महसूस कर रहे हैं। ***वे देश के शानदार बिज़नेसमैन थे, जो अपने जीवन के आख़िरी पड़ाव पर भी दिमाग़ में बिज़नेस को जीते रहे।*** वे एक कामयाब पिता थे, जिन्होंने अपने बच्चों को वह सब दिया, जो मनसुख भाई को जीवन में कभी नहीं मिला। उन्होंने अपने बच्चों के साथ ही समाज के अंतिम पायदान पर खड़े आम आदमी के बच्चों की इसलिए परवाह की, क्योंकि उनके संघर्ष के दिनों में किसी ने उनकी परवाह नहीं की थी। उनकी ग़ैरहाज़िरी अखरती है, लेकिन उनकी शानदार विरासत (लीगेसी) कहती है... ''आप होते तो और भी अच्छा होता। आप देख पाते कि जिस बीज को आपने बोया था, अब वह विशाल बरगद बन चुका है। उसकी छाँव में हर उस शख़्स को शीतलता मिल रही है, जो आपसे कभी किसी मोड़ पर जुड़ा था। शारीरिक रूप से आप नहीं हैं, लेकिन हमें एहसास है कि आप यहीं कहीं हैं। हमें निरंतर प्रेरणा देने के लिए, कर्तव्यपथ पर निरंतर आगे बढ़ाने के लिए...।''

एक सच्चे कर्मयोगी, हमारे मार्गदर्शक और प्रेरणास्रोत के रूप में वे हमेशा हमारे दिलों में जीवित रहेंगे। उनका प्रकाश हमें हर दिन सही दिशा में आगे बढ़ने का मार्ग दिखाता रहेगा।

बा की असहनीय वेदना और वे छह महीने...

मनसुख भाई के चिर निद्रा में लीन होने के बाद शारदा बेन यानी बा के लिए दुनिया का अर्थ ही बदल गया था। शून्य से गगन तक के सफ़र के हर लम्हे का सामना उन्होंने पूरी जीवटता के साथ किया था, लेकिन जब मनसुख भाई का साथ हमेशा के लिए छूटा, तो वे भीतर से पूरी तरह टूट गईं थीं। वे ज़्यादातर ख़ामोश रहने लगीं थीं, लेकिन आँखें उनकी असहनीय वेदना को व्यक्त कर देती थीं। मनसुख भाई के देहावसान के मात्र छह माह बाद 4 मई, 2016 को बा ने भी हम सबको हमेशा के लिए अलविदा कह दिया।

लक्ष्य पर अटूट फ़ोकस की विरासत

हम सब जानते हैं कि महाकाव्य *महाभारत* में एक मनोरम कहानी है, जो एकाग्रता की अहमियत पर प्रकाश डालती है। लक्ष्य पर अटूट फ़ोकस ही वह गुण था, जिसने अर्जुन को अब तक के सबसे महान धनुर्धर के रूप में अमर बना दिया है। आधुनिक युग में समय प्रबंधन के विशेषज्ञों ने भी लक्ष्य पर फ़ोकस को लेकर ढेरों साहित्य लिख डाला है। मार्शल आर्ट के महारथी ब्रूस ली भी कहा करते थे– ***''कामयाब योद्धा वह औसत इंसान होता है, जिसका फ़ोकस लेज़र जैसा होता है।''***

कर्मपथ के योद्धा मनसुख भाई की संघर्ष यात्रा को पढ़ कर आज की युवा पीढ़ी लक्ष्य पर फ़ोकस करने की क्षमता विकसित कर सकती है। यह उनकी सबसे बड़ी विरासत है। मनसुख भाई पक्षी की आँख जैसे एक लक्ष्य को लेकर गंभीर रहा करते थे। उसी को लेकर सोचते थे। वे जुनूनी रहते थे। अपने लक्ष्य के लिए मनसुख भाई कुछ भी, कैसे भी कर गुज़रने को तैयार रहते थे। मनसुख भाई ने जो भी किया, वह पूरे दिल, लगन और दिमाग़ से किया। उसे जी भर के जिया भी। ख़ुशी के पलों में भी वे संतुष्ट नहीं हुए।

परिशिष्ट

'बाबूजी' के अनमोल कथनों में झलकता उनका संपूर्ण जीवन दर्शन

1. निरंतर कर्म इंसान को तीन बुरी आफ़तों से बचाता है, पहला ख़राब आदतों से, दूसरा फ़रियाद करने से और तीसरा ऊबने से।
2. कर्तव्यनिष्ठा हो, लगन हो, जूझने की हिम्मत हो और बिना थके काम करने को तैयार हो, तो ऐसे इंसान को कार्यसिद्धि अवश्य प्राप्त होती है।
3. बिज़नेस की कामयाबी के लिए मेहनत, कार्यनिष्ठा और समय का पाबंद होना बहुत ज़रूरी है।
4. हर वक़्त हँसते रहना मुझे नई ऊर्जा प्रदान करता है।
5. लोगों से बातें करना, हमेशा कुछ न कुछ सीखना, यह कामयाबी के लिए बहुत ज़रूरी है।
6. सबसे कामयाब इंसान की कामयाबी से ख़ुद को दुखी मत कीजिए। उसका आनंद लीजिए। कोशिश कीजिए कि उसकी तरह आप भी कामयाबी के शिखर पर पहुँचें। सबसे कामयाब इंसान से कामयाबी के गुण सीखिए।
7. परिवार के नज़दीक रहने से प्रेम बढ़ता है।
8. लोगों की ज़रूरतों को पूरा करने में मुझे बहुत ही आनंद मिलता है। यही मेरी उपलब्धि है।
9. भारत में सभी व्यक्ति करोड़पति हो सकते हैं, ज़रूरत है तो कर्म पथ पर अडिग रहकर निरंतर कार्य करने की।
10. मुझे काम करने का नशा है। काम करने का नशा पालिए, काम अपने आप पूरा हो जाएगा।

11. मैं सभी फ़रियादों, शिकायतों को ख़ुद ही सुनता हूँ। लोगों की समस्याओं का निवारण करना मुझे आनंद देता है।
12. मेरे कर्म पथ के सभी सहयोगियों को, मेरे काम में सहयोग देने वालों को और मदद करने वाले सभी लोगों को मैं देवतुल्य मानता हूँ।
13. जो जिसके भाग्य में है, वह कोई नहीं ले सकता। जब जो होना है, वह होकर रहता है, मनुष्य तो केवल माध्यम मात्र होता है।
14. पैसे की तब तक कोई क़ीमत या वैल्यू नहीं है, जब तक कि वह किसी के काम न आए, किसी को आगे न बढ़ाए यानी प्रगतिशील न बनाए और पैसे की ताक़त तब तक किसी काम की नहीं, जब तक वह कमज़ोर को मज़बूत न बनाए।
15. मेरी कामयाबी में मेरी जीवनसंगिनी का अत्यंत सहयोग रहा है।
16. परिश्रम और निष्ठा के साथ जो भी कार्य प्रारंभ किया जाता है, उसमें कामयाबी अवश्य मिलती है।
17. व्यक्ति की आदतों, रुचियों, और व्यवसाय से भिन्न बाहर की बातों से बिज़नेस के निर्णय प्रभावित नहीं होने चाहिए।
18. बिज़नेस हमेशा सिद्धांतों के आधीन रह कर करना चाहिए। बिज़नेस के दौरान सिद्धांतों का कड़ाई से पालन किया जाना चाहिए।
19. मेरे जीवन, संघर्ष, परिश्रम, प्रगति और विचारों से किसी को कोई प्रेरणा मिल सके, तो मुझे बहुत ख़ुशी होगी।
20. जो भी काम हाथ में लो, उसमें कुशलता प्राप्त करके उसे सर्वोत्तम ढंग से पूरा करो।
21. जो आदमी समय को पहचानता है, समय भी उसका ही साथ देता है।
22. कार्य करने से सिद्धि मिलती है, मनोरथ करने से नहीं।
23. एक बार क़दम आगे बढ़ाने के बाद उसे पीछे नहीं खींचना चाहिए।
24. ख़ुद को हमेशा दृढ़ रखें, जिस काम को हाथ में लें, उसे हर हाल में पूरा करें।
25. बिज़नेस की कामयाबी के लिए कार्यदक्षता और व्यापारिक कुशलता ज़रूरी है।

26. लक्ष्य प्राप्ति के लिए तेज़ी से काम करने के साथ-साथ नियमितता और निरंतरता की ज़रूरत भी होती है।
27. अगर कोई दिन-रात काम करने को राज़ी हो, तो मैं उसे कामयाबी के गुर सिखा सकता हूँ। पैसा आसानी से तो नहीं कमाया जा सकता।
28. उदास लोग मुझे बिलकुल पसंद नहीं, जब तक जीवन है प्रसन्न रहने की कोशिश करो।
29. उदासी को हराने के लिए प्रेम दर्शाइए, उदासी ख़ुद-ब-ख़ुद चली जाएगी।
30. समय का उचित प्रबंधन बिज़नेस में आपको सबसे आगे खड़ा कर देता है।
31. किसी भी काम में कामयाबी पाने के लिए मनोबल होना चाहिए, दृढ़ संकल्प होना चाहिए, दिन-रात काम करने की लगन होनी चाहिए।
32. कामयाबी उसी को मिलती है, जो बिना डरे प्रयत्न करता है, कार्य को तब तक करता है, जब तक कामयाबी न मिल जाए।
33. मुझे आलस्य में समय गुज़ारना कभी अच्छा नहीं लगता।
34. एक सेल्समैन में सच्चाई, बार-बार दुकानों में जाने की क्षमता, ज़रूरत के मुताबिक़ समय पर सामान पहुँचाने की ऊर्जा होनी चाहिए। वह नक़द में बिज़नेस करे और मृदुभाषी हो।
35. क्रोध ताक़त के बिना नहीं आता। इसलिए ताक़त मिलने पर मौन रखना, कम बोलना ही श्रेयस्कर होता है।
36. व्यक्ति को कभी भी किसी के साथ बुरा नहीं करना चाहिए। ग़लत काम करने वालों को सज़ा ज़रूर मिलती है।
37. समाज में फैले अहंकार को देख कर दुख होता है।
38. मेरी अभिलाषा *सर्वे भवंतु सुखिनः* है।

PAN INDIAN

Superior product design, impeccable quality, easy availability, pricing and publicity are the five factors that have made Pan Parag the leader in the pan masala market

"Pan masala *matlab* Pan Parag." "For us in Mumbai, Pan Parag pouches are as good as currency." "Wherever you find an Indian, you will find Pan Parag." These are just some of the reactions we got from people who were asked to comment on what Pan Parag meant to them. Not surprising when you consider that Kothari Products Limited (KPL) manufactures 100 sachets of Pan Parag every second, and the name has virtually become generic for mouth fresheners.

The company began small. Kothari Products was started by Mansukhbhai Mahadevbhai Kothari (affectionately known as MMK), a trader who shifted from Gujarat to Kanpur in 1942 to earn his livelihood. Before 1973, pan masala was available only in loose form. MMK decided to set up a factory for the production of pan masala and to market it under the Pan Parag brand name.

"The idea was born when I saw people waiting for pan to be prepared for them at pan shops. I wanted to deliver something that they could carry with ease and savour as and when they wanted. I started my business on August 18, 1973 with just Rs 12,000 and personally handled all aspects of the business," remembers MMK. "Ours was the first branded product in the category and we had to create huge customer awareness to sell the product. There were many who had doubts over our business idea and the model."

Typically, pan masala is a simple mixture of betel nut, cardamom, lime and catechu and has a spray of natural perfumes. The Kotharis developed a secret formula for their product with a freshening flavour. By the mid-1980s, the Pan Parag brand was well established. "In June 1985, I decided to sell Pan Parag in pouches in an effort to expand the customer base," recalls Deepak Kothari, managing director of Kothari Products. Accordingly, the company imported a pouch-making machine. The machine worked wonders and turned the brand into a gold mine for the Kotharis. Today, Pan Parag is a household name.

According to MMK, it is the "self reliance" of Kothari Products which sets it apart from its competitors. "We are the only company that has never taken any credit from a bank or a financial institution. Besides, we have always had an eye on the future. We were the first player to recognise cricket as a major advertising opportunity and bought score strips on Doordarshan for as little as Rs 10,000 a match. Today we are the principal sponsors of the Pan Parag Zee Cine Awards, hitherto the domain of multinationals," he says.

Superior product design, quality, availability, pricing and publicity are the five guiding principles that Deepak Kothari and his company live by. He says it is this five-point charter that gives the tobacco-free Pan Parag an 80 per cent share of the market.

The Kotharis have now diversified into other businesses too. Deepak now mainly handles the family's new products, real estate and housing interests while his son Mitesh looks after Pan Parag's marketing and factories. Mitesh, who received his higher education in the UK, is the new face of the Kothari empire and enjoys the full confidence of his father and grandfather MMK.

M.M. KOTHARI (MMK)
Chairman Pan Parag

It was MMK who decided to set up a factory for the production of pan masala and to sell it under a brand name.

My mother is behind the success of our company

Deepak Kothari, the managing director of KPL, is setting new goals for himself. Having raced much ahead of his competitors in the pan masala segment, he hates any complacency and is determined to stay at the top.

Q: How do you feel about being at the top of the market in the pan masala segment?

A: While Pan Parag is undoubtedly the leader of the pan masala market, I cannot say that I am satisfied with our position. I would hate to be complacent about where my company stands today. There are some players who are racing close behind. This is a good development for the market though. The 1980s were a golden period for us as we were the only major player in this segment. Now we are expanding our base to foreign countries. Already in the Middle East and Pakistan, Pan Parag has penetrated deep into the market and there is no one to compete with us out there.

Q: What would you cite as the reason for your product's phenomenal success?

A: If I had to name any one thing that changed the fortune of our company overnight, I would have to cite the launch of Pan Parag in sachets. Till June 1985, Pan Parag was available only in tin boxes, which were affordable only to a select category of purchasers. We wanted to popularise it even among rickshaw-pullers, and therefore imported a sachet making machine. Soon, Pan Parag was selling like hot cakes and a new base of customers was created. And I am happy to say that this category is still growing.

Q: Who would you attribute Pan Parag's success to?

A: Though my father M.M. Kothari was in the forefront, it was my mother Sharda Kothari, who was the key to our success. She is the sort of person who is always goading everyone in the family to work harder. If somebody is down with fever, she will immediately come with medicines and then say, 'Now go to work'. She is the woman behind our success. A hardworking and god-fearing woman, she takes care of all the employees of the company like a mother. It is she who has turned us into high achievers.

Q: What are the new business plans of the company?

A: While I would not like to disclose details, I can tell you that we are going to launch more consumer items soon. We have already diversified into real estate and housing in Maharashtra and Gujarat. The housing sector offers immense potential. Here too, we will work on the same pattern as Pan Parag. The motto of the company in the housing sector will be to ensure availability for the upper segments of society as well as for the poor.

Q: Has the ban on pan masala compelled you to enter other sectors?

A: We had already diversified into other consumer products. But I would like to strongly condemn the government's discriminatory policy. If it is banning pan masala because it is harmful, it should also ban tobacco products and cigarette. Why single out pan masala as a health hazard, when it is just a mouth freshener? Anything taken in excess is bound to create health problems, even a rasgulla or milk.

Q: There are reports that you are shifting your establishment out of Kanpur. Is that true?

A: I am sad to say that it is true. The state no longer offers good infrastructure facilities or an atmosphere where industry can flourish. So we have shifted our base to Gujarat and the North-east. However, our business association and bonds with Kanpur will always remain.

धूम मचा दे... रंग जमा दे,
हर दिल को दिवाना बना दे।
पान पराग
पान मसाला

PAN PARAG
DELICIOUS

पान पराग
पान मसाला

ड्रीमगर्ल की पसंद सेवन अप
सेवन अप
नारियल तेल
बूँद बूँद बिल्कुल शुद्ध!

धूम मचा दे... रंग जमा दे
पान पराग
लाखों की पसन्द
PAN PARAG
DELICIOUS
पान पराग
पान मसाला

धूम मचा दे...
रंग जमा दे
PAN PARAG
पान पराग
पान मसाला
दुनियाँ में सबसे ज़्यादा बिकनेवाला

प्यारा सा स्वाद बाँधे सबको साथ
पान पराग
पान मसाला
धूम मचा दे...रंग जमा दे
प्यारा सा स्वाद बाँधे सबको साथ
पान पराग
पान मसाला
धूम मचा दे...रंग जमा दे

चम-चमाचम...बजट आया!
BUDGET
बजट
वाशिंग पाउडर

सफ़ेदी का पैग़ाम
बजट
बजट
बजट

पान पराग
स्वादिष्ट
पान मसाला

धूम मचा दे...
रंग जमा दे.
पान पराग
पान मसाला एवं गुटखा

पान पराग
स्वादिष्ट
पान मसाला

मस्ती का आलम !
पान पराग

धूम मचा दे... रंग जमा दे.
आपका मनपसंद पान पराग,
डिब्बे और सुविधाजनक पाउच में.
पान पराग
पान मसाला
कोठारी उत्पादन